I DOLCI
RICETTE & SEGRETI

SUOR GERMANA

I DOLCI
RICETTE & SEGRETI
come preparare ottimi dolci
casalinghi e tradizionali

con la collaborazione di
SAVINA ROGGERO

PIEMME

Grafica di copertina:
Studio Aemme

Foto di copertina:
Emanuele Marietti

Illustrazioni fuori testo:
Emanuele Marietti
L'infinito, Torino

I   Edizione 1990
II   Edizione, maggio 1990
III   Edizione, novembre 1991
IV   Edizione, novembre 1992
V   Edizione, marzo 1993
VI   Edizione, novembre 1993
VII   Edizione, maggio 1994
VIII Edizione, giugno 1995
IX   Edizione, dicembre 1996

© 1990 - EDIZIONI PIEMME S.p.A.
        15033 Casale Monferrato (AL) - Via del Carmine, 5
        Tel. 0142/3361 - Fax 0142/74223

Stampa: Nuova Oflito, Mappano (To)

Ditelo con un dolce

*G*li *"angeli" del libro precedente ("Quando cucinano gli angeli" n.d.r.) hanno dimostrato di essere poco golosi...*

Tanti amici, infatti, mi hanno fatto notare che sono stata "avara" di ricette sui dolci.

Ragazzi! Una cosa per volta!

Voi ben sapete che non diffondo ricette se non dopo averle sperimentate personalmente; e soprattutto, in ogni ricetta, coerentemente con i miei principi (che già ben conoscete... e dimostrate di apprezzare!), cerco di "salvare" tre cose: il tempo, i soldini e l'appetito.

Sento sempre dire che si ha poco tempo, pochi soldi e... tanta fame, e in base a queste "esigenze" anche questa volta ho cercato di aiutarvi.

Guai a chi si lamenta dopo questa faticaccia!

Ricordate però che credo più nel regalarci reciprocamente un po' di tempo per stare insieme, che nello spendere molto tempo per una torta, sia pure una "signora torta". Secondo le occasioni s'intende!

Sono certa che proverete almeno qualche ricetta e che comunque userete il libro secondo la vostra disponibilità di tempo e di famiglia... magari rimandando qualcosa a quando avrete più tempo.

Il dolce è pur sempre un modo, molto concreto ma altrettanto efficace, per esprimere quello che si vorrebbe dire o si è già detto in altro modo.

I dolci, è risaputo, sono molto nutrienti e possono essere un modo per aiutare chi non ha appetito, ma si illumina di luce autentica al profumo e al sapore di una torta cucinata bene ma soprattutto con il cuore.

Lascio a voi il compito di fare buon uso dei dolci che vi "consiglio"... Ricordate che vale sempre la regola che ciò che si mangia con gioia genera gioia, e ciò che si cucina con amore genera amore.

Siate buoni e... dolci!

SUOR GERMANA

5

INTRODUZIONE

Imparate a conoscere i vari tipi di zucchero...

Lo zucchero è l'ingrediente principe per preparare i dolci: è quindi importante saperne distinguere le qualità e l'utilizzazione.

Possiamo trovare lo zucchero a cubetti, semolato, cristallizzato, a velo, di canna, vanigliato.

Lo *zucchero a cubetti* è il migliore per fare il caramello, in quanto inzuppando ogni cubetto di acqua e sciogliendo poi i cubetti in un pentolino non si corre il rischio di sbagliare il rapporto acqua/zucchero.

Lo *zucchero semolato* è il tipo di zucchero più usato per i dolci perché si scioglie presto. È lo zucchero che abitualmente usiamo.

Si utilizza per la preparazione di budini, creme, torte, biscotti, insalate di frutta e per zuccherare, una volta cotte, frittelle, omelettes dolci e crêpes.

Per incorporarlo perfettamente ai tuorli d'uovo, versatelo a pioggia quando iniziate a mescolare. Il composto di zucchero e uova è pronto quando è spumoso, pallido e gonfio.

Nei budini di frutta cotta, di riso o di semola preferite aggiungere lo zucchero a pioggia verso fine cottura, rimescolando energicamente con il cucchiaio di legno, a meno che la ricetta preveda che lo zucchero debba fondersi nel latte in lenta ebollizione.

Lo zucchero semolato, se mischiato a poco burro fuso spennellato sulla superficie della pasta, dona a quest'ultima una crosticina leggermente croccante.

Lo *zucchero cristallizzato* viene utilizzato per la produzione di impasti a base di frutta (gelatine ecc.).

Esso si può usare per la decorazione di certi dolci a pasta dura o per impedire che l'impasto si attacchi alle pareti interne dello stampo: un ottimo sistema è quello di ungere bene di burro il recipiente e cospargerlo di zucchero cristallizzato.

Lo *zucchero a velo* si presenta come polvere bianca impalpabile ed è molto sensibile all'umidità.

Conservatelo in una scatola di latta a chiusura ermetica o in un vasetto di vetro con coperchio ben avvitato, in luogo particolarmente asciutto (costa molto e si può ottenere frullando ad alta velocità ed a lungo il comune zucchero semolato). Di solito è vanigliato. Viene largamente usato per decorare torte e dolci vari.

Raccomandabile anche per la preparazione di gelati e di budini poiché si lega in modo perfetto all'impasto; per lo stesso motivo è preferibile usarlo anche con la panna.

Lo *zucchero di canna*: ve ne sono in commercio tipi di colorazione più chiara e di lavorazione più fine, altri con grana più grossa e di colore più scuro. Dal colore dipende l'intensità di sfumatura del gusto, che può ricordare vagamente quello del rum.

Attualmente è molto in voga per ricette di dolci che si riallacciano alla tradizione anglosassone; tutti i supermercati lo vendono... anche se costa un po' caro.

È il tipo di zucchero più adatto per dolci a base di frutta cotta o per salse con la frutta e si sposa molto bene con la cannella come spezia e col rum come liquore.

La *granella di zucchero*: zucchero a grana molto grossa, arrotondata, adatto solo per guarnizioni sulle superfici di focacce dolci, ciambelle e torte.

Zucchero caramellato: è lo zucchero che ha subito, insieme con pochissima acqua, una cottura di circa 12 minuti. Dopo questo tempo avrà assunto il colore biondo scuro che lo caratterizza e una certa fluidità.

Serve per caramellare frutta secca o fresca, decorare biscottini e bignè, caramellare stampi per budini e creme.

Se lo si lascia raffreddare assume una consistenza vetrosa.

... e il miele

Il miele è il dolcificante naturale per eccellenza. Ve ne sono di diversa consistenza e colore secondo i fiori che le api frequentano (acacia, timo, castagno ecc.). Ha un alto valore nutritivo contenendo, oltre a un'elevata percentuale di vari zuccheri, anche minerali, proteine e vitamine.

Oltre che nella composizione di molti dolci, biscotti, creme, marmellate, anche dietetici, il miele è l'elemento base per fare caramelle e croccanti.

Le diverse farine

La *farina di grano* è il tipo di farina più usato per preparare dolci: deve presentarsi di colore bianco con una sfumatura di un tono chiaro leggermente paglierino, morbidissima al tatto, gradevole di odore. Se riuscite, usate sempre farina di grano duro.

La farina si conserva per tempi brevi: qualche mese al massimo, in vasi di vetro ben chiusi e disposti in luogo asciutto.

Ricordate di setacciare la farina (mischiata al lievito quando è richiesto e a un pizzico di sale) e di versarla dall'alto per ottenere il miglior risultato di soffcità quando si aggiunge a composti.

La *farina di mais*: di colore giallo, di grana fine o più grossa, si presta soprattutto per tipici biscottini, per torte rustiche, per budini caramellati trattati con uvette e piccoli canditi.

La *fecola di patate* si presenta di un bel colore bianco, brillante, scivolosa e leggermente croccante al tatto.

Una pasta per dolci preparata con la fecola è estremamente leggera, ma ha meno possibilità di "legare". Rende più soffice il composto ma meno compatto che con la farina.

In certe ricette di torte, quando si vuol ottenere particolare leggerezza, è consigliabile sostituire 1/3 della farina con una uguale dose di fecola di patate.

L'*amido di mais*: questo tipo di farina si presenta di un colore bianco particolarmente brillante ed è molto fine. Si trova in commercio come "amido di mais" o con denominazioni divenute nomi propri (come "maizena") ed è utilizzato per preparazioni particolarmente leggere e delicate: piccola pasticceria da tè, creme, salse dolci.

Il tempo di cottura o di addensamento di una crema con amido di mais è inferiore al tempo richiesto usando la farina.

Stemperate sempre la maizena con un pochino di acqua o, meglio, di latte freddo prima di incorporarla ad un liquido caldo.

Come utilizzare le uova

Le uova costituiscono un ingrediente di grande importanza nell'esecuzione dei dolci: in piccola o grande quantità, sia i tuorli che gli albumi collaborano sovente alla buona riuscita di un dolce. Se il tuorlo è lucido e bombato e l'albume denso l'uovo è fresco... soprattutto se tuorlo e albume sembrano inseparabili!

Le uova con guscio di colore più scuro si conservano meglio di quelle con guscio di colore più chiaro. Le uova si possono mantenere in frigorifero per circa un mese, ma è sempre conveniente utilizzarle fresche.

Nonostante si creda che il tuorlo sia il più nutriente, l'albume contiene importanti sostanze che vale la pena valorizzare.

Evitate che le uova abbiano contatto con cucchiai o recipienti d'argento poiché questi diventerebbero scuri.

I tuorli d'uovo hanno un effetto legante negli impasti e nelle creme, gli albumi invece possiedono una viscosità speciale che permette di trasformarli in "neve" battendoli con una frusta elastica o con un frullino: in questo modo conferiscono una maggior leggerezza alle paste dolci.

Un albume non utilizzato, lasciato a temperatura ambiente, si guasta molto presto. Non conservatelo più di un giorno anche in frigorifero: se non avete avuto modo di usarlo entro quel periodo di tempo, eliminatelo.

Per lo stesso motivo creme o spume, contenenti albume crudo montato, non devono mai attendere di essere servite il giorno dopo.

Un pizzico di sale, mischiato ai bianchi d'uovo, li aiuta a montarli più rapidamente, ma un cucchiaino di succo di limone e un pochino di zucchero in polvere, versato a pioggia, pur facendoli montare più lentamente, assicura una "neve" più ferma e più facile da lavorare.

Se bagnate il recipiente per qualche istante sotto il getto dell'acqua fredda prima di versare gli albumi e montarli a neve ferma, essi si staccheranno più facilmente.

Per sbattere gli albumi scegliete un contenitore con fondo arrotondato abbastanza profondo e di proporzioni piuttosto ampie.

Sbattete gli albumi sempre all'ultimo momento: una volta montati, essi non possono attendere...

Per incorporare all'impasto gli albumi montati a neve occorrono, come già sapete, pazienza e delicatezza: mescolando sempre dal basso verso l'alto altrimenti i bianchi si smontano e l'impasto cuocendo non risulterà soffice come dovrebbe.

Il latte e la panna

Il *latte*: è con la farina, il burro e le uova un elemento importante per la maggior parte dei dolci.

Per una perfetta riuscita è sempre meglio utilizzare latte fresco intero.

10

I dolci preparati con il latte (specialmente i biscotti) si sbriciolano meno facilmente.

In pasticceria viene anche impiegato il latte condensato, ottenuto con particolari lavorazioni che fanno evaporare l'acqua e concentrano le sostanze grasse e gli zuccheri.

La *panna*: vi consiglio di usare preferibilmente panna fresca, cioè non a lunga conservazione.

Se volete fare voi la panna montata eccovi un segreto: usatela molto fredda e raffreddate in precedenza il contenitore dove la monterete, sia con il frullatore elettrico sia con la frusta a mano.

Lo zucchero a velo si aggiunge alla fine.

Avanzi di panna liquida possono essere utilizzati per tutti i dolci, diminuendo naturalmente la dose di burro.

Inoltre panna e crema di latte sono la medesima cosa... a voi la conclusione!

Il *mascarpone* è un formaggio "anomalo" in quanto somiglia molto di più al burro e alla panna che al formaggio in senso stretto.

Essendo formato solo da pura panna si impiega con successo in molte preparazioni aromatizzato con liquori, frutta, biscotti, essenze profumate. Può sostituire il burro, ma è molto più leggero contenendo quasi la metà di grassi.

A proposito di burro e olio

Il burro è la sostanza grassa di primaria importanza per preparare buoni dolci e il principale requisito richiesto è la sua assoluta freschezza.

Ricordate di estrarre il burro dal frigorifero mezz'ora prima di usarlo, lasciandolo a temperatura ambiente.

Se, al contrario, il burro risulta troppo molle e si attacca addirittura alla carta che lo avvolge, tuffatelo per alcuni minuti in una bacinella piena di acqua fredda a cui avrete aggiunto qualche cubetto di ghiaccio.

Quando dovete far fondere il burro per qualche ricetta, tagliatelo a pezzetti e ponetelo in un tegamino a fuoco basso sopra una retina o meglio a bagno-maria. Evitate il rischio di farlo scurire a calore troppo vivo.

Per imburrare con facilità uno stampo, fate fondere direttamente nel recipiente un pezzetto di burro su fuoco basso per qualche istante e poi spandetelo rapidamente in ogni angolino con l'aiuto di un pennello.

Un altro sistema per lo stesso scopo è quello di porre lo stampo in forno caldo (200°) per qualche minuto e poi ungerlo passando rapidamente sulle pareti interne calde un pezzetto di burro infilato in una forchetta.

Attenzione a non far bruciare il burro nel quale fate cuocere banane o frutta per speciali preparazioni: tutto sarebbe rovinato dal gusto amaro.

In quanto all'olio, esso è poco usato in pasticceria, se non nel caso delle frittelle, ma è ben sostituibile dal burro.

Una piccola aggiunta di olio a una pasta soda la renderà più morbida e permetterà che si formi una più croccante crosticina in superficie durante la cottura in forno.

In mancanza di burro, potete spennellare l'interno di uno stampo con mezzo cucchiaio di olio. Per i dolci più raffinati è consigliabile l'olio di mandorle.

La buona riuscita delle frittelle dolci dipende molto dal tipo di grasso: questo dovrà essere abbondante e bollente. È preferibile l'olio di oliva extravergine (il migliore per ottenere risultati perfetti). Un altro consigliabile è quello di arachidi.

Anche lo strutto è usato per friggere frittelle e krapfen perché li rende più leggeri e asciutti.

La cottura in forno

Il forno è fondamentale per chi desideri preparare un dolce. Infatti, tranne che per poche preparazioni e per i gelati, la cottura di una torta, di una pasta base, dei biscotti deve essere fatta al forno. Esistono forni di tutti i generi; i più comuni attualmente sono:
i convenzionali a gas o ad elettricità
i forni a convezione detti anche forni a ventola
i forni a microonde.

Il forno più utilizzato è quello convenzionale che emana calore sia dall'alto sia dal basso, raggiungendo direttamente il cibo contemporaneamente dalle due parti.

In questo tipo di forno, però, la temperatura non è del tutto uniforme, verso lo sportello è leggermente più bassa.

Inoltre richiede di solito il preriscaldamento, in modo che il dolce venga infornato a caldo e le lievitazioni necessarie abbiano luogo da subito.

In genere i tempi e le temperature indicate nelle ricette sono studiate ed applicate ad un forno di tipo convenzionale, anche quelle contenute in questo libro.

Se, tuttavia, possedete un forno a convezione i tempi e le temperature indicate in questo libro si possono adattare in modo abbastanza semplice.

Anzitutto dal momento che il calore è costante in ogni punto del forno e inizia appena lo si accende, il forno a convezione non ha bisogno di preriscaldamento.

Le temperature indicate in ricetta devono essere considerate più basse del 15-20% e più lunghe di circa il 10%.

Il forno a microonde semplice non è molto indicato per la cottura delle torte perché non conferisce colore dorato e crosticine croccanti. Esistono però forni a combinazione microonde + grill, che possono dare buoni risultati.

Qualche consiglio utile

Il preriscaldamento del forno deve durare almeno 10'.

Non estraete subito il dolce dal forno appena spento, specialmente se l'impasto contiene lievito, ma lasciatelo per altri 5' al caldo.

Attenzione a non aprire mai lo sportello durante la cottura: l'aria più fredda che vi entrerebbe comprometterebbe il risultato.

Aprite solo durante gli ultimi minuti del tempo richiesto e unicamente per verificare la cottura del dolce.

Non posate mai la forma contenente il dolce sul piatto del forno (che deve sempre essere tolto), ma sulla griglia.

Salvo diverse indicazioni che possono essere date per ricette particolari i dolci vanno infornati a metà altezza.

Utilizzate tortiere e contenitori con il fondo piano per non avere squilibri di spessore con conseguente diversità di cottura.

Dopo aver tolto la torta dal forno è quasi sempre necessario sformarla, cioè liberarla dal contenitore di cottura, per farla raffreddare ed asciugare completamente. Fate questo con delicatezza, capovolgendo il dolce su una gratella da pasticceria. In questo modo perderà l'umidità e la pasta rimarrà più soffice.

Il calore del forno è il più delle volte l'elemento decisivo per la riuscita di torte e biscotti: un dolce preparato in modo perfetto a volte non riesce perché il forno era troppo o non abbastanza caldo. Il termostato incorporato al forno vi permetterà di regolarlo bene e la pratica che avete con esso vi darà il modo di adattarlo alle diverse necessità.

In più questo specchietto riassuntivo vi indicherà come possono essere calcolate le temperature:

forno dolce da 120 a 170 °C
forno moderato da 175 a 200 °C
forno caldo da 205 a 230 °C
forno caldissimo da 235 a 285 °C

Il piccolo corredo
di utensili da pasticceria

Un *piano di lavoro* composto da una tavoletta di giuste dimensioni (50 x 70 cm), realizzata in materiale plastico speciale o marmo, con superficie levigata e lavabile, è l'ideale. Questo genere di tavolette si trova in vendita nel reparto casalinghi dei grandi magazzini e sono di vero aiuto per chi non abbia a disposizione un tavolo adatto in cucina.

Il *matterello* da pasticceria serve per appiattire e spianare in sfoglie sottili la pasta, in genere raccolta a palla avvolta in un foglio di alluminio o in un telo leggermente inumidito e strizzato. L'utensile deve essere di legno, abbastanza pesante, con un diametro di circa 5 cm.

La *terrina* in cui mescolare i vari ingredienti con il cucchiaio di legno a mano dovrà avere proporzioni medie e dovrà essere di un materiale liscio, facile da pulire come la ceramica smaltata o la porcellana bianca.

I *cucchiai di legno* sono essenziali per miscelare in modo appropriato gli ingredienti e soprattutto le creme: sceglieteli di un tipo di legno molto duro perché non si possa scalfire facilmente, con il bordo sottile e di forma arrotondata.

Le *spatole* di plastica elastica o di cauccù hanno dimensioni diverse e possono essere anche così piccole da poter raccogliere dai vasetti la marmellata o altro nel fondo e lungo le pareti poiché si riescono a curvare secondo le esigenze.

Per lo stesso motivo esse si rendono molto utili nel recuperare ogni residuo di pastella o di crema dall'interno di una terrina o di una casseruola.

Il *bicchierone* graduato, che permette di dosare gli ingredienti, è realizzato in vetro o in materiale plastico trasparente e si rende molto utile per un'esatta valutazione delle proporzioni dei liquidi.

Lo *sbattitore* elettrico è di grande vantaggio per montare rapidamente gli albumi, i composti di burro e zucchero, panna montata o zabaioni.

Il *setaccio* servirà per setacciare la farina insieme al lievito facendola scendere a pioggia dall'alto nella terrina sopra gli altri ingredienti.

Il *colino* a maglia fine, utile per filtrare salse di frutta, sciroppi ecc.

Lo *spremilimone* a mano o elettrico: ambedue necessari per estrarre il succo degli agrumi.

La *grattugia*, a buchi grossi e arrotondati, serve per il cioccolato di copertura da ridurre facilmente a scagliette, ma per la scorza di limone o di arancia occorre un tipo più piccolo a buchi più serrati e per la noce moscata un altro modello, davvero molto piccolo, che sia destinato solo a quell'uso.

La piccola speciale grattugia con manovella a mano è destinata a grattugiare nel modo migliore nocciole, noci e mandorle che in questo modo risultano più soffici e si tratta di un piccolo aggeggio assai pratico e non costoso, acquistabile presso i negozi di casalinghi ben forniti.

Il *mixer elettrico* è ormai entrato nell'uso ed è molto utile per tritare grossolanamente o in modo più fine e addirittura quasi impalpabile amaretti, mandorle, nocciole ecc. Sostituisce, anche se in realtà la prestazione è differente, il tradizionale mortaio.

Gli *stampi* hanno una funzione molto importante nella preparazione dei dolci ed è bene perciò sceglierli di metallo a tela o in pirex piuttosto che di alluminio (anche se questi sono assai meno cari) poiché a lungo andare i primi resistono molto bene alle varie cotture in forno mentre i secondi tendono a sformarsi facilmente perché troppo sottili.

Lo *stampo* per torte può avere il bordo apribile e risulta, in questo caso, molto comodo per sformare con facilità il dolce. Ne esistono di diverse dimensioni da scegliere secondo le esigenze: *piccola* da 20 a 22 cm di diametro una teglia risulta adatta per 4-5 persone; *media*, di 24-26 cm, è indicata per almeno 6 persone e *grande*, di 28 cm e più, per almeno 8 persone e oltre. I bordi possono essere più o meno alti secondo le esigenze, lisci o ondulati.

Esiste lo stampo da charlotte, a bordo più alto, un po' più svasato; di metallo liscio oppure di genere simile realizzato in pirex: sono i due più adatti per numerosi dolci tipo appunto charlotte. Le misure del fondo dei più usati variano da 16 a 20 cm.

15

Le forme da budino, con o senza buco, lisce, scanellate o con disegni in rilievo, sono ideali per ogni sorta di budino, bavaresi ecc.

Stampi ovali, quadrati, rettangolari e lo stampo a cassetta da plumcake potranno tutti essere utili per variare le presentazioni dei dolci.

Esistono ora in commercio anche delle *placche* di metallo che contengono dei piccoli incavi distanziati in modo preciso e che sono stati creati per contenere la pasta leggera dei biscotti: in questo modo essi risultano tutti uguali ed è molto più rapido prepararli, dopo aver – si intende – spennellato con un pochino di burro fuso l'interno delle minuscole nicchie. Attenzione però a non riempirli fino al bordo poiché la pasta gonfia durante la cottura.

Le *formine* per i mini-budini di riso o cioccolato o per la crème caramel sono a loro volta necessarie insieme a stampini di varie forme (a cuore, a fiore ecc.) per biscotti e tartine. Possono essere di metallo o di ceramica, o di alluminio leggero da gettare.

I piccoli accessori utili

Una *spatola* a lama sottile ed elastica, molto indicata per aiutarvi a staccare un dolce o un gelato dalle pareti dello stampo oppure per lisciare la superficie di una crema.

La *pennellessa* larga e piatta per ungere di burro stampi e stampini (nelle parti concave strette deve essere adoperata di taglio) oppure per spennellare le superfici di pasta da lucidare con uovo sbattuto o con albume e granella di zucchero o latte mischiato a miele o zucchero o, infine, per velare di gelatina di frutta certe crostate di frutta o tartellette.

Il *cavatorsolo*, un piccolo strumento di basso costo e di grande utilità poiché permette appunto di estrarre tutta d'un colpo la parte centrale con i semi delle mele da cuocere facendo guadagnar tempo e lasciando intatti i frutti.

Lo *snocciolatore* è un altro piccolo arnese non costoso, che consente di estrarre con facilità e precisione i noccioli dalle ciliegie.

Il *setaccino con manovella* (diametro cm 15), altro piccolo aiuto astuto, per spolverizzare in modo perfetto lo zucchero vanigliato o in polvere sulle torte.

La *sacchetta da pasticceria* di tela plastificata con bocchette intercambiabili di vari tipi, adatte per dolcetti, spumettine, guarnizioni e così via. Preferite il tipo in tessuto di nylon, molto pratico da lavare.

16

La *siringa da pasticceria*, in materiale rigido, con bocchette varie, per piccole guarnizioni.

Una *piccola casseruola di acciaio* inossidabile dal fondo arrotondato per farvi cuocere lo zucchero o preparare il caramello.

La *frusta elastica* con vari fili metallici che si presta in modo ideale a montare panna, composti per farce, salse, creme e zabaioni.

I *tagliapasta* rotondi, ovali, quadrati, sagomati o lisci, di diverse misure, di grande aiuto per eseguire tante piccole preparazioni dolci.

Uno *scavino* rotondo per ricavare palline dai frutti.

La *paletta* forata per il fritto.

Una *pinza* in metallo per girare le frittelle.

La *rotella* smerlata per tagliare la pasta a strisce (per guarnizioni, frittelle, paste ripiene).

La *gratella da pasticceria* è utile perché il fondo della torta non inumidisca durante il raffreddamento. Va bene anche la griglia del forno.

Piccola guida per scegliere
il dolce più adatto
(secondo il tipo di menu)

Come sempre vi propongo degli esempi, per meglio "arrecare" il tipo di dolce adatto ai vostri piatti del giorno... Naturalmente, come in ogni cosa, il buon senso è sempre il miglior "ingrediente"...!

PASTO	DOLCE
• dopo un pasto pesante o con molti farinacei	- insalata dolce di frutta - frutta mista zuccherata - sorbetti di frutta
• dopo un menu senza carne né pesce né uova	- omelette dolce - spume dolci di frutta - gelati di frutta
• dopo un menu mancante di latte	- gelato alla crema - gelato con guarnizioni di frutti (lamponi, fragole ecc.) - dolci di ricotta e panna - tutte le creme, budini ecc.
• dopo un pasto leggero	- crostate di frutta - budini con frutta - dolci di semolino o di riso con frutti o canditi - crêpes con marmellata di frutta - frittelle di frutta
• dopo un pasto molto leggero, povero di carne o pesce	- torte dolci a base di farine e cereali - crêpes con la crema - plum-cake - ciambelle - bigné alla crema - soufflé, spume di cioccolato
• dopo un pasto leggero, povero di verdure	- torte alla frutta - charlotte alla frutta - torte di pan di Spagna con marmellate

LE PASTE BASE

Vengono chiamati così quegli impasti che servono come base per ogni tipo di torta, pasticcini e biscotti.

Si possono cuocere dando loro svariate forme grandi o piccole e una volta cotte farcire poi con ogni tipo di ripieno (marmellate, creme, frutta, macedonie, meringhe) oppure cuocerle direttamente insieme con il loro ripieno, seguendo la ricetta scelta.

La moderna pasticceria, molte volte, abbina tipi diversi di paste base insieme con ottimi risultati.

Alcune sono già per loro conto dolci veri e propri.

Per la loro preparazione e cottura attenetevi alla ricetta fino a quando non avrete raggiunto una certa esperienza: solo allora potrete eseguire variazioni sul tema.

Oggi presso i supermercati e i buoni negozi di alimentari sono disponibili le paste base (sfoglia, frolla e brisée) surgelate che vi faranno risparmiare tempo e fatica. Inoltre sono più economiche di quelle che per la loro difficoltà, di solito, si comprano dal pasticcere già cotte, come la pasta sfoglia.

Pasta lievitata

Tempo: 30' + il tempo
di riposo della pasta

Ingredienti:
250 g di farina
20 g di lievito di birra
1/2 bicchiere di latte
50 g di zucchero
1/2 limone
1 uovo
un pizzico di sale
50 g di burro

Sbriciolate il lievito di birra in una piccola scodella. Aggiungete qualche cucchiaio di latte tiepido e lavoratelo con le dita fino a quando si sarà completamente sciolto.

Ponete sulla spianatoia 50 g di farina, unite un cucchiaio di zucchero, fate un incavo al centro e versate dentro il latte con il lievito.

Impastate i vari ingredienti prima con la punta delle dita, poi con le mani, quindi formate un panetto e lasciatelo lievitare, coperto, in luogo tiepido, per mezz'ora.

Mettete ora la restante farina a fontana sulla spianatoia, mischiatevi lo zucchero rimasto e la scorza del limone grattugiata, unite l'uovo e il burro ammorbidito a temperatura ambiente e tagliato a piccoli pezzi e incominciate a lavorare gli ingredienti unendo man mano il rimanente latte.

Quando l'impasto incomincerà a prendere consistenza, incorporatevi il panetto lievitato e lavorate energicamente e a lungo, fino a quando sulla superficie della pasta appariranno delle bollicine d'aria.

Sistematela allora in una terrina infarinata e lasciatela riposare in luogo caldo per mezz'ora.

Trascorso questo tempo potrete utilizzare la pasta per preparare, a piacere, diverse ricette.

Pasta brisée

Tempo: 20' + il tempo
di riposo della pasta
Ingredienti:
250 g di farina
125 g di burro
un pizzico di sale
4 cucchiai di acqua fredda
2 cucchiai di zucchero

Disponete sulla spianatoia la farina a fontana, collocate al centro il burro ammorbidito a temperatura ambiente e tagliato a pezzetti, un pizzico di sale e lo zucchero. Impastate velocemente poi aggiungete l'acqua fredda e impastate i vari ingredienti fino ad ottenere una pasta di giusta consistenza.

Raccoglietela a palla, avvolgetela in un foglio di carta d'alluminio e lasciatela riposare in frigorifero per un'ora.

Trascorso questo tempo potrete utilizzare la pasta per preparare, a piacere, diverse ricette.

Lavorate la pasta brisée molto rapidamente, utilizzando prima solo la punta delle dita e poi le mani raffreddate in acqua ghiacciata. Attenzione a non eccedere con l'acqua, la pasta deve risultare omogenea e morbida ma al tempo stesso soda.

La pasta brisée è la parente povera della pasta frolla. Non ci sono i tuorli d'uovo e lo zucchero compare a dosi minime. Lo zucchero si può anche omettere del tutto, se si vuole usare questa pasta per la preparazione di torte e sformati salati.

Pasta frolla

Tempo: 20' + il tempo
  di riposo della pasta
Ingredienti:
250 g di farina
125 g di zucchero
125 g di burro
mezzo limone
2 tuorli
un pizzico di sale

Ponete sulla spianatoia la farina a fontana, mettete al centro lo zucchero, il burro ammorbidito a temperatura ambiente e tagliato a pezzetti, un pizzico di sale e la scorza di 1/2 limone grattugiata.

Impastate velocemente i vari ingredienti fino ad ottenere un impasto ben amalgamato e omogeneo. Raccoglietelo a palla e lasciatelo riposare, in frigorifero, per 30' coperto da una salvietta.

Trascorso questo tempo la pasta è pronta da utilizzare.

Il segreto per una buona riuscita è di lavorarla molto velocemente per evitare che il burro diventi oleoso.

Una pasta frolla veramente ottima deve risultare friabile, sciogliersi in bocca con delicatezza senza prevaricare sul sapore e sui profumi del suo ripieno; non deve risultare dura né elastica.

Pasta pan di Spagna

Tempo: 1 ora e 15'
Ingredienti:
4 uova
100 g di farina
120 g di zucchero in polvere
1 bustina di vanillina
la scorza di mezzo limone grattugiata

Ponete i tuorli in una terrina, aggiungete lo zucchero e lavorate energicamente con un cucchiaio di legno fino a quando otterrete un composto gonfio e leggero.

Montate gli albumi a neve fermissima e incorporateli delicatamente ai tuorli sbattuti; sempre mescolando, unite la farina versata a pioggia.

Aromatizzate l'impasto con la vanillina e la scorza del limone.

Versate il composto in una teglia di circa 24 cm di diametro, imburrata e infarinata, e cuocete a forno già caldo (180°) per 40'.

Pasta margherita

Tempo: 1 ora
Ingredienti:
6 uova
200 g di zucchero a velo
180 g di fecola di patate
100 g di burro
la scorza grattugiata di un limone

Ponete in una terrina i tuorli, unite lo zucchero a velo e con un cucchiaio di legno continuate a sbattere fino a quando appariranno gonfi e spumosi. Montate ora a neve fermissima gli albumi e, con molta delicatezza, incorporateli al composto di tuorli e zucchero.

Amalgamatevi anche la fecola di patate fatta scendere a pioggia ed in ultimo aggiungete il burro fatto sciogliere a bagno-maria e la scorza del limone grattugiata.

Versate l'impasto in una teglia di circa 24 cm di diametro imburrata e spolverizzata di fecola. Cuocete in forno preriscaldato (200°) per 30'.

Potrete utilizzare la pasta per preparare, a piacere, diverse ricette.

Pasta sfoglia semplificata

Tempo: 1 ora e 1/2
Difficoltà: 2
100 g di farina
100 g di burro
un pizzico di sale
3 cucchiai di acqua

Con un pezzettino di burro, il sale, l'acqua e la farina fate una pasta liscia e morbida lavorandola sulla spianatoia con le mani ben fredde. Stendetela con il matterello dandole la forma di un grande rettangolo.

Al centro della sfoglia ponete il resto del burro ammorbidito a temperatura ambiente e che abbia ancora la sua forma rettangolare.

Ripiegategli sopra la pasta da sinistra a destra, da destra a sinistra, dall'alto in basso e dal basso in alto.

Sempre aiutandovi con il matterello stendete di nuovo la pasta così piegata in una lista rettangolare spessa un centimetro, piegatela in tre e mettetela in frigorifero avvolta in un canovaccio. Lasciatela per un quarto d'ora e quindi stendetela nuovamente ripiegandola in tre per almeno altre quattro volte.

Lasciate sempre un quarto d'ora in frigorifero fra una volta e l'altra.

A questo punto la pasta sfoglia è pronta per essere utilizzata.

Stendetela all'altezza desiderata, con la forma che vi è necessaria e cuocetela in forno ben caldo.

Nell'impiego della pasta sfoglia la temperatura elevata del forno è essenziale, altrimenti il burro contenuto in alta percentuale si scioglie lentamente e la sfoglia si "siede", cioè non acquista la sua particolare struttura a strati sottili e leggeri.

Pastella per le crêpes

Dosi per 12 crêpes sottili del diametro di 14 cm
100 g di farina
1 uovo + 1 tuorlo
2 cucchiai di burro fuso
1 cucchiaino di zucchero
1 pizzico di sale
2 dl di latte
1 cucchiaio di cognac o rum

Stemperate in una terrina la farina con il latte e con tutti gli altri ingredienti fino a ricavarne una pastella fluida e priva di grumi.

Lasciate riposare la pastella in luogo fresco, nella parte più bassa del frigorifero, ben coperta da una pellicola, per un'ora circa.

Scaldate un padellino di ferro di circa 15 cm di diametro appena unto di burro, versate un mestolino di pastella e cuocete da ambo le parti, come una frittata. Le crêpes si servono calde.

Le crêpes devono essere sempre molto sottili perché da questa loro leggerezza dipenderà il successo del dessert.

Una piccola astuzia per preparare velocemente le crêpes senza usare troppo condimento consiste nell'avviluppare un pezzetto di lardo in una piccola garza e con questo strofinare il fondo del padellino di ferro, scaldato in precedenza sul fuoco. È sufficiente strofinare una o due volte perché il padellino resti unto in modo ideale.

Le crêpes si possono preparare con l'anticipo di un giorno conservandole in un contenitore di plastica a chiusura ermetica separate da carta di alluminio. Si riscaldano poi al momento dell'uso.

Esiste attualmente in commercio un piccolo elettrodomestico a immersione che permette di fare facilmente le crêpes.

LE CREME BASE

Le creme vengono usate per accompagnare, farcire e ricoprire preparazioni di ogni specie. Entrano nella composizione di bavaresi, budini, charlotte, crostate, ma si possono servire anche da sole.

Se poi le arricchirete con qualche biscottino, frutta sciroppata o candita, frutta sotto spirito avrete un dessert ricco e goloso anche per ospiti improvvisi.

Le creme sono a base di latte, panna o derivati e possono essere divise in quattro grandi categorie:
— creme legate esclusivamente con uova (es. crema inglese)
— creme legate con uova e farina (es. crema pasticcera)
— creme legate solo con la farina (es. crema al cioccolato)
— creme legate con il burro o la panna e perciò creme "a freddo", perché non richiedono cottura (es. crema chantilly).

Le creme si lavorano con una frusta, a mano o elettrica, o con un cucchiaio di legno, mescolando sempre in uno stesso senso perché gonfino e si amalgamino bene.

Le creme a base di uova si cuociono a bagno-maria, non direttamente sul fuoco, senza mai farle bollire: infatti la crema impazzirebbe, cioè l'uovo si rapprenderebbe in minutissimi fiocchi, separandosi dal liquido.

Nelle creme in cui la farina costituisce il legante sarà opportuno prima amalgamare fra di loro tutti gli altri ingredienti e quindi aggiungere la farina a pioggia, mescolando accuratamente per evitare la formazione di grumi. Si cuociono sul fuoco a fiamma bassa, rimescolando continuamente e lasciandole bollire per qualche minuto.

Se la crema è a base di burro, cioè a freddo, utilizzate sempre prodotti freschissimi e di prima qualità: la mancanza di cottura farebbe subito notare anche la più lieve traccia di sapore rancido. Togliete il burro dal frigorifero e fatelo ammorbidire a temperatura ambiente (mai sul fuoco) prima di utilizzarlo. Nelle creme a freddo si usa anche il mascarpone o la panna liquida o montata.

Questo tipo di crema si conserva nella parte meno fredda del frigorifero perché possa addensarsi senza solidificare, il che non la renderebbe gradevole.

Crema pasticcera

Tempo: 30'
Ingredienti:
3 tuorli d'uovo
90 g di zucchero
75 g di farina
1/2 litro di latte
la scorza di un limone grattugiata

In una casseruola sbattete i tuorli con lo zucchero fino a renderli gonfi e spumosi.

Unite la farina, rimescolando accuratamente per non far formare grumi, la scorza di limone grattugiata ed infine stemperate il tutto con il latte (in precedenza fatto scaldare) facendolo scendere "a filetto".

Ponete il recipiente su fuoco dolce e, sempre rimescolando, fate addensare la crema; appena avrà raggiunto l'ebollizione tenetela sul fuoco basso per quattro o cinque minuti continuando a mescolare.

Toglietela dal fuoco, travasatela in una terrina e fatela raffreddare rimestandola di tanto in tanto in modo da evitare che in superficie si formi la pellicola.

Crema inglese

Tempo: 30'
Ingredienti:
5 tuorli d'uovo
150 g di zucchero
1/2 litro di latte
1 bustina di vanillina

Ponete in una casseruolina i tuorli d'uovo, unite lo zucchero, quindi continuate a sbattere con una piccola frusta elastica fino a quando otterrete un composto soffice e spumoso.

Incorporatevi allora il latte (in precedenza fatto scaldare), facendolo scendere a "filetto" sempre rimescolando con la frusta elastica. Mettete il recipiente su fuoco dolce e, sempre sbattendo, lasciate addensare il composto.

La crema risulterà pronta quando velerà il cucchiaio. Non lasciatele levare il bollore, perché impazzirebbe sicuramente. Toglietela allora dal fuoco, aromatizzatela con la vanillina e travasatela infine in una terrina e lasciatela raffreddare mescolandola ogni tanto.

Crema al burro

Tempo: 15'
Ingredienti:
150 g di burro
4 cucchiai di zucchero a velo
1 cucchiaio di crema pasticcera

Ponete il burro, ammorbidito a temperatura ambiente, in una terrina, quindi montatelo con un cucchiaio di legno fino a quando apparirà soffice.

Incorporatevi lo zucchero a velo fatto scendere a pioggia e, sempre rimescolando, amalgamatevi poco per volta la crema pasticcera fredda.

Volendo potete aromatizzarla con qualche cucchiaino di liquore che si armonizzi al gusto del dolce che volete farcire.

Crema frangipane

Tempo: 20'
Ingredienti:
100 g di mandorle pelate
100 g di zucchero
1 uovo
50 g di burro
un bicchierino di rum

Tritate finemente le mandorle con lo zucchero nel mixer, poi passate la farina ottenuta attraverso un setaccio a maglie fini.

Raccogliete il ricavato in una terrina e unitevi l'uovo intero, continuate a rimescolare con un cucchiaio di legno, quindi incorporatevi poco alla volta il burro, fatto sciogliere in precedenza a bagno-maria.

Mescolate energicamente il composto finché risulti ben gonfio e montato e completatelo con il rum.

Se si vuole, soprattutto per usarla come dolce a sé in coppette, si può aggiungervi della crema pasticcera di due tuorli d'uovo (vedi pagina precedente).

Un altro accorgimento per rendere il suo gusto più gradevole è quello di far dorare appena le mandorle nel forno a 200° prima di tritarle.

Zabaione

Tempo: 20'
Ingredienti (dose per 1 persona):
1 tuorlo d'uovo
1/2 guscio d'uovo di zucchero a velo
1/2 guscio d'uovo di marsala
   o vino moscato (o Vin Santo)

Sbattete energicamente il tuorlo d'uovo in un casseruolino insieme con lo zucchero, girando sempre nello stesso verso, finché sia ben amalgamato e diventi chiaro. Poi aggiungete, poco alla volta, il marsala.

Immergete il recipiente in un'altra casseruola più grande piena di acqua che stia quasi per bollire e continuate a mescolare fino a quando lo zabaione diventerà prima spumoso e poi gonfio e soffice, senza più schiuma.

Per quanto semplice da preparare lo zabaione è facile che impazzisca, se non si ha l'avvertenza di non lasciarlo giungere all'ebollizione e di toglierlo subito dal fuoco appena ha raggiunto la giusta consistenza.

È buona regola anche immergere il tegamino in acqua fredda per arrestare la cottura mescolando ogni tanto.

Crema chantilly

Tempo: 10'
Ingredienti:
1/2 litro di panna
100 g di zucchero a velo
1 bustina di vanillina

Montate in un recipiente raffreddato in frigorifero la panna ben fredda con una frusta a mano, o meglio ancora elettrica, finché diventerà soffice e soda; aggiungete poco per volta lo zucchero mischiato con la vanillina mescolando dolcemente. Occorre far attenzione a non oltrepassare il punto giusto di cottura perché la panna potrebbe impazzire cioè dividersi, ingiallire e convertirsi in burro.

È una crema che serve a decorare dolci di tutti i tipi, in particolare la torta Saint-Honoré, e a farcire bignè.

Secondo come l'usate, potete anche aromatizzarla con un po' di liquore tipo rum, cognac, Grand Marnier.

LE SALSE DOLCI

Le salse dolci hanno generalmente come base uno sciroppo di zucchero e acqua (o anche latte, vino, liquore) piuttosto denso a cui si uniscono poco alla volta marmellate, caffè, frullati di frutta crudi o cotti mischiati in diverse proporzioni. Servono per accompagnare qualunque tipo di dolce.

Permettono di miscelare sapori diversi che stanno bene insieme e favoriscono una maggiore varietà nella presentazione dei gelati e dei sorbetti.

Possono essere servite fredde o calde, a seconda dei casi.

Le salse dolci come accompagnamento ai gelati o ai sorbetti nella stagione invernale servono a farli sembrare meno freddi e quindi più graditi.

Ottime sono le salse al lampone calde su gelati alla frutta e la salsa di cioccolato calda sul gelato alla vaniglia o alla panna.

Salsa di cioccolato

Tempo: 30'
Ingredienti:
200 g di cioccolato amaro fondente
1/4 di litro di panna
1 cucchiaio di burro
3 cucchiai di zucchero

Grattugiate il cioccolato fondente, ponetelo in una casseruola e unitevi il burro.

Lasciatelo sciogliere a bagno-maria, quindi aggiungete la panna, poco per volta, sempre mescolando, e fatela scaldare.

Salsa di vaniglia

Tempo: 20'
Ingredienti:
1/4 di l di latte + 1/4 di l di panna
un pezzetto di stecca di vaniglia
1 tuorlo d'uovo
50 g di zucchero

Versate il latte e la panna in una casseruola, unite il pezzetto di stecca di vaniglia e lasciate scaldare, su fuoco dolce, il liquido.

Sbattete energicamente il tuorlo con lo zucchero fino a renderlo gonfio e spumoso, aggiungete il latte e la panna caldi, poi passate il tutto attraverso un colino a maglie fini per eliminare la vaniglia.

Se non usate subito la crema, ricordatevi di rimescolarla di tanto in tanto mentre si raffredda, per evitare che si formi una pellicina sulla superficie.

Salsa di caffè

Tempo: 20'
Ingredienti:
1/4 di litro di panna
1/4 di litro di latte
4 cucchiai di caffè molto ristretto
1 tuorlo d'uovo
50 g di zucchero

Versate la panna e il latte in una casseruola, unite il caffè molto ristretto e lasciate scaldare a fuoco basso.

Sbattete il tuorlo insieme con lo zucchero fino a renderlo gonfio e spumoso, aggiungete al composto il latte e la panna caldi, fatti scendere "a filetto" attraverso un colino, mescolando bene.

Salsa di lamponi

Tempo: 20'
Ingredienti:
500 g di lamponi
1 bicchierino di Vin Santo
100 g di zucchero
1/2 bicchiere di acqua calda

Sciogliete lo zucchero nell'acqua calda e portatelo all'ebollizione. Unitevi il Vin Santo e i lamponi privati del picciolo e frullati.

Frullate ancora fino ad ottenere una salsa liscia e omogenea.

Una variante consiste nell'utilizzare al posto dei lamponi freschi qualche cucchiaio di marmellata o gelatina di lamponi diluita nell'acqua calda e aromatizzata col Vin Santo. Lo zucchero naturalmente non ci vuole più.

La stessa salsa si può fare con altri tipi di frutta fresca o in confettura, a piacere.

LE GLASSE

Il vocabolo glassa deriva dal francese "glace" che significa ghiaccio. Infatti, praticamente, la glassa è un rivestimento a base di zucchero e acqua che abbellisce il dolce con le sue tonalità perlacee, come di ghiaccio.

Le glasse hanno in pasticceria una grande importanza perché conferiscono non solo alle torte, ma anche a dolcetti e biscotti semplici un tono più raffinato.

Le glasse si possono realizzare a freddo o a caldo e la glassatura di un dolce ha poche regole fondamentali, ma richiede una certa attenzione.

Prima di tutto sinceratevi che il dolce sia perfettamente freddo e asciutto. Spennellatelo con una grossa pennellessa morbida da cucina per togliere eventuali briciole o scabrosità dalla superficie.

Versate la glassa preparata al centro del dolce e con un coltello a lama lunga e sottile e non dentellata stendetela in modo regolare prima sulla superficie e poi lungo i bordi del dolce.

Se la glassa è a caldo (es. cioccolato) basterà lasciare la torta decorata in ambiente fresco, per una decina di minuti, oppure metterla sulla parte bassa del frigorifero, avvolta in carta di alluminio.

Se la glassa è a freddo, quando la torta sarà tutta ricoperta, presentatela alla bocca del forno caldo (senza introdurla) e giratela più volte, in modo che l'aria calda, uscendo, sfiori il dolce da tutte le parti. In questo modo la glassa si indurisce e prende lucentezza. A questo scopo potete usare anche il fon.

Per ottenere con la glassa disegni vari si usa una siringa da pasticcere.

Glassa all'acqua

Tempo: 5'

Ingredienti:
200 g di zucchero a velo
qualche cucchiaio (4-5) di acqua
1 bustina di vanillina
1 cucchiaino di colorante per pasticceria

Passate lo zucchero a velo da un passino direttamente in una ciotola: mischiatelo alla vanillina, poi mescolatelo con un cucchiaio di legno finché lo zucchero l'avrà assorbita del tutto. Man mano aggiungete uno alla volta i rimanenti cucchiai di acqua attendendo però che ognuno di essi si sia completamente amalgamato con lo zucchero a velo per verificarne la giusta densità e controllare se è necessario unire ancora un pochino di acqua.

La glassa dovrà assumere l'aspetto di una crema colante, a cui potrete unire, a piacere, una piccola dose di colorante.

Se desiderate una ghiaccia profumata al liquore (maraschino, Cointreau, mandarinetto ecc.), dopo un primo cucchiaio di acqua utilizzate il liquore prescelto in luogo dell'acqua.

Glassa reale

Tempo: 15'
Ingredienti:
200 g di zucchero a velo
1 albume d'uovo
qualche goccia di succo di limone

Mettete l'albume di uovo in una ciotola ed incorporatevi lo zucchero a velo (passato in precedenza da un setaccino fine in una scodella) poco per volta, mescolando di continuo il composto con un cucchiaio di legno e girandolo sempre nel medesimo senso. A poco a poco il miscuglio aumenterà di volume e si addenserà come una crema.

In ultimo completatelo con l'aggiunta del succo di limone, filtrato attraverso un colino fine. Rimescolate energicamente e, se lo stimate necessario, unite anche qualche goccia di succo di limone in più.

Glassa al cioccolato

Tempo: 20'
Ingredienti:
200 g di zucchero a velo
100 g di cioccolato fondente
2 cucchiai di acqua bollente

Riducete a pezzetti il cioccolato fondente, ponetelo in una piccola casseruola e lasciatelo ammorbidire in forno caldo (120°) fin quando si potrà mescolare con un cucchiaio. Aggiungete allora, fuori dal forno, 2 cucchiai di acqua bollente, rimescolate, unite poi lo zucchero a velo, passato da un colino, poco per volta e continuate a rimescolare energicamente in modo da ottenere una glassa densa e lucida.

Glassa al fondente

Tempo: 20'

Ingredienti:
200 g di zollette di zucchero
2 cucchiai di acqua
mezzo cucchiaio di cremor tartaro

Ponete in una piccola casseruola le zollette di zucchero e due cucchiai di acqua. Aggiungete il cremor tartaro e fate sobbollire togliendo man mano la schiuma che si formerà in superficie.

Fate cuocere fino alla piccola bolla, fino a quando cioè potrete constatare che, prendendo una piccola pallina tra due dita bagnate nell'acqua fredda, questa risulterà morbida: rovesciate allora lo zucchero su un piano di marmo o di plastica bagnato d'acqua e lasciatelo raffreddare.

È questo il momento di incominciare a "lavorare" la preparazione con una spatola di metallo, portandola sempre verso il centro fin quando assumerà un aspetto biancastro ed opaco. Lavoratela adesso con le mani e formate una palla.

Collocatela in un vaso di vetro a chiusura ermetica: al momento di usarla mettetela in una casseruolina a bagno-maria facendola scaldare e ammorbidire per poterla spalmare con facilità sulla superficie di pasticcini, biscotti e torte.

RICETTE

1

PER LA PRIMA COLAZIONE

Non è una novità: una prima colazione con la giusta quantità e quali-tà di ingredienti costituisce la prima, buona "partenza" mattutina e dà l'impulso all'organismo per agguerrirsi contro lo stress fisico e psicologi-co delle ore di studio o di lavoro. Ma, confessatevi con sincerità, con quanto metodo, con quanta serietà risolvete il problema della prima co-lazione?

Una tazzina di caffè, una tazza di latte lasciata a metà, sono causa di svogliatezza, distrazione, stanchezza mentale che inevitabilmente col-piscono chi si affaccia quasi digiuno agli impegni che lo attendono.

Eccovi qualche piccola idea per stimolare la curiosità e l'appetito non solo dei ragazzini ma anche degli adulti.

Si tratta di ricettine semplici, ma piene di gusto. Volete provarle?

Biscotti di fiocchi d'avena alle mandorle

Tempo: 1 ora e 10'
Difficoltà: 1
Dosi per 30 biscotti circa

300 g di fiocchi d'avena
140 g di zucchero a velo
1 cucchiaino di lievito per dolci
2 uova + 1 tuorlo
50 g di burro
140 g di mandorle
qualche goccia di essenza di mandorle
un pizzico di sale

Disponete sul tavolo lo zucchero mescolato con il lievito, aggiun-gete i fiocchi d'avena, le uova, il tuorlo, il burro tagliato a piccoli pezzetti, le mandorle tritate, l'essenza di mandorle e un pizzichino di sale.

Lavorate bene i vari ingredienti in modo da ottenere un composto omogeneo.

dete l'impasto con l'aiuto di un matterello in una sfoglia del-
;ore di 1/2 centimetro, poi con una rotella dentellata, ricavate
...... iscotti di forma rettangolare.

Allineate i biscotti su una placca ricoperta da un foglio di carta
di alluminio imburrata e lasciateli cuocere in forno preriscaldato (180°)
per venti minuti.

Estraete i dolcetti dal forno, fateli raffreddare, staccateli con una
piccola spatola e rinchiudeteli in una scatola di latta.

Potrete rendere ancora più nutrienti e ghiotti questi biscotti guarnendone la superficie, prima di staccarli, con un poco di cioccolato
amaro fuso fatto scendere sulla superficie mediante una siringa da
pasticceria.

Biscotti dorati

Tempo: 1 ora circa
Difficoltà: 1
Dosi per 25 biscotti

— CORNMEAL

150 g di farina gialla finissima —
80 g di farina bianca
120 g di zucchero a velo
80 g di burro
2 tuorli — YOLK
la scorza di un'arancia grattugiata
2 cucchiai di liquore mandarinetto
un pizzico di sale

Mescolate la farina gialla insieme con quella bianca, disponetela
a fontana sul tavolo, unite lo zucchero, il burro ammorbidito a pezzetti, i tuorli leggermente sbattuti, la scorza d'arancia grattugiata,
il liquore e un pizzico di sale.

Lavorate bene gli ingredienti fino ad ottenere un impasto
omogeneo.

Stendete la pasta con il matterello in una sfoglia non troppo sottile e ricavate da quest'ultima, con uno stampino rotondo, tanti dischetti, reimpastando i ritagli fino ad esaurimento.

Allineateli su una placca (in precedenza ricoperta con un foglio
di carta di alluminio imburrata) ben distanziati l'uno dall'altro e passate i biscotti in forno preriscaldato (180°) fino a quando la superficie apparirà leggermente dorata.

Sfornateli, lasciateli raffreddare, poi staccateli con una spatola.

Biscottini del goloso

Tempo: 1 ora
Difficoltà: 1
Dosi per 25-30 biscottini

250 g di farina
160 g di burro
160 g di zucchero a velo
2 cucchiai di canditi misti
1 bicchierino di sciroppo d'ananas
3 uova
80 g di uvetta sultanina

Mettete ad ammorbidire l'uvetta nello sciroppo di ananas.

Sbattete in una terrina il burro ammorbidito a temperatura ambiente fino a renderlo soffice, mischiatevi lo zucchero a velo, le uova e, poco per volta, la farina passata al setaccio. Aggiungete i canditi a pezzetti e l'uvetta sultanina scolata e strizzata.

Raccogliete il miscuglio in una sacchetta da pasticceria munita di bocchetta liscia e spremete sulla placca ricoperta da un foglio di carta di alluminio imburrata tanti piccoli biscotti rotondi, ben distanziati l'uno dall'altro. Passate i dolci in forno caldo (180°) e fateli cuocere fino a quando risulteranno dorati, poi estraeteli e lasciateli raffreddare.

Staccate i biscotti freddi con l'aiuto di una piccola spatola e rinchiudeteli in una scatola di latta.

Biscottini agli agrumi

Tempo: 1 ora circa
Difficoltà: 1
Dosi per 50 biscottini circa

scorza grattugiata di agrumi
200 g di nocciole
200 g di zucchero a velo
80 g di farina
80 g di burro fuso
4 albumi
un pizzico di sale

Ponete in una terrina le nocciole pelate e tritate finemente, aggiungete lo zucchero, la scorza grattugiata dei vari agrumi (arancia, limone, cedro), la farina setacciata e il burro fuso.

Rimescolate accuratamente, poi incorporatevi gli albumi montati a neve fermissima insieme con un pizzico di sale.

Mescolate sollevando il miscuglio dal basso verso l'alto, raccogliete il composto in una sacchetta da pasticceria munita di bocchetta liscia e larga, e premendo leggermente, formate sulla placca del forno (ricoperta da un foglio di alluminio imburrato) dei tondini di pasta ben distanziati l'uno dall'altro.

Passate i dolcetti in forno caldo (180°) e fateli cuocere fino a quando risulteranno appena dorati.

Lasciate raffreddare completamente i biscottini prima di staccarli con l'aiuto di una spatola.

Potrete anche conservarli per una settimana in una scatola di latta.

Mezzelune con i pinoli

Tempo: 1 ora e 10' + 1 ora di frigorifero
Difficoltà: 1
Dosi per circa 30 dolcetti

200 g di farina
100 g di farina di mandorle
150 g di burro
150 g di zucchero
1 bustina di vanillina
6 cucchiai di latte freddo
la scorza grattugiata di un limone
2 albumi
100 g di pinoli
un pizzico di sale

Impastate rapidamente sul piano di lavoro infarinato i due tipi di farina insieme con il burro ammorbidito tagliato a pezzetti, la scorza di 1 limone, lo zucchero, la vanillina, un albume e un pizzichino di sale.

Unite man mano le cucchiaiate di latte freddo. Appena avrete ottenuto un impasto omogeneo e liscio, modellatelo a forma di palla e lasciatelo riposare in frigorifero, ben avvolto in una salvietta, per un'ora.

Trascorso questo periodo di tempo, riportate l'impasto sulla spianatoia infarinata e ricavate tante piccole porzioni uguali, della dimensione di un mandarino.

Da queste modellate poi dei rotolini di 6 cm di lunghezza e 1 cm di diametro. Fateli rotolare, poi date loro la forma di mezzaluna, assottigliando le punte.

Dopo averli collocati a giusta distanza l'uno dall'altro su un foglio di alluminio unto di burro, spennellateli con una pennellessa intinta nell'albume appena sbattuto.

Distribuite sopra le mezzelune un po' di pinoli, pigiandoli appena con le punte delle dita perché vi restino attaccati.

Fate cuocere le "mezzelune" in forno preriscaldato a 200°, estraetele appena ben dorate e lasciatele raffreddare.

Potrete conservarle anche per 2 settimane, ben racchiuse in una scatola di latta.

Si tratta di dolcetti delicati, che hanno un buon valore nutritivo; possono essere adatti, in formato più piccolo, anche per un piccolo ricevimento pomeridiano.

Muffins alle noci e uvetta

Tempo: 1 ora
Difficoltà: 1
Dosi per 12 muffins

220 g di farina
3 cucchiaini di lievito per dolci
2 cucchiai di zucchero
1 uovo
14 cucchiai di latte
100 g di burro
50 g di uvetta sultanina
1 bicchierino di Porto
50 g di gherigli di noce
un pizzico di sale

Lasciate ammorbidire l'uvetta ricoperta dal Porto per 30' in una scodella.

Setacciate la farina insieme con il lievito in una terrina, unite lo zucchero, un pizzico di sale e mescolate bene i vari ingredienti.

In un'altra ciotola sbattete l'uovo, aggiungete il latte e il burro precedentemente sciolto a bagno-maria e appena tiepido. Rimescolate accuratamente, quindi incorporate il miscuglio alla farina setacciata.

Amalgamate velocemente i vari ingredienti aggiungendo anche l'uvetta ben scolata e strizzata e i gherigli di noce tritati grossolanamente.

Ungete ora l'interno degli stampini, leggermente svasati, spolverizzateli di farina, poi riempiteli solo per due terzi per permettere la lievitazione durante la cottura.

Sistemate i piccoli contenitori su una placca e passate il tutto in forno caldo (200°) per 15'.

Lasciate raffreddare i muffins su una gratella da pasticceria.

I "muffins" − così vengono chiamati nei Paesi anglosassoni questi dolcetti nutrienti − possono avere diverse elaborazioni secondo la fantasia personale di chi li prepara. Questa ricetta ne è un ottimo esempio.

Tortine di ciliegie e ricotta

Tempo: 1 ora e 10'
Difficoltà: 1
Dosi per 8 tortine

1 confezione di pasta frolla surgelata
200 g di ricotta
250 g di ciliegie snocciolate
2 uova
1 bustina di vanillina
120 g di zucchero a velo
1 noce di burro
4 cucchiai di latte
1 cucchiaio di Cherry Brandy

Ponete le ciliegie in una piccola casseruola insieme con una noce di burro, unite il latte, il Cherry Brandy, la vanillina, quindi lasciate cuocere la preparazione per 20' a calore moderato.

Stendete la pasta frolla scongelata a temperatura ambiente in una sfoglia piuttosto sottile.

Ricoprite con quest'ultima il fondo e le pareti di 8 stampini di alluminio del diametro di 8 cm unti di burro e bucherellate il fondo della pasta con una forchetta.

Sbattete i tuorli con lo zucchero fino ad ottenere un composto soffice, unite la ricotta passata al setaccio, rimescolate bene ed infine mischiatevi le ciliegie cotte e raffreddate.

Incorporatevi gli albumi montati a neve fermissima e date un'ultima rimescolata.

Suddividete il composto negli stampini rivestiti di pasta frolla e allineateli su una placca.

Passate le tortine in forno preriscaldato (180°) fino a quando la superficie risulterà leggermente dorata.

Fatele raffreddare, quindi sformatele.

Queste tortine hanno il vantaggio di potersi preparare anche in anticipo di due o tre giorni: potrete poi conservarle, ognuna ben avvolta in un foglio di alluminio, sul piano inferiore del frigorifero.

Tartellette ai pinoli e cioccolato

Tempo: 1 ora e 30'
Difficoltà: 1
Dosi per 12 tartellette circa

170 g di farina
2 uova
130 g di cioccolato fondente
70 g di pinoli
130 g di burro
130 g di zucchero
1 bustina di vanillina
1 bicchierino di rum
1/2 bustina di lievito per dolci
2 dita di latte tiepido
zucchero vanigliato

Grattugiate il cioccolato fondente e fatelo ammorbidire (ma non liquefare) a bagno-maria; versatelo in una terrina e aggiungetevi lo zucchero ed il burro ammorbidito tagliato a pezzetti. Sbattete il tutto con una frusta elastica fino a montare bene il composto, quindi incorporatevi le uova, rimescolando con molta cura. Infine aggiungete la farina fatta scendere a pioggia attraverso il setaccio, la vanillina, i pinoli, il liquore e, in ultimo, il lievito sciolto nel latte tiepido.

Rimescolate più volte, poi versate l'impasto nelle formine di 8 cm di diametro, in precedenza imburrate e leggermente infarinate, riempiendole per tre quarti.

Fate cuocere in forno preriscaldato (160°) per circa 50'.

Appena cotte, estraete le tartellette dal forno, lasciatele raffreddare nelle formine, poi travasatele in un contenitore di vetro a chiusura ermetica dopo averle spolverizzate con un po' di zucchero vanigliato.

Di sapore molto delicato e nutrienti, queste tartellette dolci possono sostituire i dolcetti preparati industrialmente, fornendo i buoni e genuini sapori di casa.

Piccole tortine di noci, uvetta e miele

Tempo: 1 ora e 30'
Difficoltà: 1
Dosi per 12 tortine

300 g di farina
140 g di burro
6 uova
4 cucchiai di miele
150 g di gherigli di noce
60 g di uvetta sultanina
1 bustina di zafferano
1 bicchierino di brandy
1/2 bustina di lievito per dolci
un pizzico di sale
1 busta di zucchero vanigliato

Fate ammorbidire l'uvetta sultanina in una scodella con un po' di acqua tiepida.

Lavorate energicamente il burro in una terrina per un quarto d'ora con una frusta elastica, poi aggiungete, uno alla volta, i tuorli ed il miele sempre sbattendo.

Unite anche l'uvetta, le noci tritate e, a cucchiaiate, gli albumi montati a neve fermissima con un pizzico di sale. In ultimo aggiungete la farina facendola scendere a pioggia, ben mischiata con il lievito, attraverso un passino.

Completate infine con lo zafferano disciolto nel brandy, rimescolate più volte il composto ed infine suddividetelo nelle formine rotonde di 8 cm di diametro, unte di burro e spolverizzate di farina.

Passatele poi nel forno preriscaldato (160°) lasciandole cuocere per tre quarti d'ora.

Controllate che siano cotte anche all'interno mediante uno stecchino che dovrà risultare ben asciutto una volta estratto.

Togliete le tortine dal forno, sformatele su una gratella da pasticceria e lasciatele raffreddare a temperatura ambiente.

Spolverizzatele di zucchero vanigliato e collocatele in un luogo asciutto dentro un'ampia scatola di latta, dove potranno conservarsi anche per una settimana.

Potrete, se vi piace, dimezzare la dose di farina e aggiungere una uguale proporzione di farina gialla: ciò renderà l'impasto più ruvido e leggermente croccante.

Lo zafferano conferisce un aroma particolare a queste tortine.

Crostatine alla ricotta e canditi

Tempo: 1 ora e 10' + tempo
  di scongelamento della pasta frolla
Difficoltà: 1
Dosi per 6 crostatine

---

250 g di pasta frolla surgelata
250 g di ricotta
100 g di confettura di albicocche
2 cucchiai di canditi misti
1 cucchiaio di Apricot Brandy
100 g di zucchero a velo
2 tuorli
1 bustina di vanillina

Stendete la pasta frolla scongelata a temperatura ambiente in una sfoglia e ricoprite con quest'ultima l'interno degli stampini di 8 cm di diametro, unti di burro e leggermente infarinati, poi bucherellate il fondo della pasta con una forchetta.

Sbattete in una terrina la ricotta passata al setaccio insieme con la confettura di albicocche, unite lo zucchero a velo, la vanillina, i canditi a dadini, l'Apricot Brandy ed infine i tuorli.

Mescolate accuratamente i vari ingredienti fino ad ottenere un impasto omogeneo.

Suddividete quest'ultimo nelle formine ricoperte di pasta frolla, sistematele su una placca e passatele in forno caldo (180°) per 40'.

Estraete le crostatine dal forno, lasciatele raffreddare, poi sformatele su un vassoio di portata.

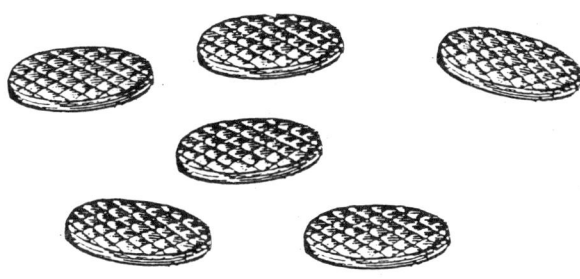

Torta di pasta brioche

Tempo: 1 ora + 2 ore per la lievitazione della pasta
Difficoltà: 1
Dosi per 6-8 persone

---

350 g di farina
140 g di burro fuso
15 g di lievito di birra secco
1 cucchiaio di zucchero
1/4 l di latte
1 uovo
un pizzico di sale

Per guarnire:

2 cucchiai di zucchero semolato
2 cucchiai scarsi di latte

Ponete il burro fuso nel latte (tenendone da parte due cucchiai), unitevi un uovo sbattuto e fate leggermente intiepidire il tutto, poi versatelo al centro della farina disposta sul tavolo di lavoro infarinato. Unite anche il lievito mischiato allo zucchero e disciolto in un po' di latte tiepido e un pizzico di sale.

Lavorate il tutto con le mani abbastanza energicamente e a lungo fin quando l'impasto sarà del tutto omogeneo ed elastico.

Ungete di burro e infarinate leggermente una tortiera abbastanza grande, travasatevi dentro per 3/4 dell'altezza l'impasto preparato pigiandolo bene: ricoprite il tutto con una salvietta e lasciate lievitare la pasta vicino a una fonte di calore fin quando la pasta avrà raggiunto il bordo del recipiente.

Fate cuocere la torta in forno preriscaldato (180°) fin quando sarà ben dorata in superficie.

Spalmate la superficie con un miscuglio di zucchero e latte e lasciate ancora al caldo per 5 minuti.

Estraete la torta, sformatela, fatela raffreddare a temperatura ambiente su una gratella da pasticceria e poi avviluppatela in un foglio di alluminio per gustarla il giorno dopo.

Non è questa una torta da conservare a lungo perché la pasta perde in sofficità e diventa troppo elastica. Volendo, potrete unire all'impasto anche 100 g di uvetta sultanina ammollata, scolata e strizzata: ciò la renderà più dolce e ricca di sapore (e calorie!).

Con queste stesse dosi potrete fare anche 12 brioche singole.

In realtà la vera pasta brioche andrebbe lievitata molto a lungo e in due tempi. Comunque anche così la torta sarà molto buona, specialmente inzuppata a fette nel caffelatte.

Torta di frutta fresca

1 pan di Spagna rotondo - crema pasticcera di sei uova - frutta fresca di stagione: 2 mele, 2 pere, 2 banane, 200 g di fragole, 200 g di mirtilli, 200 g di lamponi, 2 albicocche, 2 pesche, uva... - succo di limone - zucchero - 1 vasetto di gelatina di frutta.

Preparate la crema pasticcera seguendo la ricetta di pag. 25.

Mentre la crema si raffredda pulite la frutta, sbucciatela e tagliatela. È bene tenere la frutta in piatti separati. Condite ogni piatto con succo di limone e zucchero.

Tagliate il pan di Spagna in due dischi uguali. Posate ogni disco su un piatto rotondo con la parte tagliata rivolta verso l'alto. Coprite distribuendo equamente la crema pasticcera.

Sopra la crema, a giri concentrici partendo dall'esterno, posate la frutta a seconda della stagione, accostando con gusto forme e colori.

Mettete in un pentolino la gelatina di frutta, aggiungete due cucchiaiate d'acqua e portate sul fuoco a fiamma minima. Con un cucchiaio di legno rimestate facendo sciogliere bene la gelatina. Fatela raffreddare un po' e poi stendetela su tutta la superficie decorata di frutta con una pennellessa da cucina.

Tenete in frigorifero fino al momento di servire.

Torta di pane, datteri e cioccolato

Tempo: 1 ora e 1/2
    + 1/2 ora per ammorbidire l'uvetta
Difficoltà: 1
Dosi per 6 persone

5 panini raffermi spezzettati
2 dl di latte circa
2 uova + 1 tuorlo
4 cucchiai di zucchero
40 g di uvetta sultanina ammollata
1 bicchierino di rum
100 g di datteri snocciolati
50 g di burro fuso
100 g di cioccolato fondente
la scorza grattugiata di un limone
un pizzichino di sale
1 busta di vanillina
1 cucchiaio di zucchero di canna

Fate leggermente biscottare il pane in forno a 200°, lasciatelo raffreddare; spezzettatelo, poi in una terrina ammollatelo con il latte tiepido, profumato con la vanillina.

Quando si sarà ben ammorbidito, frullatelo e amalgamatevi le uova intere, il tuorlo, 4 cucchiai di zucchero, l'uvetta scolata e strizzata, un pizzichino di sale e il liquore. Rimescolate ripetutamente per far ben amalgamare tra loro gli ingredienti, quindi unite i datteri tritati finemente, il cioccolato tagliato a scagliettine sottili e il burro fuso.

Rimescolate ancora più volte l'impasto poi travasatelo all'interno di una tortiera di media misura in precedenza imburrata e cosparsa di zucchero semolato. Spolverizzate la superficie del dolce prima con la scorza di limone grattugiata e poi con una cucchiaiata di zucchero di canna.

Ricordatevi di battere bene la tortiera sopra due canovacci ripiegati sul tavolo per assestare l'impasto evitando "buchi" interni.

Introducete il recipiente a metà altezza del forno preriscaldato (175°) e lasciatevelo per 45'.

Quando sulla superficie della torta si formerà una crosticina, estraete la tortiera, sformate la torta e lasciatela possibilmente riposare per due ore su una gratella da pasticceria.

Se volete conservarla per due o tre giorni, avviluppatela bene in un foglio di alluminio e disponetela nella parte bassa del frigorifero.

È questo un dolce particolarmente nutriente oltre che abbastanza economico poiché consente di sfruttare il pane raffermo. Potrete anche sistemare l'impasto in una pirofila rettangolare e poi tagliarlo a quadrotti non appena cotto e raffreddato.

Sarà così più semplice da presentare sulla tavola della prima colazione.

Ciambella delicata al miele

Tempo: 1 ora e 10'
Difficoltà: 1
Dosi per 4 persone

240 g di miele
60 g di burro fuso
5 uova
180 g di farina
100 g di fecola di patate
130 g di mandorle
1 bicchierino di brandy
1 bustina di lievito per dolci
qualche goccia di essenza di mandorle

Ponete il miele in una casseruola, fatelo liquefare a bagno-maria, poi travasatelo in una terrina e amalgamatevi, uno alla volta, i tuorli, il burro fuso, il lievito, il liquore, la farina e la fecola di patate.

Aggiungete anche qualche goccia di essenza di mandorle e le mandorle tostate e tritate grossolanamente.

Rimescolate accuratamente con una piccola frusta elastica ed infine incorporatevi gli albumi montati a neve fermissima.

Imburrate e infarinate uno stampo da ciambella, di media misura, versate dentro il composto preparato in precedenza, passate il recipiente in forno preriscaldato (180°) per 45-50'.

Lasciate raffreddare la ciambella su una gratella da pasticceria, poi sformatela su un piatto rotondo di servizio.

Per una più golosa presentazione, potrete far liquefare in una padellina un poco di miele a fuoco basso e spennellarne un poco sulla superficie della torta cotta lasciandolo asciugare.

Il miele, ricco di zuccheri e di altre sostanze come minerali, vitamine, proteine, è un alimento energetico per i ragazzi. Inoltre conferisce morbidezza alla pasta.

Ciambella della nonna

Tempo: 1 ora e 15'
Difficoltà: 1
Dosi per 6 persone

350 g di farina
175 g di zucchero
3 uova + 1 albume
la scorza grattugiata di un'arancia
180 g di burro
1 bustina di lievito per dolci
1 bicchiere e mezzo di latte
un pizzico di sale
1 bicchierino di Grand Marnier
2 cucchiai di granella di zucchero
60 g di cioccolato fondente

Sbattete in una terrina i tre tuorli insieme con lo zucchero fino a renderli gonfi e spumosi.

Aggiungete il burro precedentemente sciolto a bagno-maria, rimescolate, quindi incorporatevi, a poco a poco, la farina alternandola al latte.

Unite anche un pizzico di sale, la scorza d'arancia grattugiata, il liquore e continuate a sbattere con una piccola frusta elastica sollevando il composto dal basso verso l'alto. Infine amalgamatevi il lievito e tre albumi montati a neve fermissima, rimescolando ripetutamente.

Imburrate e infarinate uno stampo da ciambella, versate dentro l'impasto preparato, spalmate leggermente la superficie con un pochino di albume e cospargetela con la granella di zucchero.

Passate il recipiente in forno preriscaldato (180°) per 45'.

Estraete la ciambella dal forno, lasciatela raffreddare, sformatela su un piatto rotondo di servizio e distribuitevi sopra il cioccolato grattugiato.

È la classica ciambella che piace sempre a tutti in ogni occasione. Può essere conservata, avviluppata bene in un foglio di carta di alluminio, anche per un giorno o due.

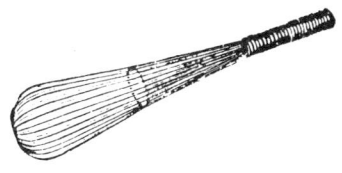

Pandolce delicato al miele

Tempo: 1 ora e 15'
Difficoltà: 1
Dosi per 4-6 persone

300 g di farina
100 g di zucchero
2 cucchiai di miele
100 g di burro
2 uova
1 bicchiere circa di latte
1 bustina di vanillina
qualche goccia di essenza di mandorle
1 bustina di lievito
un pizzico di sale
80 g di mandorle a lamelle
1 cucchiaio di zucchero in granelli

Ponete sulla spianatoia la farina a fontana, rompete al centro le uova, unite lo zucchero, il miele, il burro ammorbidito a temperatura ambiente e tagliato a pezzetti, la vanillina, un pizzico di sale, qualche goccia di essenza di mandorle e il latte.

Lavorate bene i vari ingredienti in modo da ottenere un impasto omogeneo ed infine incorporatevi il lievito.

Imburrate uno stampo rettangolare da plum-cake, infarinatelo leggermente e versatevi il composto preparato in precedenza.

Cospargete la superficie con le lamelle di mandorle e con i granelli di zucchero.

Passate il dolce in forno preriscaldato (180°) per 40'.

Lasciate raffreddare il pandolce, sformatelo su un vassoio rettangolare e presentatelo in tavola.

È molto buono anche il giorno dopo, se ne sarà rimasto.

2

MERENDE E MERENDINE

Accanto alla classica fetta di pane spalmata di marmellata o formaggio, ci sono tante piccole "trovate" divertenti che si possono preparare con un po' di fantasia e che diventano un'idea in più per stuzzicare l'appetito nel momento in cui a scuola a metà mattino o al pomeriggio, mentre si gioca e si fanno i compiti, vengono a galla una vaga stanchezza, una distrazione mentale, dovute a un piccolo vuoto di stomaco. È questo il momento del "rinforzo" salutare, dell'iniezione di energia. Allora non c'è niente di meglio di una fetta di ciambella, di torta, di una crostatina preparate con tanto amore, facendo miracoli con il poco tempo a disposizione...

Tortine di carote

Tempo: 1 ora e 20'
Difficoltà: 1
Dosi per 12 tortine

800 g di carote
2 uova
100 g di farina gialla
50 g di farina bianca
100 g di zucchero
50 g di miele
una presa di polvere di cannella
1 bustina di lievito per dolci
2 cucchiai di uvetta sultanina
80 g di burro
80 g di cioccolato fondente

Mettete ad ammollare l'uvetta in un po' d'acqua tiepida.
Raschiate e lavate le carote, poi tagliatele a rondelle e fatele cuocere per 10' in acqua bollente salata.

Scolatele, ponetele nel mixer e tritatele finemente.

Sbattete in una terrina il burro insieme con lo zucchero, aggiungete i tuorli e, a poco a poco, la farina gialla e quella bianca.

Unite anche la cannella, il miele, l'uvetta ben scolata e strizzata, il cioccolato fondente grattugiato, il lievito per dolci ed infine il passato di carote.

Rimescolate con una piccola frusta elastica e, se l'impasto dovesse risultare troppo consistente, unite qualche cucchiaiata di latte.

Incorporatevi infine gli albumi montati a neve fermissima.

Suddividete ora la preparazione nei singoli stampini di circa 8 cm di diametro imburrati e infarinati, allineateli su una placca e passateli in forno preriscaldato (180°) per 40'.

Lasciate raffreddare le tortine di carote, quindi sformatele su un vassoio e servitele.

Tortine speciali di mele

Tempo: 1 ora e 30'
Difficoltà: 1
Dosi per 8 tortine circa

200 g di farina
1 uovo
4 mele renette
le scorze grattugiate di 4 limoni
120 g di zucchero
100 g di burro fuso
1 bicchierino di succo di limone
1 cucchiaino di polvere di cannella
1 bustina di lievito per dolci
2 cucchiai di latte
1 bustina di vanillina
un pizzico di sale

Per guarnire:

1 bustina di vanillina
2 cucchiai di zucchero semolato
2 cucchiai scarsi di latte

Mischiate insieme a 150 g di farina setacciata un pizzico di sale, lo zucchero, la scorza dei limoni grattugiata, 50 g di burro, l'uovo, il lievito diluito con 2 cucchiai di latte tiepido.

Rimescolate ripetutamente con il cucchiaio di legno fino ad ottenere un impasto omogeneo.

A parte intanto pelate le mele, eliminatene il torsolo, tagliatele a fettine sottili, mischiatele con il rimanente zucchero, con la restante farina, il succo di limone, la polvere di cannella, la vanillina. Amalgamate il tutto con il burro fuso rimasto e, dopo aver ancora rimescolato, versate questo composto nella terrina in cui avete preparato la precedente pasta incorporandolo con molta cura.

Travasate la preparazione in piccole tortiere di circa 10 cm di diametro in precedenza unte di burro e leggermente infarinate (avendo cura di non superare i 3/4 della capienza).

Fate cuocere in forno preriscaldato (170°) per 45'.

Preparate la glassa e spennellate dieci minuti prima della fine della cottura.

Estraete le tortine non appena saranno ben cotte e dorate, sformatele, fatele raffreddare su una gratella da pasticceria.

Se volete potrete avvolgere ogni tortina in un foglio di alluminio e conservarle anche per una decina di giorni.

Tortine del curato

Tempo: 1 ora e 30'
Difficoltà: 1
Dosi per 6 tortine

125 g di farina bianca
125 g di farina gialla
100 g di zucchero
3 cucchiai di burro
4 uova
60 g di scheggette di cioccolato
  fondente
50 g di uvetta sultanina
1/2 bicchierino di Grand Marnier
mezza bustina di lievito per dolci
2 cucchiai di latte
un pizzico di sale
50 g di gherigli di noce

Ammollate in acqua tiepida l'uvetta sultanina.

Rompete le uova e ponete i tuorli in una terrina (lasciando a parte gli albumi in un'altra ciotola): lavorateli con lo zucchero fino a renderli chiari e spumosi.

Incorporate al composto i due tipi di farina mischiati insieme, rimestate, unite il burro fuso, rimescolate ancora più volte e aggiungete l'uvetta sultanina ben scolata e strizzata, le scheggette di cioccolato fondente e i gherigli di noce tritati non troppo finemente.

Completate il tutto con l'aggiunta del liquore, del lievito fatto sciogliere in una tazzina con due dita di latte tiepido.

Non stancatevi di lavorare a lungo e molto bene, poi amalgamate all'impasto piuttosto sodo gli albumi montati a neve fermissima con un pizzichino di sale.

Riempite con questo composto le piccole tortiere di 12 cm di diametro circa imburrate e leggermente infarinate (ricordando di non giungere fino all'orlo dei recipienti poiché occorre prevedere la lievitazione). Ponete le formine sulla placca del forno preriscaldato (160°) e lasciatele cuocere per 30' fin quando appariranno ben dorate e gonfie in superficie e controllatene la cottura con uno stecchino. Se questo uscirà asciutto, toglietele dal forno (in caso contrario ricopritele con un foglio di alluminio e fatele cuocere ancora per 5-6').

Sformatele subito e fatele raffreddare su una gratella da pasticceria.

Queste tortine, volendo, si possono conservare in scatole di latta a chiusura ermetica.

Potrete velarle di miele liquido se le utilizzate in casa, altrimenti spolverizzatele con un pochino di zucchero a velo.

Tortine del paradiso

Tempo: 1 ora
Difficoltà: 1
Dosi per 6 tortine

75 g di farina
50 g di fecola di patate
125 g di zucchero semolato
100 g di burro
4 uova
un pochino di scorza d'arancia
1 bustina di vanillina
un pizzico di sale

Tagliate a pezzetti il burro già ammorbidito a temperatura ambiente e ponetelo in una terrina. Lavoratelo con il cucchiaio di legno fino a renderlo spumoso, incorporatevi lo zucchero e, dopo qualche altra rimescolata, unite i tuorli, uno alla volta, facendo attenzione a ben amalgamarli al composto prima di aggiungere i successivi.

Lasciate a parte i 4 albumi.

Aggiungete la scorza d'arancia grattugiata e i due tipi di farina mischiati con la vanillina e fatti scendere a pioggia da un setaccio.

In ultimo aggiungete con delicatezza gli albumi montati a neve fermissima con un pizzichino di sale e continuate a sbattere con leggerezza il composto muovendo la frusta elastica dal basso verso l'alto.

Riempite con questo impasto 6 piccole tortiere già imburrate e appena infarinate.

Introducetele in forno preriscaldato (160°) facendole cuocere per mezz'ora.

Verificate con l'introduzione di uno stecchino la cottura al centro delle tortine: se lo stecchino uscirà asciutto, saranno pronte.

Estraetele, sformatele ancora calde e fatele raffreddare su una gratella da pasticceria o su un foglio di carta da cucina.

Avvolgetele poi, ad una ad una, in un foglio di alluminio e conservatele in una grande scatola di latta anche per due settimane.

Al momento di gustarle, è sufficiente liberarle del foglio di alluminio, porle su un piatto di servizio e cospargere la superficie di ognuna con un po' di zucchero vanigliato facendolo scendere a pioggia da un colino.

Se preferite, potrete invece ricoprirle con confettura di albicocche leggermente diluita con un cucchiaino di burro fuso.

Merendine ai semi d'anice

Tempo: 1 ora
Difficoltà: 1
Dosi per 12-14 merendine

250 g di farina
125 g di burro
200 g di zucchero
2 uova intere + 1 tuorlo
1 cucchiaino di semi d'anice
1 bicchierino di sambuca
1 cucchiaino di lievito per dolci
la scorza grattugiata di mezza arancia
un pizzichino di sale

Sbattete in una terrina le uova intere, il tuorlo e lo zucchero fino a ottenere un composto spumoso. Aggiungete a poco a poco il burro, che avrete fatto fondere in una piccola casseruola a bagno-maria. Rimescolate e, poco per volta, unite anche la farina setacciata con il lievito e un pizzichino di sale.

Rimescolate ripetutamente amalgamandovi i semi di anice tritati e il bicchierino di sambuca. In ultimo aggiungete la scorza d'arancia grattugiata e mescolate ancora.

Ungete e infarinate gli stampini quindi versatevi l'impasto preparato lasciandolo leggermente scarso perché, durante la cottura, lieviterà. Fate cuocere in forno preriscaldato (180°) per una ventina di minuti o poco più controllando che le merendine risultino leggermente dorate.

Toglietele allora dal forno e lasciatele raffreddare nei loro contenitori, poi sformatele.

Si possono conservare, ben chiuse in scatole di latta, anche per due settimane.

Volendo rendere ancora più ghiotte queste merendine, potrete spalmarne la superficie, al momento di infornarle, con un velo di albume (non sbattuto) e quindi cospargerle con granella di zucchero. In questo caso, a metà cottura, ricopritele con un foglio di alluminio.

Dolcezze con mandorle al cioccolato

Tempo: 1 ora e 5'
Difficoltà: 1
Dosi per 12 tartellette

250 g di farina
200 g di burro
200 g di zucchero
2 uova + 1 tuorlo
150 g di mandorle tritate fini
1 bustina di vanillina
1 bicchierino di brandy

Per guarnire:
150 g di cioccolato amaro fondente
1 bustina di zucchero vanigliato

Versate in una terrina le uova, il tuorlo, lo zucchero e montate il tutto con una frusta elastica fin quando il composto diventerà chiaro e spumoso. Aggiungete allora il burro ammorbidito, amalgamatelo bene, poi unite la farina facendola scendere a pioggia dal setaccio, le mandorle tritate, la vanillina e il bicchierino di liquore. Rimescolate ripetutamente, poi suddividete l'impasto (che dovrà risultare piuttosto morbido) negli stampini per tartellette, in precedenza imburrati e leggermente infarinati, riempiendoli per i tre quarti.

Ricoprite la superficie di ciascuna tartelletta con scagliette fitte di cioccolato fondente grattugiato, quindi introducete le placche con gli stampini nel forno preriscaldato (170°) per almeno circa 30'.

A cottura avvenuta, estraete gli stampini dal forno, lasciateli intiepidire, poi capovolgeteli su un piano di lavoro su cui avrete disteso una carta di alluminio e fateli raffreddare perfettamente.

Ponete le tartellette in una larga scatola di latta separandole con fogli di alluminio.

Queste ottime tartellette dolci non si conservano più di una settimana. È meglio gustarle fresche e possono essere anche servite con successo per accompagnare un tè pomeridiano.

Coppiette di biscotti con marmellata

Tempo: 50' + 1 ora di riposo della pasta
Difficoltà: 1
Dosi per 40-50 biscotti

300 g di farina
150 g di burro
120 g di zucchero
2 tuorli sodi + 1 uovo
1 bicchierino di brandy
1 bustina di vanillina
la scorza di mezzo limone
un pizzichino di sale
1 vasetto di marmellata di ciliegie

Setacciate la farina mischiandola a un pizzichino di sale: raccoglietela a fontana sulla spianatoia e ponete al centro il burro ammorbidito e tagliato a pezzetti e l'uovo intero. Impastate rapidamente con una larga spatola di plastica (per evitare che, usando le mani, l'impasto si scaldi e diventi troppo molle).

Passate al setaccio i due tuorli sodi ed uniteli all'impasto insieme con la vanillina, il brandy e la scorza di limone grattugiata. Raccogliete l'impasto a forma di palla, ponendolo in una terrina leggermente infarinata, ricopritelo con una salvietta e lasciatelo riposare in frigorifero per un'ora.

' Trascorso questo periodo di tempo, distendete la pasta con il matterello allo spessore di circa 3 mm.

Ricavate con un tagliapasta ovale (lungo circa 8 cm) tutti i biscotti possibili e allineateli, distanziati a giusta misura, sulla placca già unta di burro e leggermente infarinata. Fate cuocere in diverse riprese in forno preriscaldato (180°) per una ventina circa di minuti.

Estraeteli appena pronti, lasciateli intiepidire sulla placca, poi sollevateli dal fondo con una paletta flessibile e fateli raffreddare a temperatura ambiente.

A parte travasate la marmellata in una casseruola e, sempre rimescolandola a fuoco basso con il cucchiaio di legno, lasciatela ben restringere e rassodare.

Versate qualche goccia di marmellata tiepida sulla superficie di metà dei biscotti e appoggiate su questi i rimanenti.

Lasciate riposare mezz'ora le coppiette di biscotti, dopo averle leggermente pigiate con la punta delle dita, prima di chiuderle in un recipiente di vetro a chiusura ermetica.

Gallette alla moda di Mosca

Tempo: 1 ora e 15'
Difficoltà: 1
Dosi per 35-40 gallette

350 g di farina
150 g di burro
50 g di miele
1 cucchiaino di polvere di cannella
3 uova
150 g di frutta candita mista
50 g di uvetta sultanina
la scorza di un limone
1 bicchierino di vodka
un pizzichino di sale
1 uovo sbattuto

Disponete la farina a fontana sul piano di lavoro e ponete al centro il burro ammorbidito e tagliato a pezzetti, il miele, un pizzichino di sale e le uova. Aggiungete la scorza di limone grattugiata e la vodka ed impastate velocemente il tutto fino a formare un composto omogeneo: appiattitelo con le mani sul tavolo, distribuitevi sopra i pezzettini di canditi e l'uvetta sultanina, in precedenza rinvenuta per mezz'ora in acqua tiepida, poi sgocciolata e strizzata.

Lavorate nuovamente l'impasto con energia per alcuni minuti, quindi modellate l'impasto a forma di palla, ponetelo in una ciotola leggermente infarinata e lasciatelo riposare, ricoperto da una salvietta, per 12 ore in frigorifero.

Il giorno seguente, lavorate con le mani la pasta sul tavolo un po-co infarinato, ancora per cinque minuti, poi distendetela con il mat-terello in una sfoglia dello spessore di 2 cm.

Con il tagliapasta rotondo ricavate poi tanti piccoli dischi e depo-neteli, un poco distanziati, sulle placche già pronte. Pennellate le gal-lette con l'uovo sbattuto, poi introducetele nel forno preriscaldato (170°) e lasciatele cuocere fin quando risulteranno ben asciutte e do-rate (verificatene la giusta cottura introducendo al centro uno stec-chino, che dovrà risultare asciutto).

Toglietele dal forno, lasciatele intiepidire sulla placca e poi fatele raffreddare sul tavolo prima di chiuderle in recipienti di vetro a chiu-sura ermetica.

Sono questi dolci di tipo biscottato, di buon sapore e di alto valo-re nutritivo, molto adatti quindi per ricche merendine.

Ciambelline rustiche

Tempo: 1 ora
+ 1 ora di riposo della pasta
Difficoltà: 1
Dosi per 20-25 ciambelline

300 g di farina di grano duro
60 g di burro
130 g di zucchero
1 bicchiere di vino bianco secco
1 bicchiere di olio di oliva
1 tuorlo + 1 uovo
la scorza di un limone grattugiata
un pizzichino di sale

Ponete la farina sul tavolo e formate la solita fontana. A parte, in una terrina, amalgamate il burro ammorbidito a temperatura am-biente con il tuorlo e l'uovo sbattuto, il vino, l'olio, la scorza di li-mone grattugiata e lo zucchero e versatelo sulla farina. Lavorate energicamente l'impasto fino a renderlo abbastanza sodo: nel caso risultasse troppo morbido aggiungete, a piccole prese, ancora un po' di farina, poi raccoglietelo a palla e lasciatelo riposare in luogo fre-sco, ricoperto da una salvietta, per un'ora.

Trascorso questo periodo di tempo, dividete la pasta in tanti pic-coli pezzi e con questi formate dei cilindretti lunghi circa 10 cm l'u-no e spessi 1 cm e 1/2. Riunite le estremità di questi cilindri in modo da formare tante ciambelline.

Ponetele a giusta distanza l'una dall'altra sulla placca già unta di burro e leggermente infarinata e passatele in forno preriscaldato (170°) per circa 30'. Controllate la cottura interna delle ciambelline spezzandone una.

Toglietele dal forno e lasciatele raffreddare.

Potrete conservarle per circa due settimane in scatole di latta ben chiuse.

Potrete guarnire la superficie di queste ciambelline con un po' di ghiaccia preparata secondo le istruzioni della ricetta base (cfr. pag. 30): ciò le renderà ancora più ghiotte...

Le chioggettine

Tempo: 1 ora e 20' + 5 ore di riposo
Difficoltà: 2
Dosi per 40 ciambelline circa

250 g di farina di grano duro
60 g di burro
100 g di zucchero
2 uova + 1 albume
la scorza grattugiata di 1/2 arancia
1/2 bustina di vanillina
1/2 bicchierino di rum
un pizzichino di sale

Setacciate la farina mischiandola a un pizzichino di sale.

Raccoglietela a fontana sul piano di lavoro e ponetevi al centro i vari ingredienti (anche il burro ammorbidito e tagliato a pezzetti) escludendo però l'albume. Amalgamate dapprima gli ingredienti con le punta delle dita facendo scivolare dentro un poco di farina, poi man mano impastate tutto insieme ottenendo un composto sodo, che lascerete riposare coperto da una salvietta, in luogo asciutto, per circa un quarto d'ora. Dividete la pasta in tanti pezzi uguali e da questi ricavate dei filoncini della lunghezza di circa 16 cm e spessi circa 2 cm.

Bagnando con un pochino di albume le due estremità di ciascun filoncino di pasta, saldatele a guisa di ciambelline: lasciatele riposare due ore, poi fatele cuocere poche alla volta in una casseruola larga e bassa piena di acqua bollente con un pizzichino di sale, a fuoco basso. Non appena le ciambelle verranno a galla, sgocciolatele con una paletta forata e adagiatele ad asciugare su un canovaccio per 3 ore.

Incidete con un coltellino la parte superiore delle ciambelline con un leggero disegno a losanghe, sistematele poi su una placca legger-mente unta ed infarinata e introducetele nel forno preriscaldato (150°).

Dopo una ventina di minuti, toglietele dal forno e lasciatele raf-freddare.

Potrete conservarle in scatola di latta o grossi vasi di vetro a chiu-sura ermetica.

È questa un'antichissima ricetta proveniente proprio da Chioggia: anche se un po' lunga come tempi (calcolando i riposi, la cottura ecc.), val la pena che la prendiate in considerazione magari in occasione di qualche festività in cui potete concedervi qualche ritaglio di tem-po in più.

Crostatine alla crema

Tempo: 1 ora e 15'
Difficoltà: 1
Dosi per 12 crostatine

Per la pasta brisée:
250 g di farina
125 g di burro
1 cucchiaio di zucchero a velo
un pizzichino di sale
4 cucchiai di acqua ghiacciata

Per il ripieno:
3 tuorli
2 cucchiai di farina
80 g di zucchero a velo
4 dl di latte bollito
1/2 stecca di vaniglia

Per guarnire:
3 cucchiai di zucchero di canna

Preparate la pasta brisée: ponete la farina a fontana sul piano di lavoro, versatevi un pizzichino di sale, il burro ammorbidito a tem-peratura ambiente e tagliato a pezzetti, un cucchiaio di zucchero a velo.

Impastate rapidamente con la punta delle dita unendo man mano l'acqua ghiacciata. Appena l'impasto è diventato liscio ed omogeneo, raccoglietelo a palla, avvolgetelo in un foglio di alluminio e ponetelo in frigorifero a riposare per un'ora.

Nel frattempo preparate la crema: sbattete energicamente in una casseruola i tuorli con lo zucchero fino a montarli. Unitevi la farina, rimescolate ripetutamente e versatevi sopra il latte bollito a parte insieme a mezza stecca di vaniglia, facendolo scendere "a filetto" da un colino e mescolando di continuo e con rapidità con un cucchiaio di legno.

Riportate la casseruola su fuoco basso e, sempre continuando a mescolare, fate addensare e cuocete fino al primo accenno di ebollizione, poi spegnete il fuoco ed estraete la mezza stecca di vaniglia.

Riprendete la pasta, stendetela con il matterello a uno spessore di 3 mm, foderate delle formine di 8 cm di diametro circa già imburrate e cosparse di zucchero di canna, bucherellate con una forchetta il fondo della pasta, versatevi dentro la crema intiepidita fino a mezzo centimetro dal bordo e cuocete in forno preriscaldato (170°) per 35'.

Cospargete la superficie con un pochino di zucchero di canna e rimettetele in forno a caramellare sotto il grill per pochi minuti.

Sono tortine attraenti, ottime e nutrienti.

Panini dolci al cioccolato

Tempo: 50' + 30' di riposo della pasta
Difficoltà: 1
Dosi per 20 panini circa

165 g di farina di grano duro
125 g di zucchero
50 g di farina di mandorle
75 g di cioccolato in polvere
80 g di burro
3 uova + 1 tuorlo
4 g di lievito secco in polvere
1 bustina di vanillina
1 cucchiaio di rum
un pizzico di sale
1 tuorlo sbattuto

Mescolate sul tavolo la farina di grano, quella di mandorle, la polvere di cioccolato e lo zucchero raccogliendoli a fontana; disponete al centro il burro ammorbidito e tagliato a pezzetti, due uova e un tuorlo, un pizzichino di sale, il lievito e la vanillina.

Lavorate con le mani gli ingredienti fino ad ottenere un impasto omogeneo abbastanza morbido. Raccoglietelo a forma di palla, rico-

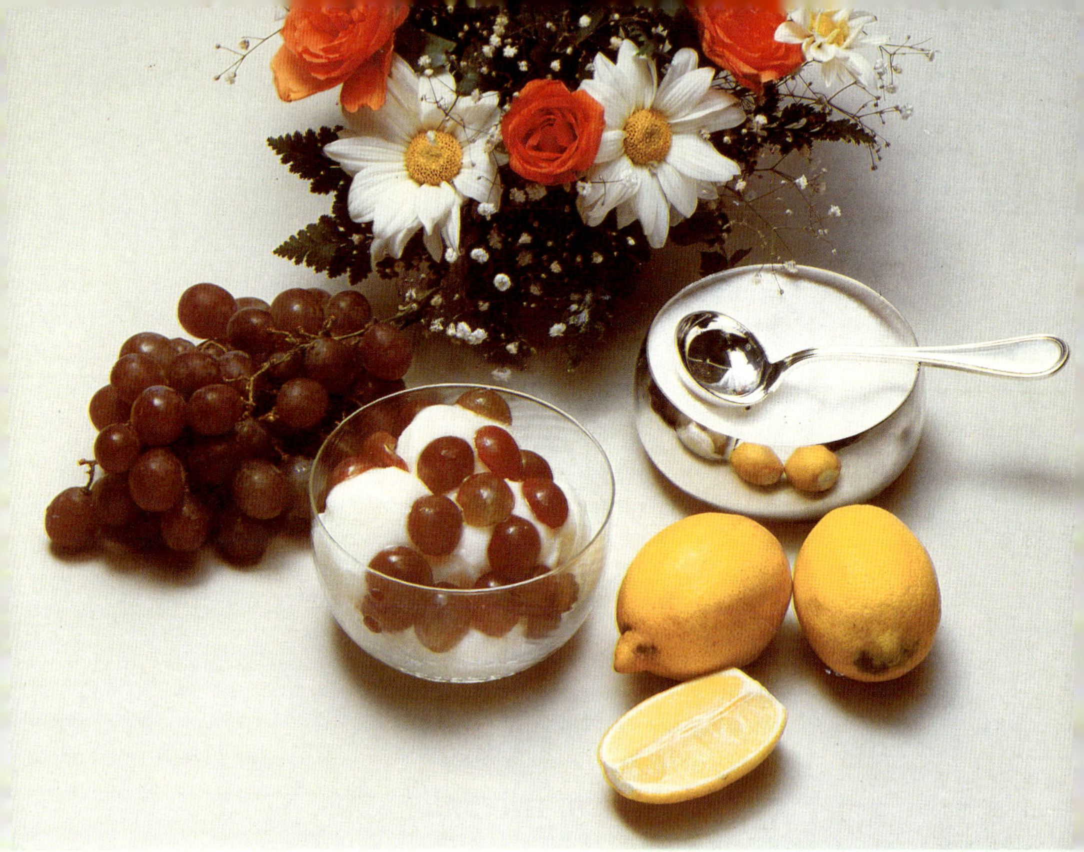

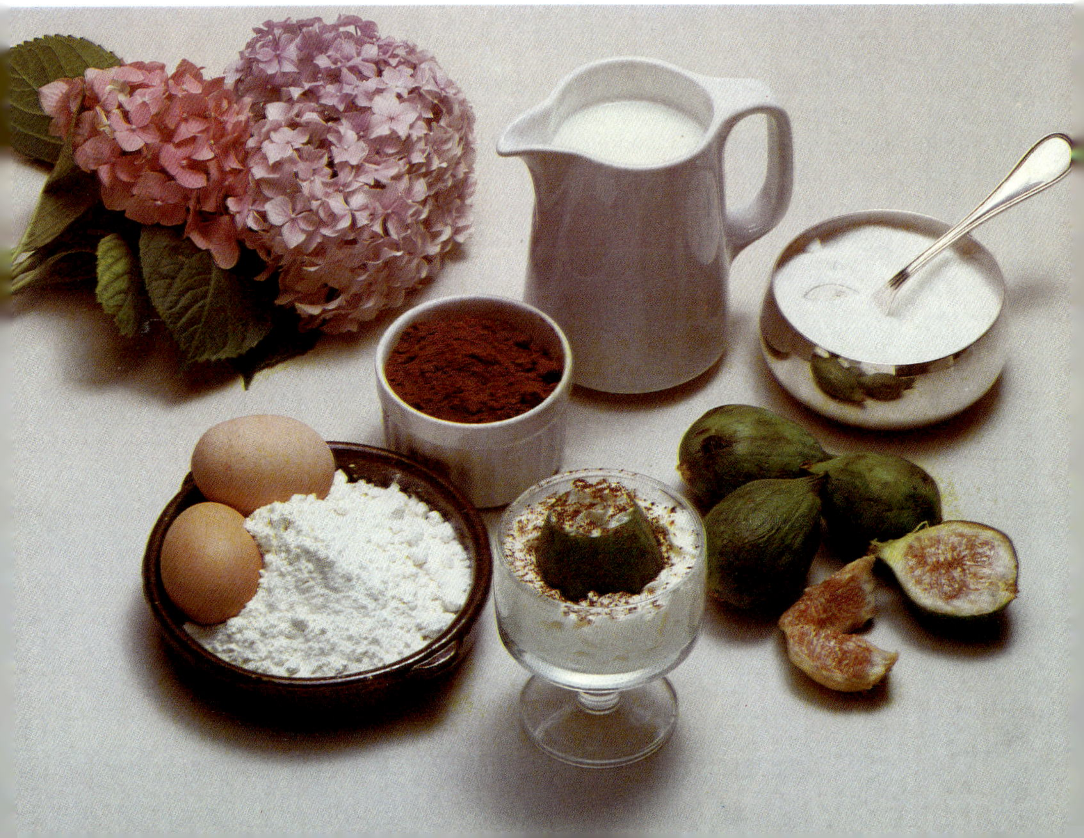

Uva in coppa

500 g di uva nera - 400 g di gelato al limone - 2 cucchiai di zucchero - 1 limone (solo il succo).

Lavate gli acini d'uva avendo cura di scegliere quelli più belli e sani, asciugateli bene, tagliateli a metà eliminando i vinaccioli. Metteteli in un piatto, cospargeteli di zucchero e succo di limone.

Lasciate in frigorifero per un paio d'ore la frutta così preparata dopo aver coperto il recipiente con pellicola trasparente.

Prendete le coppe di servizio e mettete anche queste in frigorifero perché siano ben fredde al momento dell'uso ed impediscano al gelato di sciogliersi troppo in fretta.

Al momento di servire togliete il tutto dal frigorifero, distribuite nelle coppette il gelato e versatevi sopra l'uva.

Fichi trionfali

4 grossi fichi fioroni maturi ma sodi - 25 g di zucchero - 15 g di farina - 1/2 stecca di vaniglia - 1 tuorlo - 130 g di latte.
Per guarnire: 100 g di panna.

Fate scaldare a fuoco medio il latte con la vaniglia.

Intanto in una casseruola sbattete con una frusta il tuorlo con lo zucchero. Quando il composto sarà bianco e spumoso aggiungete a pioggia la farina. Diluite, sempre mescolando, con il latte intiepidito e ponete il tutto a fuoco medio. Fate ispessire la crema senza mai smettere di rimescolare. Occorreranno circa 10'. Fate raffreddare.

Sbucciate i fichi delicatamente per non rovinarli e, con un cucchiaino sottile, svuotateli di quasi tutta la polpa. Raccogliete la polpa in una terrina, mescolatela alla crema alla vaniglia e riempite con questo composto i fichi svuotati.

Disponeteli ciascuno in una coppa, copriteli con pellicola e metteteli in frigorifero.

Al momento di servire montate la panna, unitevi lo zucchero a velo, mettetela in una tasca da pasticceria e sprizzatela intorno ai fichi. Con l'aiuto di un colino spolverizzate la panna montata con il cacao.

pritelo con una salvietta e lasciatelo riposare in luogo asciutto per mezz'ora.

Dividete la pasta in pezzi modellando dei filoncini lunghi circa 5 cm e spessi 2 cm.

Allineateli su una placca ricoperta da un foglio di alluminio unto di burro e leggermente infarinato e spennellateli ad uno ad uno con il restante uovo, sbattuto a parte in una scodellina.

Con un coltello praticate un'incisione al centro di ogni panino, per il lungo. Introducete in forno preriscaldato (180°) e dopo una decina di minuti fate diminuire la temperatura a 170°.

Quando i panini saranno cotti estraeteli, fateli raffreddare bene sulla placca e conservateli in un'ampia scatola di latta.

Panetti dolci con arancia candita

Tempo: 90' + 30' di riposo per la pasta
Difficoltà: 1
Dosi per 25-30 panetti

250 g di farina
125 g di zucchero
125 g di burro
3 tuorli
50 g di arancia candita
la scorza grattugiata di un'arancia
1/2 bustina di lievito per dolci
2 cucchiai di Grand Marnier
un pizzichino di sale

Per guarnire:
2 cucchiai di zucchero semolato
50 g di scorzette candite tritate fini
2 buste di zucchero vanigliato
1 uovo sbattuto

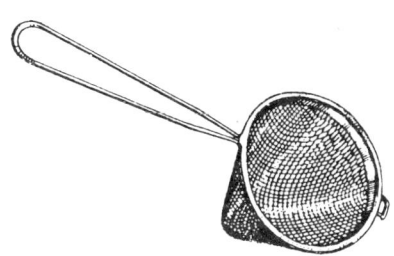

Impastate il burro su una base di marmo o su un tagliere di materia plastica (si trovano in commercio nei negozi di casalinghi e sono molto pratici) insieme con lo zucchero con una spatola di plastica.

Incorporategli, uno alla volta, i tuorli, poi la farina, un pizzichino di sale, il liquore, i canditi, la scorza grattugiata di un'arancia, ed il lievito.

Lavorate bene il tutto con le mani infarinate fino ad ottenere un impasto discretamente sodo, ma malleabile. Raccoglietelo a palla, ricopritelo con una salvietta e lasciatelo riposare per 30' in luogo fresco. Trascorso questo periodo di tempo dividete la pasta in piccoli pezzi e da questi ricavate, arrotolandoli sul tavolo infarinato, dei panetti di forma ovale affusolata lunghi circa 5 cm e larghi al centro circa 2 cm.

Deponeteli a giusta distanza l'uno dall'altro sulle placche già imburrate e leggermente infarinate: spennellateli con l'uovo sbattuto e cospargeteli con un pizzico di zucchero semolato e con dei pezzettini di arancia candita tritati fini.

Lasciateli riposare un quarto d'ora, poi incideteli al centro con un coltellino.

Fate cuocere in diverse riprese i panetti dolci in forno preriscaldato (180°) per 25' controllando che risultino ben dorati ed asciutti. Estraete la placca dal forno e lasciate che i panetti intiepidiscano, poi posateli sul tavolo facendoli raffreddare.

Spolverizzateli con lo zucchero vanigliato e conservateli in vasi di vetro.

Le piccole maddalene

Tempo: 30' + 20' di riposo per la pasta
Difficoltà: 1
Dosi per 24 piccole maddalene

230 g di farina
180 g di zucchero
110 g di burro
4 uova
la scorza grattugiata di un limone
1 bustina di lievito per dolci
1 bustina di vanillina

Sbattete in una terrina le uova intere insieme allo zucchero fino a quando siano diventate chiare. Aggiungete la farina setacciata con il lievito, la scorza grattugiata del limone (in precedenza ben lavato più volte), il burro fuso e la vanillina.

Ungete di burro gli appositi stampini a conchiglia (preferibilmente con un pennello e il burro fuso), spolverizzateli di farina e scuoteteli per eliminare quella eccedente.

Ponete il composto preparato in una sacchetta da pasticceria munita di bocchetta liscia e riempite le formine: lasciate riposare 20'.

Fate scaldare nel frattempo il forno a 240°, poi introducetevi gli stampini e lasciate cuocere per circa 15'.

Sformate poi le "piccole maddalene" e lasciatele raffreddare a temperatura ambiente per due ore, quindi collocatele in una scatola di latta a chiusura ermetica dove potrete conservarle anche per due settimane.

Le maddalene sono dolcetti squisiti e delicati, di antica tradizione della pasticceria francese: questa ne è la mia interpretazione, molto facile a eseguirsi.

"Pie" dolce ripiena di ricotta

Tempo: 1 ora + il tempo
*   di scongelamento della pasta*
Difficoltà: 1
Dosi per 6 persone

1 confezione di pasta frolla surgelata
600 g di ricotta romana
250 g di zucchero
3 tuorli d'uovo + 1 albume
2 cucchiai di marsala
3 cucchiai di canditi vari
1 cucchiaio di cannella in polvere
la scorza di un limone grattugiata
1 uovo sbattuto

Dopo aver fatto scongelare la pasta a temperatura ambiente, distendetela con il matterello ricavandone due sfoglie quadrate di cui una di proporzioni leggermente più ampie dell'altra.

Ungete di burro e spolverizzate di farina un recipiente quadrato di pirex di 22 cm di lato. Adagiatevi dentro la sfoglia di pasta più grande e, dopo aver foderato il fondo, ripiegate il pezzetto eccedente di pasta lungo il perimetro interno in modo da formare uno zoccolino di circa 2 cm.

Passate ora al moulinette la ricotta, raccoglietela in una terrina dove avrete già montato i tuorli d'uovo con lo zucchero. Lavorate ancora con una frusta metallica il composto unendo la scorza di limone grattugiata, la cannella e il marsala.

Aggiungete i dadini di frutta candita, rimescolate più volte il tutto ed infine adagiate il ripieno all'interno della pasta, in precedenza bucherellata qua e là in modo regolare con una forchetta.

Ricoprite poi la ricotta, che avrete ben livellata, con l'altra sfoglia dopo averne inumidito il bordo interno con un pochino di albume.

Pigiate bene con la punta delle dita questa specie di coperchio, bucherellatelo qua e là con una forchetta e preparate con i ritagli di pasta frolla due rotolini sottili che avvilupperete a forma di cordoncino e che, sempre inumidendoli con un pochino di albume, fisserete lungo l'intero perimetro interno sigillando così il "coperchio" di pasta frolla.

Spennellate la superficie con l'uovo sbattuto, quindi ponete il recipiente in forno preriscaldato (160°) lasciando cuocere la "pie" di pasta frolla per 45'.

Estraetela, lasciatela raffreddare e sformatela.

Potete anche poi ritagliarla a quadretti di 3 cm di lato. Avvolgete ogni quadretto di pasta frolla farcita in un pezzo di foglio di alluminio e conservate in una scatola di plastica per pochi giorni in frigorifero.

Torta marmorizzata

Tempo: 1 ora e 30'
Difficoltà: 2
Dosi per 8 persone

200 g di burro
400 g di farina
200 g di zucchero
1 bustina di zucchero vanigliato
1 bustina di lievito per dolci
4 uova
7 cucchiaiate di latte
4 cucchiai rasi di cacao
un pizzico di sale

In una grande terrina mettete il burro ammorbidito a temperatura ambiente e lavoratelo con lo zucchero fino ad una consistenza di crema soffice. Unite uno alla volta lavorandoli bene i tuorli e aggiungete, una alla volta, le cucchiaiate di latte.

Mischiate insieme la farina, il lievito e lo zucchero vanigliato poi aggiungete il tutto poco per volta alla crema di uova sempre mescolando per evitare la formazione di grumi.

(Se l'impasto vi sembrerà troppo duro diluitelo ancora un poco con il latte, aggiungendolo sempre a cucchiaiate).

Da ultimo unite gli albumi montati con il sale a neve fermissima.

Prendete uno stampo da torta a bordi piuttosto alti, rotondo, del diametro di circa 26 cm.

Versatevi dentro circa la metà dell'impasto o poco più. Al restante impasto nella prima terrina aggiungete la polvere di cacao sciolta con poco latte. Mescolate finché il composto apparirà ben scuro.

Versate la crema al cacao nella tortiera sopra la crema chiara. Con un ferro da calza o uno spiedino tracciate qua e là spirali piccole e grandi in modo che la parte scura penetri nella parte chiara creando l'"effetto marmo" che è la caratteristica di questa torta.

Cuocete in forno preriscaldato (180°) per 50-60'.

Togliete dal forno, sformatela quando vedrete che incomincia a staccarsi dalle pareti dello stampo e servite fredda.

Ciambella ai frutti di bosco

Tempo: 1 ora e 30'
Difficoltà: 1
Dosi per 8 persone

250 g di yogurt naturale
2 cestini di frutti di bosco misti
8 cucchiai di zucchero
350 g di farina
80 g di burro
3 uova
1 bustina di lievito
la scorza grattugiata di un limone
un pizzico di sale
2 cucchiai di liquore al lampone
1 busta di zucchero vanigliato

Versate lo yogurt in una terrina, aggiungete lo zucchero, rimescolate bene, poi mischiatevi un pizzico di sale, il liquore al lampone, il lievito, il burro sciolto a bagno-maria, la scorza del limone grattugiata, i tuorli d'uovo ed in ultimo incorporatevi la farina fatta scendere a pioggia.

Continuate a sbattere con una piccola frusta elastica, unite gli albumi montati a neve finissima ed infine, senza più sbattere, i frutti di bosco mondati, lavati e asciugati con delicatezza.

Imburrate e infarinate uno stampo da ciambella, versate dentro il composto preparato, poi passate il dolce in forno caldo (180°) per circa 1 ora.

Lasciate raffreddare la ciambella, sformatela su un piatto di servizio e presentatela in tavola dopo averla cosparsa di zucchero vanigliato.

Attenzione: per lavare i frutti di bosco, deponeteli con delicatezza su un piccolo setaccio e innaffiateli con un lieve getto di acqua scuotendo con garbo, infine rovesciateli su una salvietta distesa su un vassoio e scuotete quest'ultimo alcune volte.

I vostri frutti di bosco non risulteranno né acquosi né acciaccati!

Pere in gabbia

Tempo: 1 ora e 40'
Difficoltà: 1
Dosi per 4 persone

4 pere di media grossezza
250 g di farina
100 g di burro
50 g di zucchero
2 uova
4 cucchiai di acqua ghiacciata
un pizzichino di sale
60 g di uvetta sultanina ammollata
2 cucchiai di mandorle tritate
1 cucchiaio di miele
4 pezzettini di burro
2 cucchiai di zucchero per le pere

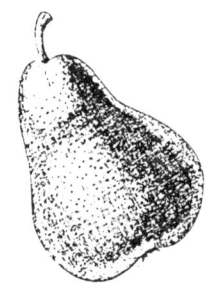

Impastate rapidamente la farina, il burro ammorbidito, un uovo, lo zucchero, un pizzico di sale e i cucchiai di acqua ghiacciata. Radunate a palla l'impasto che dovrà risultare abbastanza morbido. Ricopritelo con un foglio di alluminio e lasciatelo riposare in frigorifero per 40'.

Pelate le pere lasciando intatto il picciuolo. Eliminate il torsolo scavando i frutti dalla base e riempite l'incavo con l'uvetta scolata e strizzata, mischiata alle mandorle tritate e al miele. Chiudete il buchetto con un pezzetto di burro. Distendete ora la pasta con il matterello a uno spessore di 3 mm dandole una forma piuttosto quadrata, da cui ritagliare quattro quadrati di 12 × 12 cm circa.

Spolverizzate di zucchero le pere, avviluppatele nei pezzi di pasta ritagliati accostando le punte sulla sommità di ciascun frutto e sovrapponendo leggermente i lati dell'involucro di pasta l'uno sull'altro spennellando la pasta con un pochino di uovo sbattuto.

Sistemate in cima a ogni pera un piccolo disco di pasta modellandolo a guisa di cappellino ricurvo di 4 cm. di diametro dal cui foro centrale uscirà il picciuolo di ogni pera.

Completate la doratura esterna della pasta con l'uovo sbattuto e fate cuocere in forno preriscaldato (250°) per 15' su placca imburrata. Lasciate cuocere ancora per 30' diminuendo il calore a 200°.

Sono più buone tiepide.

Potete accompagnare le pere in gabbia con della panna liquida addolcita con un pochino di miele, servita in una brocchetta.

Merendine arcobaleno

Tempo: 25'
Difficoltà: 1
Dosi per 4 merendine

1 pan di Spagna di 25 cm
il succo di un'arancia
  + 1 arancia sanguinella
2 cucchiai di confettura di ribes
1 kiwi e 2 banane
2 albicocche sciroppate
4 lamponi
4 cucchiai di zucchero

Dal disco di pan di Spagna ritagliate con un tagliapasta rotondo quattro piccoli dischi. Fate sciogliere un cucchiaio di zucchero in una ciotola con il succo di arancia filtrato. Deponete ogni disco di pan di Spagna su un piattino con bordo poco rialzato e spruzzatelo con succo di arancia, poi collocatevi sopra una fetta di arancia sanguinella, privata della scorza e dei semi. Spalmate quest'ultima con un pochino di confettura di ribes.

Pelate il kiwi, tagliatelo a fette un po' spesse e sistemate ognuna di esse sulla superficie spalmata di confettura.

Appoggiate al centro mezza albicocca, con la parte convessa rivolta verso l'alto. Sbucciate le banane, tagliatele orizzontalmente in due e collocate ogni mezza banana, con la parte liscia sopra ciascuna albicocca. Fissate il tutto con uno stecchino posto verticalmente in ogni mezza banana lasciandolo fuoriuscire di almeno due centimetri. Premetevi sopra, come un cappellino rosso, un bel lampone con la parte convessa rivolta verso l'alto.

Spargete sulle composizioni preparate il rimanente zucchero, facendolo scendere a pioggia. Servite subito.

3
PER IL PRANZO IN FAMIGLIA

"Se non finisci di mangiare la minestra, non assaggerai il dolce", chi non ricorda in monito minaccioso che ancor oggi spesso echeggia in tavola in tutte le famiglie? Si tratta, ovviamente, di un avvertimento rivolto ai più piccoli, che sono sempre in gara con i nonni nell'attesa golosa di qualche ghiottoneria a fine pasto. Ed è un'attesa più che giustificata — ammettiamolo pure — considerando il piacevole sapore dolce che sopraffà come conclusione del pranzo tutti gli altri accenti se pur gustosi dello stesso menu.

Tocca al dolce, a conclusione di un pranzo gustoso, portare un messaggio di gioia collettiva nell'intimità del gruppo familiare. Il tono di atmosfera confidenziale del pranzo in famiglia vi permette di preparare dolci non complicati, di facile realizzazione, non costosi.

Dolci nutrienti, che si possono preparare anche con economia di tempo (un bene prezioso nella vita di famiglia, ricca di impegni); dolci che si possono eseguire anche un giorno prima o in due tempi approfittando di ritagli di momenti liberi; dolci creati anche con ingredienti di recupero (tanti biscotti sbriciolati, un vasetto di marmellata iniziato, poche dita di miele in un vasetto, alcune noci avanzate nella fruttiera, una tavoletta di cioccolato utilizzata solo in parte, una confezione iniziata di panna ancora freschissima, persino — e non è una novità — del pane raffermo).

Più gli ingredienti sono semplici, più deve essere messa in moto la fantasia.

Le torte di frutta, le crostate con la marmellata, il rotolo di cioccolato con i biscotti, il budino di pane con uvetta e canditi, la torta di mele...

Quante delizie si possono inventare, per finire "in dolcezza" un menu anche modesto. Tenete d'occhio le proposte che ho dedicato proprio a voi, per procurare un pizzico di felicità anche a tavola. Vi auguro buone esperienze!

Crostata di ananas

Tempo: 1 ora e 30'
Difficoltà: 1
Dosi per 6 persone

250 g di farina
125 g di zucchero
125 g di burro
1/2 bicchiere di latte
1 bicchiere di succo di ananas
6 rotelle di ananas sciroppato
2 cucchiai di marmellata di ciliegie
2 uova
la scorza grattugiata di mezzo limone
1 bicchierino di Cherry Brandy
6 savoiardi

Setacciate la farina sulla spianatoia, aggiungete il burro ammorbidito a temperatura ambiente e tagliato a pezzetti, il latte, un pizzico di sale, quindi impastate il tutto fino ad ottenere un composto omogeneo. Raccoglietelo a palla e lasciatelo riposare, coperto, in frigorifero, per 30'.

Sbattete le uova con lo zucchero e la scorza grattugiata del limone e incorporatevi il succo dell'ananas. Stendete la pasta in una sfoglia non troppo sottile e ricoprite il fondo e le pareti di una tortiera abbastanza grande precedentemente imburrata e infarinata.

Punzecchiate il fondo della pasta con una forchetta.

Distribuite sul fondo la marmellata di ciliegie, poi sbriciolatevi sopra i savoiardi spruzzati di Cherry Brandy.

Versate dentro il composto base di uova e succo di ananas, collocate sopra le fette di ananas sciroppate, quindi passate il recipiente in forno caldo (200°) per 30'.

Lasciate raffreddare la torta su una gratella da pasticceria e sistematela su un piatto rotondo di portata per presentarla in tavola.

È un dolce che piace a tutti, grandi e piccini. Se preferite un altro sapore al posto della marmellata di ciliegie, potreste scegliere quella di pesche.

Crostata di pesche con filettini di mandorle

Tempo: 60' + tempo di riposo per la pasta
Difficoltà: 1
Dosi per 6 persone

Per la pasta frolla:
160 g di farina
80 g di burro
50 g di zucchero

Per la crema:
1/2 litro di latte
3 tuorli
130 g di zucchero
50 g di fecola di patate
1 stecca di vaniglia

Per guarnire:
1 scatola grande di pesche sciroppate
100 g di mandorle a filettini

Ponete la farina sulla spianatoia, unite lo zucchero e il burro ammorbidito a temperatura ambiente e tagliato a pezzetti, quindi impastate velocemente tutti gli ingredienti in modo da ottenere una pasta omogenea. Raccoglietela a palla, avvolgetela in un foglio di carta di alluminio e lasciatela riposare in luogo fresco per 1 ora.

Nel frattempo preparate la crema: portate ad ebollizione il latte insieme con la stecca di vaniglia, tagliata a metà per il lungo, poi versatelo "a filetto" sui tuorli in precedenza ben sbattuti in una terrina insieme con lo zucchero e la fecola. Travasate il composto in una casseruola e, sempre rimescolando, lasciate addensare la crema.

Stendete la pasta frolla in una sfoglia non troppo sottile e foderate con quest'ultima il fondo e i bordi di una tortiera di circa 24 cm imburrata. Bucherellate il fondo con una forchetta. Ricoprite la pasta con un foglio di carta di alluminio e disponete sopra abbondanti fagioli secchi.

Passate il recipiente in forno caldo (180°) per 20'. La pasta dovrebbe apparire dorata.

Estraete la torta dal forno, togliete fagioli e carta di alluminio e lasciatela raffreddare. Quindi sformatela su un piatto.

Versate la crema nella base di pasta frolla, distribuitela in maniera uniforme, poi collocate sopra le mezze pesche sciroppate ben scolate dal liquido di conservazione.

Cospargete con i filettini di mandorle.

Crostata di kiwi

Tempo: 50' + 30' di riposo per la pasta
Difficoltà: 1
Dosi per 6 persone

Per la pasta frolla:

225 g di farina
110 g di burro
2 tuorli d'uovo
la scorza grattugiata di un limone
110 g di zucchero a velo
un pizzichino di sale

Per la crema:

2 tuorli
2 cucchiai di zucchero a velo
1 cucchiaio raso di amido di mais
1/4 di litro di latte
1 bustina di zucchero vanigliato
1 cucchiaio di Cherry Brandy
1 noce di burro

Per guarnire:

5 kiwi e 15 amarene sciroppate
1 confezione di gelatina

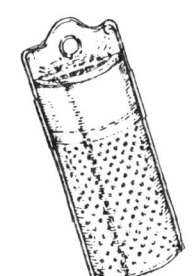

Preparate prima di tutto la pasta: mettete in una capace ciotola la farina, i tuorli d'uovo, il burro ammorbidito tagliato a pezzetti, la scorza grattugiata di un limone ben lavato, un cucchiaio di acqua se occorre, lo zucchero a velo e un pizzichino di sale. Impastate rapidamente con le punte delle dita e date all'impasto la forma di una palla, avvolgetela in un foglio di alluminio e lasciatela riposare per 30' in frigorifero.

Distendete poi la pasta a uno spessore di 3 mm e tappezzate l'interno della tortiera, di 24 cm con bordo basso, unta di burro e spolverizzata di farina.

Ricoprite il fondo con un foglio di alluminio ritagliato su misura e ponetevi sopra una manciata di fagioli secchi. Fate cuocere per 20' in forno preriscaldato (200°).

Nel frattempo preparate la crema: in una piccola casseruola versate i tuorli d'uovo, lo zucchero a velo, lo zucchero vanigliato e l'amido di mais. Rimescolate vigorosamente più volte, poi aggiungete il latte incorporandolo poco per volta.

Fate cuocere a fuoco dolce sempre rimescolando, aggiungete il pezzetto di burro e, quando sta per prendere il bollore, aggiungete il liquore e mescolate nuovamente dopo aver tolto il recipiente dal fornello.

Lasciate raffreddare la crema, poi versatela sulla base di pasta cotta, liberata dei fagioli secchi e raffreddata a temperatura ambiente.

Livellate bene la crema con una spatola inumidita, pelate i kiwi, tagliateli a rotelline di uguale spessore: disponetele ora in giri concentrici sulla crema.

Spennellate le rotelline dei kiwi con un pochino di gelatina per lucidare i dolci e collocate sopra, qua e là, in modo decorativo le amarene sciroppate.

È una torta ottima, che può ben figurare anche in occasione di un compleanno o di un invito ad amici.

Offre il vantaggio anche di poter essere preparata in due tempi: cioè la pasta (cotta) può attendere, coperta, in frigorifero fino al giorno dopo.

Sandwiches al cioccolato gratinati

Tempo: 1 ora
Difficoltà: 1
Dosi per 4 persone

8 fette di pane con l'uvetta
80 g di burro
200 g di cioccolato fondente
2 uova
3 cucchiai di panna liquida
1 cucchiaio di brandy
2 cucchiai di zucchero

Imburrate una pirofila rettangolare di 20 cm. Sistemate dentro 4 fette di pane con l'uvetta leggermente imburrate, poi ricopritele con il cioccolato fondente grattugiato.

Appoggiate sopra le rimanenti fette di pane, spalmate sulla superficie un po' di burro e passate il recipiente in forno preriscaldato (200°) per 15'.

Sbattete le uova in una terrina insieme con la panna, lo zucchero e il liquore.

Estraete dal forno la preparazione, ricoprite ogni ''sandwich'' con 3 cucchiaiate del composto a base di uova e panna, poi rimettete la pirofila in forno fino a quando la superficie di ogni fetta di pane apparirà imbiondita.

Servite subito in tavola ben caldi.

Strudel

Tempo: 2 ore circa
Difficoltà: 2
Dosi per 6-8 persone

500 g di mele
250 g di farina
90 g di zucchero + 2 cucchiai
80 g di uvetta
1 uovo
latte q.b.
sale
buccia di limone
50 g di burro + 1 cucchiaio di burro fuso

Disponete sulla spianatoia la farina e al centro mettete il sale, l'uovo e metà del burro.

Impastate aggiungendo un po' alla volta il latte in modo che la pasta rimanga morbida. Lavoratela bene, avvolgetela in un canovaccio e lasciatela riposare per mezz'ora.

Stendetela con un matterello formando una sfoglia piuttosto sottile delle dimensioni di 25 × 40 cm circa. Coprite la sfoglia con le mele sbucciate e tagliate a fettine, cospargete con l'uvetta messa prima in ammollo e strizzata, la scorza di limone, qualche cucchiaio di zucchero e il burro rimasto, fatto fondere.

Avvolgete la sfoglia su se stessa nel senso della lunghezza, formando una specie di polpettone. Pigiate bene fra di loro i bordi della pasta per chiudere completamente e ponete a ferro di cavallo in uno stampo imburrato.

Spennellate tutta la superficie dello strudel con un po' di burro fuso, cospargetela di zucchero e infornate a forno caldo (200°) per circa 45'.

Lasciatelo riposare 10' e servitelo tagliato a fette.

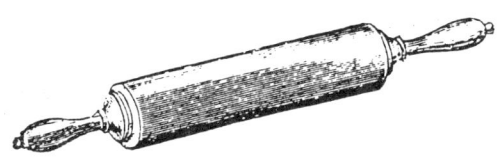

Pan di Spagna arrotolato

Tempo: 1 ora e 15'
Difficoltà: 2
Dosi per 6 persone

4 uova
100 g di farina
100 g di zucchero
100 g di marmellata di vostro gusto

Per guarnire:

25 g di zucchero a velo
100 g di panna montata

Preparate con le dosi date e seguendo la ricetta di pag. 21 un pan di Spagna steso a foglio di circa 25 cm di larghezza per 40 cm di lunghezza, quanto la placca del forno (tempo di cottura 10' a 200°).

Togliete il pan di Spagna dal forno, posatelo su un canovaccio e stendete subito su tutta la superficie la marmellata scelta. Aiutandovi con il canovaccio arrotolate il dolce su se stesso nel senso della lunghezza. Tagliate in sbieco le due estremità del rotolo se volete dare al dolce l'aspetto di un tronco. Ponetelo su un piatto da portata e lasciatelo raffreddare completamente. Al momento di servire spolverizzate di zucchero a velo la superficie del rotolo e guarnitelo con la panna montata sprizzata con una siringa o una tasca da pasticceria.

Strudel d'inverno

Tempo: 1 ora e 10'
Difficoltà: 1
Dosi per 6 persone

1 confezione di pasta sfoglia surgelata
1 vasetto di confettura di castagne
2 cucchiai di gherigli di noce
2 cucchiai di pinoli
2 cucchiai di rum
1 albume
1 cucchiaino di zucchero a velo
1 cucchiaio di granella di zucchero

Ponete la confettura di castagne in una terrina, mescolatela insieme con il liquore, poi aggiungetevi i pinoli e le noci tritati grossolanamente.

Lavorate insieme i vari ingredienti in modo da ottenere un composto ben amalgamato. Stendete la pasta scongelata a temperatura ambiente in una sfoglia sottile, di forma rettangolare, distribuite sopra l'impasto preparato in precedenza in maniera uniforme con l'aiuto di una piccola spatola inumidita di acqua.

Avvolgete la pasta su se stessa e disponete il rotolo su una placca da forno imburrata.

Spennellate la superficie con l'albume leggermente sbattuto con lo zucchero a velo e cospargetela con la granella di zucchero.

Passate la placca in forno preriscaldato (180°) per circa 40'. Lasciate intiepidire il dolce ed infine tagliatelo a fette non troppo sottili disponendole su un piatto di servizio.

Rotolo a sorpresa

Tempo: 1 ora
Difficoltà: 2
Dosi per 6 persone

3 uova
90 g di zucchero
130 g di farina
1/2 bustina di lievito in polvere
1 cucchiaio di burro fuso
un pizzichino di sale
1 vasetto di marmellata di albicocche
1 scatola di albicocche sciroppate
60 g di mandorle
zucchero vanigliato

Sbattete le uova in una terrina insieme con lo zucchero fino ad ottenere un composto gonfio e spumoso, aggiungete un pizzichino di sale, il lievito, il burro fuso e la farina.

Foderate una grossa teglia rettangolare con un foglio di carta oleata, ungetelo con un po' di olio, poi versate dentro il composto preparato in precedenza e passate in forno caldo (150°) per 15'.

Trascorso tale periodo di tempo, rovesciate la pasta sopra una salvietta inumidita e spalmate l'intera superficie con la marmellata. Arrotolate con molta delicatezza la pasta, quindi chiudete il rotolo in un foglio di carta di alluminio e lasciatelo raffreddare completamente.

Al momento di servire in tavola, togliete la carta di alluminio, spolverizzate con lo zucchero vanigliato spargendolo dal colino, poi tagliatelo a fette spesse 1,5 cm e disponetele su un vassoio di portata.

Decorate la superficie di ogni fetta con mezza albicocca sciroppata ben scolata dal liquido di conservazione e con le mandorle a filetti, quindi presentate in tavola.

Potrete preparare anche il giorno prima questo rotolo dolce, conservandolo ben avvolto in un foglio di alluminio. Ma, in questo caso, occorre estrarlo almeno 4 ore prima dal frigorifero lasciandolo "rinvenire" a temperatura ambiente.

Torta di pere, amaretti e mandorle

Tempo: 1 ora e 10'
Difficoltà: 1
Dosi per 6-8 persone

160 g di farina gialla
160 g di farina bianca
2 uova
120 g di zucchero di canna
1/4 di litro di latte
1 bicchierino di acquavite di pera
50 g di amaretti morbidi
50 g di mandorle
un pizzico di polvere di cannella
25 g di burro
500 g di pere mature

Mischiate insieme i due tipi di farina in una terrina, aggiungetevi le uova, lo zucchero di canna e, poco alla volta, il latte rimescolando di continuo.

Aggiungete anche il liquore, le mandorle tritate grossolanamente, un pizzico di cannella e gli amaretti sbriciolati finemente.

Pelate le pere, privatele del torsolo e tagliatele a fettine sottili. Incorporatene metà all'impasto preparato in precedenza amalgamandole con cura.

Imburrate ora una tortiera del diametro di 26 cm circa, cospargetela di pangrattato, versate dentro il composto, livellatelo bene con una spatola inumidita e completate il dolce con le rimanenti fettine di pera disponendole sulla superficie in giri concentrici.

Collocate qua e là qualche fiocchetto di burro e passate in forno caldo (190°) per 45'.

Servite la torta quando sarà ben raffreddata.

È un dolce rapido da preparare e molto piacevole, da tenere presente quando è la stagione migliore delle pere.

Crème caramel

1/2 l di latte - un pizzichino di sale - la buccia di un limone - 5 uova - 200 g di zucchero - 1 bustina di vanillina - 2 cucchiai di aceto.

Mettete in una casseruola il latte, unite 150 g di zucchero, la vanillina, un pizzichino di sale e la scorza grattugiata di un limone. Portate ad ebollizione a fuoco dolce.

Nel frattempo mettete le uova in una ciotola e lavoratele energicamente con un cucchiaio di legno girandole sempre dalla stessa parte.

Versate sopra le uova a filetto da un colino il latte bollente e continuate a rimescolare. Lasciate a parte la preparazione.

In un pentolino con lo zucchero rimasto e l'aceto preparate un caramello, a fuoco medio: a poco a poco l'aceto evaporerà e lo zucchero si caramellerà prendendo un bel colore intenso.

Versate subito il caramello in quattro stampini lisci da budino e versate sopra questo la crema.

Quando le formine saranno tutte pronte prendete una teglia, versatevi dell'acqua calda e immergete le formine con la crema. Introducete il tutto nel forno già caldo (190°) e fate cuocere a bagnomaria per 20 minuti.

Estraete la teglia, lasciate intiepidire un po', poi togliete le formine e mettetele in frigorifero.

Al momento di servire immergete le formine una alla volta in acqua bollente, quindi capovolgete sui piattini di servizio.

Torta dorata all'amaretto

Tempo: 1 ora e 20'
Difficoltà: 1
Dosi per 6 persone

200 g di farina bianca
100 g di farina gialla finissima
2 bicchierini di liquore all'amaretto
140 g di zucchero
1 bustina di lievito per dolci
100 g di burro
1/2 litro di latte circa

Ponete la farina bianca setacciata insieme con il lievito in una terrina, mischiatevi la farina gialla, lo zucchero, il burro in precedenza sciolto a bagno-maria, il liquore all'amaretto e il latte.

Lavorate bene i vari ingredienti con una piccola frusta elastica fino ad ottenere un impasto omogeneo.

Imburrate e infarinate una tortiera del diametro di 24 cm, versate dentro il composto preparato e passate il recipiente in forno preriscaldato (180°) per 50'. Lasciate raffreddare la torta su una gratella da pasticceria, quindi sformatela su un piatto di servizio.

Torta di cocco e mele al cioccolato

Tempo: 1 ora e 30'
Difficoltà: 1
Dosi per 6 persone

150 g di farina
150 g di zucchero
3 uova
1 bicchiere e mezzo di latte
1 bustina di lievito per dolci
4 cucchiai di noce di cocco grattugiata
3 mele
80 g di burro
1 bicchierino di liquore al cocco
2 cucchiai di cioccolato fondente

Sbattete in una terrina 50 g di burro insieme con metà dose di zucchero fino ad ottenere un composto soffice. Incorporatevi, allora, uno alla volta, le uova, poi unite la farina setacciata insieme con il lievito fatta scendere a pioggia alternandola al latte.

Continuate a mescolare con un cucchiaio di legno, quindi aggiungete la noce di cocco e il cioccolato fondente grattugiato. Imburrate e infarinate una tortiera del diametro di 24 cm circa, versate dentro l'impasto preparato e ricoprite quest'ultimo con le mele in precedenza pelate, private del torsolo, dei semi e tagliate a fettine sottili.

Cospargete la superficie con il rimanente burro a fiocchetti e con lo zucchero rimasto.

Passate il dolce in forno preriscaldato (180°) per 50'.

Lasciate raffreddare la torta e sformatela su un piatto rotondo di servizio.

Volendo decorare e arricchire ulteriormente la torta, potrete velare la parte superiore del dolce ormai freddo con qualche cucchiaiata di panna montata mista a un po' di cocco grattugiato e a zucchero vanigliato.

Il cocco grattugiato si trova in confezione nei supermercati.

Torta angelica allo yogurt

Tempo: 1 ora e 10'
Difficoltà: 1
Dosi per 4-6 persone

1 vasetto di yogurt intero
3 vasetti di farina
2 vasetti di zucchero
1 vasetto di burro fuso
1 bustina di lievito
2 uova + 1 tuorlo
60 g di uvetta sultanina
la scorza di un limone

* Si intende per "vasetto" il contenitore vuoto dello yogurt.

Sbattete le uova intere insieme con il tuorlo in una terrina, aggiungete lo zucchero, il burro fuso, la scorza del limone grattugiata, l'uvetta ben scolata e strizzata, lo yogurt intero, il lievito ed infine incorporatevi la farina.

Rimescolate accuratamente con una frusta elastica fino a quando otterrete una pasta liscia e morbida.

Imburrate e infarinate una tortiera a cerniera di 22 cm di diametro, versate dentro il composto preparato e passate il recipiente in forno caldo (180°) per 40'.

Appena la torta risulterà pronta, sfornatela, lasciatela raffreddare, quindi sistematela su un piatto rotondo di servizio.

Torta di frutta candita

Tempo: 1 ora e 30'
Difficoltà: 1
Dosi per 6 persone

4 uova e 150 g di zucchero
120 g di nocciole
150 g di frutta candita mista
  (cedro, ciliegie, scorza d'arancia)
1 cucchiaio di lievito per dolci
1 bustina di vanillina
1 bicchierino di maraschino
150 g di biscotti secchi

Sbattete in una terrina i tuorli insieme con lo zucchero fino a renderli bianchi e spumosi. Aggiungetevi, sempre mescolando, le nocciole tritate finemente, i canditi tagliati a dadini, la vanillina, il liquore, il lievito e i biscotti secchi pestati finemente.

Continuate a rimescolare fino a quando tutti gli ingredienti risulteranno ben amalgamati tra loro ed infine incorporatevi gli albumi montati a neve fermissima.

Imburrate ora una tortiera di media misura, spolverizzatela di farina, quindi versate dentro il composto, preparato in precedenza.

Passate il recipiente in forno caldo (180°) per 50'.

Sformate la torta su una gratella da pasticceria, lasciatela raffreddare, poi sistematela su un piatto di portata.

Torta di pere alla moda di suor Marta

Tempo: 1 ora e 40'
Difficoltà: 1
Dosi per 4 persone

3 pere Williams di media grossezza
100 g di burro
100 g di zucchero
2 uova
100 g di farina
1 cucchiaio di lievito in polvere
1 bicchierino di grappa alle pere
2 cucchiai di granella di mandorle

Pelate le pere, dividetele a metà, privatele del torsolo e dei semi, quindi riducetele a fettine non troppo sottili. Ponetele in un piatto freddo, irroratele con la grappa e lasciatele macerare per 30' in frigorifero.

Lavorate il burro in una terrina con una piccola frusta elastica fino a montarlo a crema, incorporatevi lo zucchero, i tuorli d'uovo e la farina setacciata insieme con il lievito.

Montate a neve fermissima gli albumi, poi amalgamateli, con molta delicatezza al composto preparato precedentemente.

Imburrate e infarinate una tortiera a cerniera di 24 cm di diametro circa, versatevi l'impasto ottenuto e ricoprite quest'ultimo con le fettine di pera disposte a giri concentrici.

Passate il recipiente in forno preriscaldato (180°) per circa 1 ora. Lasciate raffreddare la torta di pere su una gratella da pasticceria prima di sformarla su un piatto di servizio e guarnirla con la granella di mandorle.

Torta di mele

Tempo: 1 ora e 30'
Difficoltà: 1
Dosi per 4 persone

6 belle mele
150 g di farina
100 g + 2 cucchiai di zucchero
130 g di burro + 2 cucchiai di burro fuso
2 uova
1 bustina di lievito per dolci
250 g di latte
la scorza di mezzo limone
un pizzico di sale

Sbattete in una ciotola il burro ammorbidito a temperatura ambiente fin tanto che risulterà una crema spumosa.

Aggiungete poco per volta e sempre amalgamando bene la farina, le uova, il sale, lo zucchero, la scorza grattugiata del limone, il lievito e il latte, sciogliendo bene i grumi con un cucchiaio di legno.

La pasta deve risultare piuttosto fluida.

Sbucciate e tagliate le mele a fette non troppo sottili.

Versate l'impasto in una tortiera non troppo grande unta di burro e infarinata.

Posate sulla superficie, in cerchi concentrici, le fettine di mela facendole penetrare nell'impasto e cospargete con due cucchiai di zucchero e il burro fuso.

Infornate in forno già caldo (180°) per circa un'ora.

La torta di mele si può servire indifferentemente calda o fredda.

È una torta della più schietta tradizione, sempre gradita a tutti in ogni occasione e in ogni ora della giornata.

Volendo si possono unire all'impasto uvetta e pinoli.

Torta alle nocciole tostate

Tempo: 1 ora e 15'
Difficoltà: 1
Dosi per 8 persone

220 g di farina
60 g di fecola di patate
200 g di nocciole tostate
100 g di cioccolato fondente
1 tubo di latte concentrato da 330 g
120 g di burro
1 bustina di lievito per dolci
3 uova
poco latte
un pizzico di sale

Tritate grossolanamente nel mixer le nocciole lasciandone qualcuna intera per la decorazione.

Ponete la farina setacciata con il lievito in una terrina, aggiungetevi la fecola di patate, il latte concentrato, le uova intere, un pizzico di sale, il burro sciolto a bagno-maria, il cioccolato fondente ed infine un po' di latte. Rimescolate i vari ingredienti con una piccola frusta elastica fino ad ottenere un impasto morbido. Incorporatevi le nocciole tritate rimescolando continuamente.

Imburrate e infarinate una tortiera a cerniera, di 30 cm di diametro, versatevi la preparazione, guarnite la superficie con le nocciole intere tenute a parte, quindi passate il recipiente in forno preriscaldato (180°) per 45'.

Estraete la torta dal forno, lasciatela raffreddare, poi sformatela su un piatto rotondo di servizio.

Cuore di mamma

Tempo: 1 ora e 30'
Difficoltà: 1
Dosi per 6 persone

Per la pasta:
100 g di farina
50 g di fecola di patate
70 g di burro fuso
120 g di zucchero
3 uova
1 bustina di vanillina
1/2 bustina di lievito per dolci

Per lo sciroppo:
1 bicchierino di Grand Marnier
1/2 bicchiere di acqua
4 cucchiai di zucchero

Per la crema:
200 g di mascarpone
2 tuorli
60 g di zucchero a velo
50 g di cioccolato fondente

Per guarnire:
300 g di cioccolato bianco
1 rosa rossa

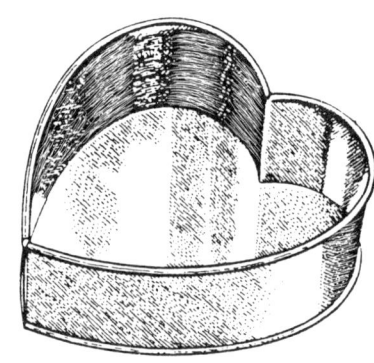

Preparate la pasta: sbattete le uova insieme con lo zucchero, aggiungete lentamente la farina setacciata insieme con la fecola e lievito, quindi unite la vanillina e il burro fuso.

Imburrate uno stampo a forma di cuore, spolverizzatelo di farina, poi versate dentro il composto preparato in precedenza.

Collocate il recipiente in forno caldo (180°) e lasciate cuocere la torta per 30'.

Togliete il dolce dal forno, lasciatelo raffreddare su una gratella da pasticceria.

Versate intanto in un pentolino il Grand Marnier, aggiungete l'acqua e lo zucchero, quindi lasciate dolcemente sobbollire lo sciroppo per qualche minuto.

Toglietelo dal fornello e lasciatelo raffreddare.

Ponete il mascarpone in una terrina, unite lo zucchero a velo, i tuorli e il cioccolato fondente.

Continuate a sbattere con una piccola frusta elastica fino ad ottenere una crema ben amalgamata e soffice.

Dividete a metà orizzontalmente la torta, spennellate le due parti all'interno con lo sciroppo freddo.

Spalmate con un po' di crema la base della torta, sovrapponete l'altra metà, quindi distribuite la rimanente crema sulla superficie e sui lati.

Grattugiate il cioccolato bianco e fate cadere a pioggia le scaglie direttamente sul dolce, coprite anche il bordo esterno e guarnite il centro con una rosa rossa.

Collocate la torta su un vassoio di servizio.

È una torta simpatica per la ''festa della mamma''!

Torta rustica del fattore

Tempo: 1 ora e 30'
Difficoltà: 1
Dosi per 4 persone

75 g di amido di mais
75 g di farina gialla
75 g di semolino
75 g di farina
120 g di burro e 2 uova
1 bicchiere di latte
60 g di uvetta sultanina
1 bicchierino di brandy
100 g di zucchero semolato
1/2 cucchiaino di cannella
4 cucchiai di cioccolato in polvere
1 bustina di lievito per dolci
un pizzichino di sale
1 bustina di zucchero vanigliato

Sbattete in una terrina con una frusta elastica il burro, già ammorbidito a temperatura ambiente, insieme con lo zucchero semolato. Quando il composto sarà diventato spumoso, aggiungete due uova sbattute in una ciotolina a parte, poi incorporatevi facendoli scendere da un setaccio i quattro tipi di farina ben mischiati al lievito e a un pizzichino di sale. Rimescolate a lungo aggiungendo man mano anche il latte tiepido.

Incorporate anche la polvere di cannella e quella di cioccolato e, in ultimo, l'uvetta sultanina fatta rinvenire precedentemente in una scodella con il brandy per almeno 30'.

Rimescolate ripetutamente e versate quindi la preparazione in una tortiera bene imburrata e cosparsa di pane grattugiato.

Fate cuocere in forno preriscaldato (180°) per circa un'ora. Verificate se la torta è ben cotta anche al centro con il solito sistema del lungo ago, che dopo essere stato infilzato per un attimo dovrà risultare ben asciutto.

Fate raffreddare la torta, sformatela su una gratella e dopo due ore cospargetela di zucchero vanigliato.

Trasferite con delicatezza su un piatto rotondo di servizio.

Budino dorato agli amaretti

Tempo: 1 ora e 30'
Difficoltà: 1
Dosi per 6 persone

3/4 di litro di latte
220 g di farina gialla
150 g di amaretti
1 bicchierino di liquore all'amaretto
80 g di zucchero
1 bustina di vanillina
4 uova
un pizzico di sale
2 cucchiai di uvetta sultanina
80 g di burro

Versate il latte in una casseruola, aggiungete un pizzico di sale, la vanillina e portatelo ad ebollizione.

Fatevi cadere la farina gialla a pioggia e lasciatela cuocere rimescolando di continuo per 15'. Spegnete il fuoco e lasciate intiepidire.

Mettete ad ammorbidire per 30' l'uvetta in poca acqua tiepida e tritate finemente gli amaretti.

Imburrate una pirofila da budino di medie proporzioni, poi spolverizzatela con una parte di amaretti.

Incorporate alla polentina il burro tagliato a pezzetti, lo zucchero, i tuorli d'uovo, il liquore, l'uvetta ben scolata e strizzata, i rimanenti amaretti ed infine gli albumi montati a neve fermissima.

Rimescolate accuratamente il composto, quindi versatelo nella pirofila. Fate cuocere a bagno-maria in forno preriscaldato (180°) per tre quarti d'ora.

Servitelo in tavola, tiepido, nel recipiente di cottura.

Ecco un dolce nutriente, che piace a tutti. Potrete renderlo anco-

ra più ghiotto, spolverizzando la superficie del budino con un po'
di zucchero di canna una decina di minuti prima di toglierlo dal forno. Ideale per renderlo ben caramellato sarebbero 3' o 4' di cottura
sotto il grill acceso.

Budino alla vaniglia con salsa di cioccolato

Tempo: 60' + tempo di riposo in frigorifero
Difficoltà: 1
Dosi per 6 persone

1/2 litro di latte
200 g di nocciole pelate
5 fogli di colla di pesce
120 g di zucchero
2 stecche di vaniglia
250 g di panna montata
qualche goccia di essenza di vaniglia

Per la salsa di cioccolato:

200 g di cioccolato fondente
250 g di panna
una noce di burro
60 g di zucchero

Spezzettate la colla di pesce in una piccola terrina, ricopritela di
acqua fredda, quindi lasciatela ammorbidire.

Portate ad ebollizione il latte insieme con la vaniglia, incorporatevi la colla di pesce ben scolata e strizzata e, appena si sarà sciolta
completamente, eliminate la vaniglia, mischiatevi le nocciole tritate,
lo zucchero e l'essenza di vaniglia.

Lasciate raffreddare completamente la preparazione, quindi amalgamatevi la panna montata.

Versate il composto in uno stampo da budino di circa 18 cm di
diametro inumidito di acqua fredda e ponete il recipiente nella parte
più fredda del frigorifero per 4 ore.

Trascorso tale periodo di tempo, sformate il budino su un piatto
rotondo e servitelo in tavola accompagnandolo con la salsa di cioccolato preparata nel seguente modo: grattugiate il cioccolato in una
piccola casseruola, unite lo zucchero, il burro, quindi lasciatelo sciogliere a bagno-maria.

Aggiungete la panna, lasciate ben scaldare la salsa, poi travasatela
in una salsiera.

Sformato dolce alla moda degli angeli

Tempo: 2 ore e 30'
Difficoltà: 1
Dosi per 6 persone

600 g di pane brioche con uvetta
1 l di latte
6 uova + 2 tuorli
30 g di burro
400 g di pesche in scatola
300 g di albicocche in scatola
250 g di ciliegie sciroppate
3 rotelle di ananas sciroppato
2 bicchierini di rum
1 stecca di vaniglia
200 g di zucchero
la scorza di un limone
un pizzico di cannella
un pizzico di chiodi di garofano
3 cucchiai di zucchero di canna

Per guarnire:

1 ciliegia candita
filettini d'angelica candita

Sgocciolate la frutta sciroppata tenendo a parte lo sciroppo, tagliatela a pezzettini; eliminate il nocciolo delle ciliegie e dividetele in 4 parti. Ponete i vari frutti sminuzzati insieme con il rum, mezza dose di zucchero, 6 cucchiaiate dello sciroppo misto in una casseruola o, meglio, in un capace tegame di terracotta e unite la scorzetta di limone ritagliata finemente senza alcuna traccia della parte bianca interna. Aggiungete un pizzico di polvere di cannella e di polvere di chiodi di garofano.

Fate cuocere a calore vivo fino a quando lo sciroppo si sarà quasi completamente ridotto e i pezzettini di frutta risulteranno ben amalgamati e cotti.

Nel frattempo con un coltellino affilato asportate la crosta del pane brioche, poi tagliatelo a fette di forma regolare, abbastanza sottili. Imburratele leggermente con una spatolina, poi foderate il fondo del recipiente di pirex di 24 cm di diametro a bordo alto che avrete in precedenza unto di burro e cosparso di zucchero di canna.

Fate ora uno strato di frutta sciroppata cotta e proseguite in questo modo alternando le fette di pane brioche e il composto di frutta.

A parte fate bollire a calore dolce il latte, in una casseruola, insieme con il rimanente zucchero e la vaniglia tagliata in senso longitudinale. Toglietelo quindi dal fornello e versatelo "a filetto" attraverso un colino sulle uova sbattute in una terrina insieme ai due tuorli. Continuate a sbattere velocemente per evitare che le uova impazziscano, poi bagnate poco per volta con un mestolino il dolce preparato. Quando la miscela di latte e uova apparirà sulla superficie della preparazione, trasferite il recipiente in forno preriscaldato (170°) facendo cuocere il tutto a bagno-maria per un'ora abbondante.

Lasciate raffreddare il dolce in frigorifero per due ore prima di rovesciarlo in un piatto rotondo di servizio.

Servite questo dolce, generoso di deliziosi sapori (ma anche di calorie), ben freddo, guarnendolo lungo il bordo con dei filettini di angelica candita al cui centro porrete una mezza ciliegina rossa in modo che sembrino dei fiorellini.

Soufflé di cioccolato al Grand Marnier

Tempo: 1 ora
Difficoltà: 2
Dosi per 6 persone

1/2 litro di latte
100 g di zucchero
60 g di burro
150 g di cioccolato di copertura
4 cucchiai di farina
5 uova
50 g di canditi d'arancia
1 bicchierino di Grand Marnier

Ponete il latte in una casseruola insieme con lo zucchero, il burro e il cioccolato spezzettato. Portate il tutto a lenta ebollizione mescolando continuamente con un cucchiaio in modo da far ben legare tutti gli ingredienti tra loro, togliete il recipiente dal fuoco e incorporatevi la farina precedentemente stemperata in poca acqua fedda.

Rimettete nuovamente la casseruola su fuoco dolce e, sempre rimescolando con una piccola frusta elastica, lasciate addensare la crema. Spegnete il fuoco, lasciate intiepidire la preparazione, quindi, rimescolando continuamente, incorporatevi i tuorli, il Grand Marnier, i canditi d'arancia ed infine gli albumi montati a neve fermissima.

Imburrate uno stampo da soufflé, versatevi il composto che deve giungere a metà del recipiente e passate quest'ultimo in forno caldo (180°) fino a quando il dolce risulterà ben gonfio (circa 30').

Servite ben caldo in tavola, perché non si sgonfi.

Soufflé di cioccolato e amaretti

Tempo: 1 ora
Difficoltà: 1
Dosi per 4 persone

200 g di cioccolato fondente
6 uova
150 g di amaretti
40 g di fecola
140 g di zucchero
1 bustina di zucchero vanigliato
un pizzichino di sale
2 cucchiai di zucchero di canna
2 bustine di zucchero vanigliato

Fate sciogliere il cioccolato spezzettato in una piccola casseruola a bagno-maria con due cucchiaini di acqua. Travasate il cioccolato liquido in una ciotola ed incorporatevi, uno alla volta, i tuorli d'uovo. Rimescolate con cura amalgamando al composto gli amaretti (ridotti in polvere nel mixer), lo zucchero vanigliato e i due terzi di zucchero mescolato con la fecola setacciata.

Ungete di burro uno stampo da soufflé a bordi alti di 20 cm di diametro circa, spolverizzandolo di zucchero di canna.

Battete a neve fermissima gli albumi insieme con un pizzichino di sale. Unite ad essi, poco alla volta, lo zucchero rimasto continuando a sbattere con la frusta elastica. Amalgamate con leggerezza alla crema gli albumi montati, con grosse cucchiaiate sollevando la massa senza sbatterla.

Riempite poi lo stampo per due terzi e ponete subito il recipiente in forno preriscaldato (220°) per 25-30 minuti senza aprire mai lo sportello.

Servite subito in tavola, appena tolto il soufflé dal forno, senza farlo attendere e spolverizzate la superficie, al momento, con lo zucchero vanigliato.

Omelette soufflé dolce

Tempo: 40'
Difficoltà: 1
Dosi per 4-6 persone

---

6 uova
140 g di zucchero
30 g di fecola
12 savoiardi morbidi e grossi
qualche cucchiaio di marmellata
1 bicchierino di maraschino
1 bustina di vanillina
1/2 bicchiere di acqua
4 cucchiai di zucchero a velo
un pizzichino di sale

Separate i tuorli dagli albumi, unite la vanillina e 1 cucchiaio colmo di zucchero e sbatteteli senza farli però montare. Montate invece a neve fermissima gli albumi insieme con un pizzichino di sale, poi aggiungete a piccole porzioni lo zucchero sempre continuando a sbattere con la frusta elastica finché diventeranno molto sodi e lucidi.

Aggiungete ai tuorli sbattuti la fecola passata al setaccio, poi mescolate con delicatezza gli albumi al composto versandoli poco per volta e sollevando la massa dal basso verso l'alto più volte.

Ponete ora quattro savoiardi sistemandoli due per due nel senso della lunghezza al centro di una pirofila ovale unta di burro. Spruzzateli leggermente col maraschino ben mescolato insieme a mezzo bicchiere di acqua tiepida, spalmateli poi con un velo di marmellata, ricoprite il tutto con parte del composto di uova, disponetevi sopra altri 4 biscotti, ripetete le medesime operazioni mutando solo il gusto della marmellata a seconda della disponibilità.

Rifate ora un terzo strato in ugual modo e ricoprite il tutto con la rimanenza della crema di uova. Spalmatela bene facendola scendere verso il bordo mediante una spatola, spolverizzate abbondantemente con lo zucchero a velo e passate il recipiente in forno preriscaldato (250°) per circa 15'. Quando la parte superiore apparirà ben dorata, ricoprite il dolce con un foglio di alluminio per terminare la cottura.

Servite subito in tavola.

Ecco un dolce gradito a tutti e nutriente, che offre anche il vantaggio di utilizzare le piccole rimanenze di marmellata (non importa se di gusti diversi).

Dolce di crema profumata all'amarena

Tempo: 25' + 5 ore di riposo in frigorifero
Difficoltà: 1
Dosi per 6 persone

6 uova
3 fogli di colla di pesce
2 limoni
4 cucchiai di amarene sciroppate
200 g di zucchero a velo
1 bustina di vanillina
2 bicchierini di sciroppo di amarena
1 bicchierino di Cherry Brandy
150 g di panna montata

Spezzettate la colla di pesce in una scodella, ricopritela di acqua fredda e lasciatela ammorbidire per 30'.

Sbattete i tuorli con lo zucchero a velo e la vanillina fino ad ottenere un composto spumoso.

Aggiungete allora il succo dei limoni filtrato, le amarene, lo sciroppo, lo Cherry Brandy e rimescolate continuamente con una frusta elastica, quindi unite la colla di pesce (ben scolata e strizzata) fatta sciogliere a bagno-maria in poca acqua.

Incorporate infine gli albumi montati a neve fermissima con un pizzico di sale, date ancora qualche rimescolata, poi versate la crema in uno stampo da budino inumidito e passate il recipiente in frigorifero per cinque ore.

Al momento di servire il dolce, immergete lo stampo per qualche istante in una bacinella contenente acqua bollente, sformatelo su un piatto rotondo e guarnite con la panna montata.

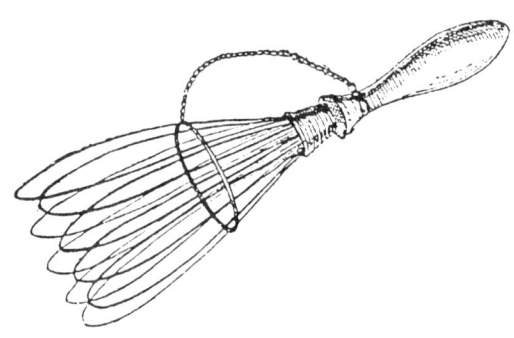

Coppa di crema bicolore ai biscotti

Tempo: 45'
Difficoltà: 1
Dosi per 6 persone

---

1 uovo + 3 tuorli
3/4 di l di latte
40 g di farina
50 g di burro
120 g di cioccolato fondente
130 g di zucchero
1 bustina di zucchero vanigliato
150 g di biscotti
2 cucchiai di maraschino

Per guarnire:

80 g di panna montata
4 ciliegine rosse candite

Portate a lenta ebollizione il latte insieme con lo zucchero vanigliato.

Mescolate in una terrina, badando a non fare grumi, lo zucchero, la farina setacciata, 3 tuorli d'uovo e 1 uovo intero: versatevi sopra, facendolo scendere ''a filetto'', il latte caldo.

Rimescolate con rapidità e continuamente, poi travasate il tutto in una casseruola e, sempre continuando a mescolare, fate cuocere fino ai primi bollori a calore molto moderato.

Aggiungete, fuori dal fuoco, il burro tagliato a pezzetti unendoli uno alla volta dopo che ognuno di essi sarà stato assorbito.

Dividete ora la crema in due porzioni uguali e ponetele in due ciotole diverse. Ad una di queste aggiungete il cioccolato fondente, già grattugiato e fatto fondere a bagno-maria in una casseruolina con due cucchiai di acqua calda e rimescolate più volte per amalgamare bene. Unite sia a questa crema che a quella di color giallo, biscotti di qualsiasi tipo tritati grossolanamente nel mixer e spruzzati con il maraschino. Rimescolate ancora più volte, poi versate nel medesimo tempo dalle due ciotole le due diverse creme in una coppa di cristallo. Servite ben freddo, guarnendo il centro della coppa con un cordone di panna montata sprizzato mediante una sacchetta da pasticceria munita di bocchetta a forma di stella.

Appoggiate su questa guarnizione le ciliegine rosse candite, a giusta distanza l'una dall'altra.

Questo nutriente e facile dolce vi permetterà di sfruttare i biscotti spezzettati o avanzati, che sempre si ritrovano in casa.

₄ cotta alla ghiottona

po: 45' + tempo di raffreddamento
fficoltà: 1
Dosi per 6 persone

1 kg di panna liquida
250 g di zucchero
1 pizzico di vaniglia
6 amaretti grossi
1 tazzina di caffè
1 bicchierino di rum

Per il caramello:

10 zollette di zucchero
4 cucchiai d'acqua

In una casseruola fate bollire la panna, aggiungendo lo zucchero e un pizzico di vaniglia. Mescolate con cura. Non appena lo zucchero si sarà sciolto date un'ultima mescolata e lasciate raffreddare.

Battete insieme in una scodella il caffè e il rum e imbibite gli amaretti. Dividete la panna in 6 coppette e ricoprite con un amaretto.

In un casseruolino a parte mettete le zollette di zucchero con 4 cucchiai di acqua, fate un caramello non troppo denso e versatene qualche cucchiaino su ogni amaretto. Mettetele in frigorifero coperte di pellicola e lasciate raffreddare per qualche ora prima di servire.

Dolce di pan di Spagna al caffè

Tempo: 50' + il tempo di riposo in frigorifero
Difficoltà: 0
Dosi per 6 persone

1 pan di Spagna del diametro di 24 cm
2 tazzine di caffè ristretto
350 g di mascarpone
120 g di cioccolato fondente
3 tuorli + 2 albumi
4 cucchiai di zucchero vanigliato
2 cucchiai di brandy
150 g di panna montata

Ritagliate dal pan di Spagna un coperchio del diametro di 18 cm. Scavate all'interno togliendo gran parte della pasta in modo da ottenere un grosso incavo e sistemate la base sul piatto di portata.

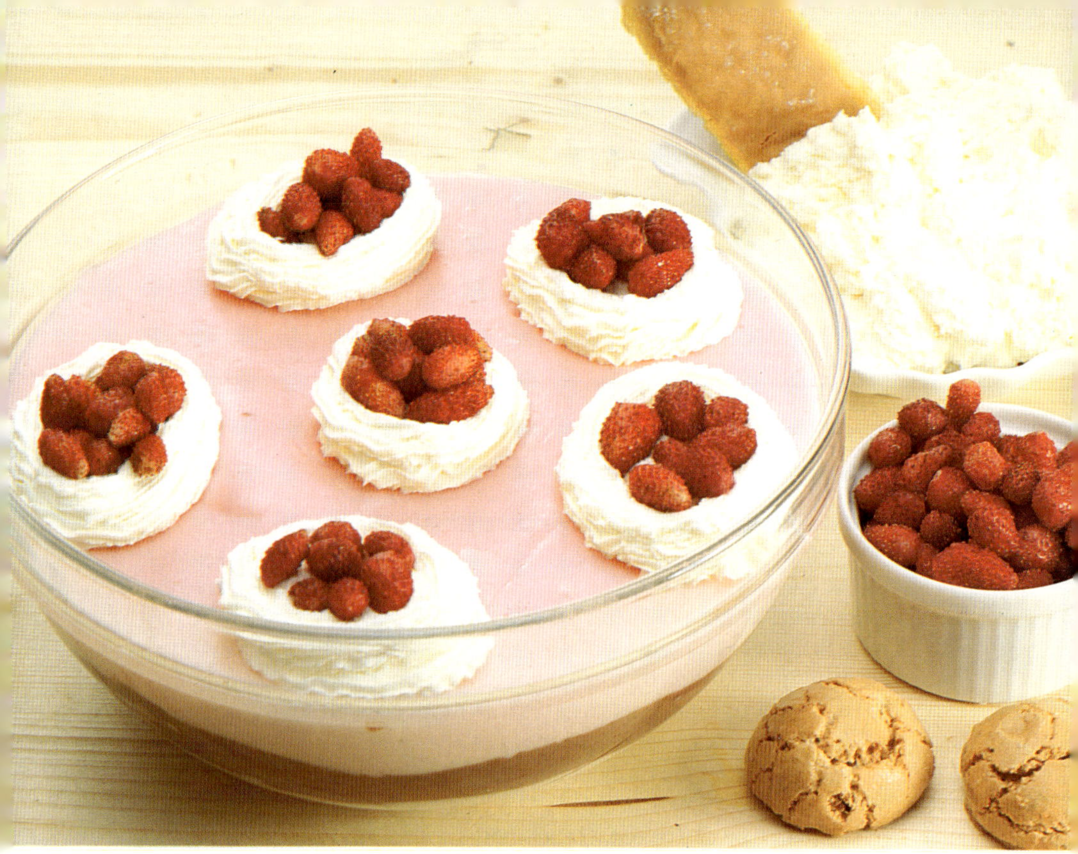
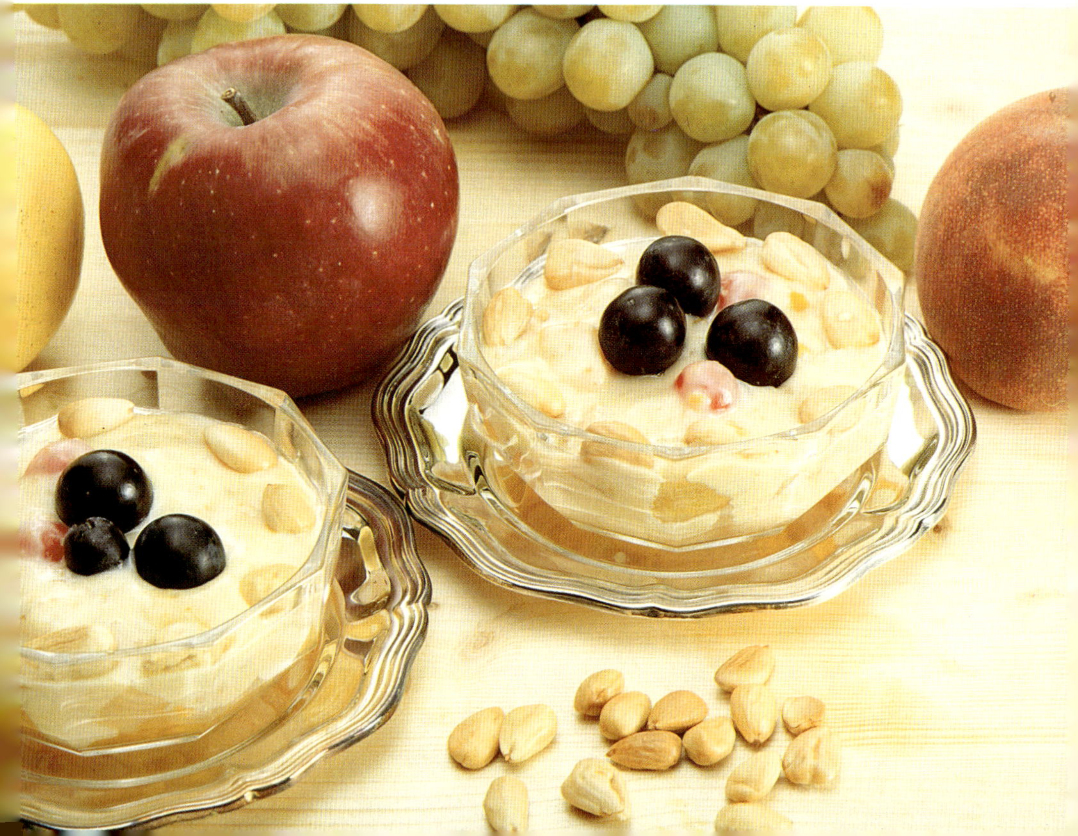

Coppa primavera

100 g di burro - 1 l di latte - 1 bustina di vanillina - 100 g di zucchero - 80 g di farina - 100 g di savoiardi - alchermes - 2 tuorli - maraschino - 100 g di cacao - 100 g di panna montata - fragoline di bosco.

In una casseruola fate sciogliere a fuoco basso il burro e mescolando energicamente con un cucchiaio di legno unite la farina senza formare grumi. Sempre mescolando unite il latte tiepido, versandolo a filetto, e la vanillina. Mettete la casseruola su fuoco medio e continuando a mescolare portate la crema all'inizio dell'ebollizione.

Togliete un terzo della crema e aggiungete due tuorli. Passate sul fuoco, mescolando per qualche minuto, quindi bagnate una coppa con un poco di acqua e versatevi la crema ottenuta.

Alla metà della crema rimasta aggiungete 100 g di cacao. Mettete un attimo sul fuoco, rimescolate bene per amalgamare. Bagnate un po' di savoiardi rapidamente nel maraschino, posateli sulla superficie della prima crema e versatevi sopra la seconda.

Alla rimanente crema aggiungete l'alchermes quanto basta a colorare di rosa il composto.

Bagnate i savoiardi rimasti nel maraschino, posateli sulla superficie della crema al cioccolato e coprite bene tutto con la crema all'alchermes.

Lasciate la coppa a raffreddare in frigorifero. Guarnite la superficie con panna montata e fragoline.

Crema frangipane

100 g di mandorle pelate - 100 g di zucchero - 1 uovo - 50 g di burro - un bicchierino di rum - macedonia di frutta.

Tritate finemente le mandorle con lo zucchero nel mixer, poi passate la farina ottenuta attraverso un setaccio a maglie fini.

Raccogliete il ricavato in una terrina e unitevi l'uovo, continuate a rimescolare con un cucchiaio di legno, quindi incorporatevi poco alla volta il burro, fatto sciogliere in precedenza a bagno-maria.

Mescolate energicamente il composto finché risulti ben gonfio e montato e completatelo con il rum.

La crema frangipane è ottima per condire la macedonia, servita in coppette singole.

Sbattete i tuorli d'uovo insieme con lo zucchero vanigliato fino a ottenere una crema soffice, unite il mascarpone, rimescolate accuratamente, quindi aggiungete il caffè ristretto freddo, il cioccolato fondente grattugiato, il liquore ed infine gli albumi montati a neve fermissima.

Amalgamatevi anche metà della pasta scavata, sbriciolata finemente, incorporandola agli altri ingredienti.

Versate il composto ottenuto sulla base del pan di Spagna, ricomponete quest'ultimo appoggiando sopra il coperchio tolto precedentemente.

Collocate la torta in frigorifero per almeno 4 ore.

Al momento di presentarla in tavola guarnite il bordo della torta e il taglio del coperchio con ciuffetti di panna montata.

Coppette di budino alla vaniglia e fragole

Tempo: 1 ora
Difficoltà: 1
Dosi per 4 coppette

1 confezione di budino alla vaniglia
8 savoiardi
1 bicchierino di Cherry Brandy
350 g di fragole mondate
3 cucchiai di zucchero a velo
100 g di panna montata
8 piccole meringhe

Per lo sciroppo:
1 bicchierino di Cherry Brandy
1/2 bicchiere di acqua

Per guarnire:
100 g di panna montata

Mondate e risciacquate velocemente le fragole, dividetele in 4 parti e ponetele in un piatto fondo. Irroratele con il liquore, spolverizzatele con lo zucchero a velo e fatele macerare per 30' in frigorifero.

Preparate il budino alla vaniglia seguendo le istruzioni allegate alla confezione. Appena pronto, travasatelo in una terrina e lasciatelo raffreddare a temperatura ambiente, quindi incorporatevi la panna montata.

Spruzzate ora i biscotti con lo sciroppo di Cherry Brandy e acqua, poi adagiatene due sul fondo di ogni coppetta.

Versate sopra un po' di budino alla vaniglia, ricoprite quest'ultimo con qualche cucchiaiata di fragole col loro sugo, sbriciolatevi sopra due meringhe e terminate con il budino.

Guarnite la superficie di ogni coppetta con ciuffetti di panna montata sprizzata da una sacchetta da pasticceria munita di bocchetta seghettata, prima di presentarle in tavola.

Coppa primavera

Tempo: 60' + tempo di riposo in frigorifero
Difficoltà: 2
Dosi per 6 persone

100 g di burro
1 l di latte
1 stecca di vaniglia
100 g di zucchero
80 g di farina
100 g di savoiardi
alchermes q.b.
2 tuorli
maraschino q.b.
100 g di cioccolato fondente o cacao
100 g di panna montata

Fate bollire in una casseruola il latte insieme con lo zucchero e la vaniglia. Lasciatelo intiepidire.

In una seconda casseruola fate sciogliere a fuoco basso il burro e mescolando energicamente con un cucchiaio di legno unite la farina senza formare grumi. Sempre mescolando unite il latte versandolo a filetto.

Quando tutto il latte sarà stato aggiunto, mettete la casseruola su fuoco medio e continuando a mescolare portate la crema all'inizio dell'ebollizione.

Crema n. 1: Togliete un terzo della crema e aggiungete due tuorli, uno alla volta.

Passate un momento sul fuoco, mescolate per qualche minuto, quindi bagnate una coppa con un poco di acqua e versatevi la crema ottenuta.

Crema n. 2: Alla metà della crema rimasta aggiungete 100 g di cacao oppure cioccolato fondente fuso.

Mettete un attimo sul fuoco, rimescolate bene per amalgamare.

Bagnate un po' di savoiardi rapidamente nel maraschino, posateli sulla superficie della prima crema e versatevi sopra la seconda.

Crema n. 3: Alla rimanente crema di base aggiungete l'alchermes tanto quanto basterà a colorare di rosa il composto che dovrà anche risultare un po' fluido.

Bagnate i rimanenti savoiardi nel maraschino, posateli sulla superficie della crema al cioccolato e coprite bene tutto con la crema rosata all'alchermes.

Lasciate la coppa a raffreddare in frigorifero. Guarnite la superficie con panna montata.

Dolce di ricotta fresca delle Rosette

Tempo: 40' + il riposo in frigorifero
Difficoltà: 1
Dosi per 6-8 persone

200 g di savoiardi
1 bicchiere di marsala o cognac
1 bicchierino di maraschino
6 cucchiai di zucchero
6 tuorli
300 g di ricotta fresca (non romana)
1 pizzico di sale
1 bustina di zucchero vanigliato

Bagnate con il maraschino uno stampo di plum-cake.

Immergete rapidamente una parte dei savoiardi divisi a metà nel marsala battuto con l'acqua e il maraschino avanzato, facendo attenzione che non si imbevano troppo. Foderate completamente lo stampo coi biscotti alternando la parte con la crosta a quella del taglio.

In una terrina sbattete insieme i tuorli con lo zucchero. Quando avranno raggiunto la consistenza di una densa crema unite la ricotta passata al setaccio e lo zucchero vanigliato.

Versatene uno strato nello stampo ricoprendo con i savoiardi rimasti man mano inumiditi e continuate a strati alterni fino ad esaurimento dei componenti, facendo però in modo che l'ultimo strato sia di savoiardi.

Mettete lo stampo in frigorifero per almeno due ore fino al momento di servire, poi sformatelo su un piatto di portata rettangolare.

È un dolce di sicura riuscita e di ottimo effetto.

Gran coppa di banane e croccante

Tempo: 60' + tempo di riposo in frigorifero
Difficoltà: 1
Dosi per 6 persone

1/2 litro di latte
1 stecca di vaniglia
2 uova + 2 tuorli
80 g di zucchero
70 g di farina
30 g di burro
6 amaretti in polvere
4 banane mature
1 bicchierino di rum
2 cucchiai di zucchero a velo
2 cucchiai di croccante spezzettato
2 cucchiai di mandorle pralinate pestate

Sbucciate le banane, tagliatele a fettine e disponetele in un largo piatto semifondo. Irroratele con il liquore, spolverizzatele con lo zucchero a velo e lasciatele macerare per 30' in frigorifero.

Versate il latte in una casseruola, unite la vaniglia, portatelo ad ebollizione, spegnete il fuoco, incoperchiate il recipiente e lasciate in infusione per 15'.

Ponete le uova intere più i tuorli in una terrina, aggiungete lo zucchero e lavorate energicamente i vari ingredienti fino ad ottenere un composto spumoso.

Unite la farina, sempre rimescolando, ed infine versate sopra il latte (passato al colino) a "filetto".

Travasate il composto in una casseruola e, sempre rimescolando, fate cuocere la crema su fuoco dolce.

Toglietela dal fuoco, incorporatevi il burro a pezzetti e gli amaretti polverizzati, quindi lasciatela raffreddare rimestandola di tanto in tanto.

In una coppa di cristallo versate uno strato di crema, distribuite sopra un po' di fettine di banane, cospargete queste ultime con un po' di croccante spezzettato e ripetete l'operazione fino a esaurimento degli ingredienti terminando con la crema.

Guarnite la superficie con le mandorle pralinate prima di presentare il dolce in tavola.

96

Dolce freddo di pesche

Tempo: 50' + il tempo di riposo in freezer
Difficoltà: 1
Dosi per 6 persone

---

4 tuorli
1 scatola grande di pesche sciroppate
2 dl e 1/2 di panna fresca
4 fogli di colla di pesce
1/2 bicchiere di latte
1 bicchierino di grappa alle pere
60 g di mandorle
5 cucchiai di zucchero

Per guarnire:

150 g di panna montata
1 cucchiaio di pistacchi

Spezzettate i fogli di colla di pesce in una scodella, ricopriteli di acqua fredda e lasciateli ammorbidire.

Sbattete i tuorli con lo zucchero fino a renderli gonfi e spumosi, unite il liquido di conservazione delle pesche e la colla di pesce in precedenza ben scolata e fatta sciogliere a bagno-maria insieme con il latte. Versate il composto in una casseruola, ponetela su fuoco dolce e, sempre rimescolando, lasciate addensare la crema. Togliete dal fuoco e fate raffreddare.

Incorporatevi infine la panna dopo averla montata, i filettini di mandorle e il liquore.

Foderate ora uno stampo di pirex con le mezze pesche sciroppate poste con la parte concava rivolta verso l'interno, quindi versate dentro la crema preparata. Collocate il dolce in freezer per 2 ore.

Trascorso tale periodo di tempo, capovolgetelo su un piatto rotondo di servizio, decorate il bordo di quest'ultimo con ciuffetti di panna montata e spolverizzate la superficie con i pistacchi pelati e tritati grossolanamente.

Potrete preparare questo squisito dolce anche il giorno prima: attenzione però a toglierlo dal freezer almeno 2 ore prima di servirlo in tavola.

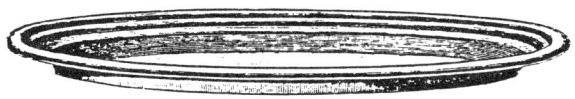

Mele al forno all'amaretto

Tempo: 1 ora e 15'
Difficoltà: 1
Dosi per 6 persone

6 mele grosse
200 g di amaretti
50 g di zucchero a velo
1/2 bicchiere di cognac
burro q.b.
marmellata q.b.

Sbucciate le mele intere e toglietene i torsoli con un coltellino o con l'apposito utensile.

Tritate gli amaretti, unite il cognac, il burro ammorbidito e lo zucchero. Amalgamate il tutto formando un impasto.

Riempite le mele con questo composto e aggiungete sopra un cucchiaino di marmellata a piacere.

Disponete le mele ciascuna in uno stampino di terracotta sul fondo del quale metterete un cucchiaio di acqua leggermente zuccherata.

Passate in forno a calore moderato (180°) e cuocete per 30' circa.

Mousse biancaneve con fragoline di bosco

Tempo: 30' + il tempo di riposo delle fragoline
Difficoltà: 0
Dosi per 4 persone

250 g di fragoline di bosco
1 bicchierino di Kirsch
250 g di ricotta
4 cucchiai di zucchero
1/2 bicchiere di vino bianco
100 g di panna montata
1 bustina di zucchero vanigliato
foglioline di menta fresca

Lavate velocemente con il vino bianco le fragoline di bosco, sgocciolatele bene, quindi trasferitele in una terrina.

Spolverizzatele con lo zucchero vanigliato, irroratele con il liquore, poi copritele con un foglio di pellicola e riponetele in frigorifero per 30'.

Nel frattempo frullate la ricotta, mischiatela con lo zucchero, ponete il ricavato in una terrina, aggiungetevi la panna montata, rimescolate accuratamente ed infine incorporatevi le fragoline con il sugo di macerazione.

Mescolate ancora una volta in modo da ottenere una spuma color rosa, suddividete quest'ultima nelle singole coppette, decorate la superficie con 2 foglioline di menta fresca e presentatele subito in tavola.

Se le fragoline di bosco, ahimé! sono troppo care, sostituitele con le fragole normali e aggiungete, se possibile, 2 cucchiai di sciroppo di fragola. L'alternativa sarà di uguale successo.

Ciambelline fritte

Tempo: 1 ora
Difficoltà: 1
Dosi per 8 persone

250 g di farina bianca
2 uova
80 g di zucchero a velo
1 bustina di lievito
50 g di burro fuso
poco latte
50 g di mandorle tritate
abbondante olio per friggere
sale
1 bustina di zucchero vanigliato

Rompete le uova in una terrina, unite lo zucchero a velo e lavorate bene gli ingredienti fino ad ottenere un composto cremoso e soffice.

Ponete sul tavolo la farina a fontana, aggiungete le mandorle tritate finemente, il lievito, il burro fuso, un pizzico di sale, il miscuglio di uova e zucchero, quindi mescolate il tutto, aggiungendo qualche cucchiaiata di latte, in modo da ricavare una pasta morbida.

Dividete ora la pasta in diversi pezzi: arrotolate ognuno di essi sul tavolo leggermente infarinato fino a formare dei lunghi cilindri. Tagliate questi ultimi a pezzetti della lunghezza di 12 cm e uniteli a ciambellina.

Fate scaldare abbondante olio in una padella per fritti, tuffate dentro, poche alla volta, le ciambelline e lasciatele dorare.

Estraetele con una paletta forata, depositatele su un foglio di carta assorbente, spolverizzatele con lo zucchero vanigliato, accomodatele su un vassoio di portata e servitele subito in tavola.

Crostoni fritti di mele meringate

Tempo: 1 ora e 10' circa
Difficoltà: 2
Dosi per 6 persone

---

6 fette di pancarrè
5 mele gialle
60 g di uvetta sultanina
un cucchiaio di Calvados
4 cucchiai di zucchero
una noce di burro
un pizzico di polvere di cannella
2 cucchiai di marmellata di pesche
2 albumi
un pizzico di sale
1 cucchiaio di zucchero a velo
acqua q.b.

Per i crostoni:

2 uova
100 g di burro

Sbucciate le mele, dividetele a metà, eliminate il torsolo, poi tagliatele a fettine sottili.

Ponetele in una casseruola, unite il Calvados, lo zucchero, una noce di burro, un pizzico di cannella, poca acqua, quindi lasciatele cuocere per 15' rigirandole di tanto in tanto con delicatezza. Mischiatevi allora l'uvetta sultanina in precedenza fatta ammorbidire in poca acqua tiepida. Rimescolate e, dopo pochi minuti, spegnete il fuoco.

Private le fette di pancarrè della crosticina, immergetele, ad una ad una, nelle uova sbattute e fatele dorare da ambo le parti nel burro ben caldo.

Estraete i crostoni con una paletta forata, allineateli in una pirofila rettangolare di pirex e spalmate ognuno di essi con un po' di marmellata di pesche. Distribuite sopra ogni crostone le mele cotte con l'uvetta e guarnite la superficie con gli albumi montati a neve fermissima con il pizzico di sale e lo zucchero a velo, sprizzati da una sacchetta da pasticceria munita di bocchetta seghettata.

Passate il recipiente in forno caldo (150°) fino a quando la meringa risulterà leggermente dorata. Servite subito in tavola.

Gelato al caffè

Tempo: 1 ora
  + tempo di raffreddamento
Difficoltà: 1
Dosi per 6 persone

350 g di latte
4 tazzine di caffè ristretto
4 cucchiai di zucchero
1 cucchiaino di rum
2 albumi d'uovo

Scaldate senza far bollire il latte con il caffè, lo zucchero ed il rum.

Lasciate raffreddare e versate in una vaschetta d'alluminio che metterete per un'ora nel freezer.

Montate gli albumi a neve ed uniteli al composto rassodato che voi avrete sbriciolato.

Frullate il tutto e rimettete il composto nella vaschetta e questa nuovamente nel freezer per un paio d'ore o fino al momento in cui vorrete fare una gradita sorpresa ai vostri cari, servendo qualcosa di fresco nella calda estate.

Sostituendo al rum della vodka e al caffè il succo di tre limoni, e poi procedendo nello stesso modo otterrete un favoloso "gelato moscovita".

Gelato allo yogurt azzurro

Tempo: 45'
  + il tempo di riposo in freezer
Difficoltà: 1
Dosi per 4 persone

4 yogurt di latte intero
2,5 dl di panna
180 g di zucchero a velo
3 bicchierini di curaçao blu
1 bustina di zucchero vanigliato
80 g di cioccolato bianco

Mettete gli yogurt in una casseruola e sbatteteli energicamente per 2 minuti con la frusta elastica, poi aggiungete man mano lo zucchero a velo e quello vanigliato. Continuate a sbattere ancora per 2 minuti.

Unite allora la panna, il curaçao blu e continuate a sbattere fino a quando otterrete un composto omogeneo. Fate scaldare il composto a calore basso e a bagno-maria, senza mai cessare di mescolare, fin quando diventerà omogeneo e leggermente denso e appariranno in superficie delle bollicine.

Versate il composto in una terrina e continuate a sbattere fino a quando diventerà spumoso.

Travasatelo allora in un recipiente di metallo di forma adatta e collocate quest'ultimo nel freezer.

Ogni 30' (per tre volte) e ogni 15' per altre tre volte, estraete il contenitore e rimuovete con una spatolina e lasciate rassodare il composto finché è gelato.

Poi suddividete il gelato nei singoli bicchieri adatti, quindi completate con il cioccolato bianco grattugiato ben cosparso sulla superficie.

Servite immediatamente.

Ecco un gelato di gusto nuovo e delicato, ma occorre fare qualche esperienza per i tempi nel freezer se non si ha la gelatiera.

Gelato di amaretti e mandorle

Tempo: 60' + il tempo di raffreddamento
Difficoltà: 1
Dosi per 6 coppette

1 litro di latte
120 g di amaretti
1 bicchierino di liquore all'amaretto
1 cucchiaino di essenza di vaniglia
6 tuorli
200 g di zucchero
2 cucchiai di mandorle fresche
150 g di panna montata

Portate il latte ad ebollizione insieme con l'essenza di vaniglia.

Sbattete i tuorli in una casseruola insieme con lo zucchero fino a renderli bianchi e spumosi, unite il liquore all'amaretto, le mandorle sbucciate tritate finemente e gli amaretti pestati fino a ridurli in polvere.

Versate sul miscuglio, sempre rimescolando, il latte fatto scendere "a filetto", quindi ponete il recipiente su fuoco dolcissimo e lasciate addensare la crema.

Toglietela dal fuoco e fatela raffreddare rimescolandola sovente.

Versate la preparazione nella gelatiera e procedete seguendo le istruzioni allegate all'apparecchio.

Servite il gelato di amaretti e mandorle nelle coppe singole e guarnite la superficie con ciuffetti di panna montata.

Coppette di gelato alla crema di ciliegie

Tempo: 40'
Difficoltà: 1
Dosi per 6 persone

600 g di ciliegie grosse e mature
1 bicchiere di vino bianco secco
120 g di zucchero
una presa di cannella
la scorza di mezzo limone
1 chiodo di garofano
1 cucchiaino di maizena
600 g di gelato alla crema

Per guarnire:

panna montata
foglioline di menta fresca

Private le ciliegie del picciolo, lavatele, sgocciolatele, poi eliminate il nocciolo con l'apposito utensile.

Ponetele in una casseruola, unite lo zucchero, il vino bianco secco, la cannella, la scorza di limone ben lavata (solo la parte gialla), il chiodo di garofano, la maizena, rimescolate con un cucchiaio di legno e lasciate cuocere lentamente per 20'.

Appena le ciliegie risulteranno morbide e lo sciroppo di cottura denso, spegnete il fuoco e fatele raffreddare.

Sistemate ora uno strato di gelato alla crema in ogni singola coppetta, distribuite sopra un po' di ciliegie cotte (private della scorza di limone e del chiodo di garofano) con qualche cucchiaio di sugo di cottura, ricoprite con altro gelato e continuate così fino ad esaurimento degli ingredienti avendo cura di terminare con le ciliegie.

Guarnite la superficie di ogni coppetta con un ciuffettino di panna montata e con 2 foglioline di menta fresca.

Il piccolo utensile "cava noccioli" delle ciliegie è una vera praticissima trovata (poco costosa) che val la pena avere a disposizione in cucina. Si può trovare presso i negozi di casalinghi ben attrezzati.

Coppette di banane e pistacchi

Tempo: 30' + tempo di riposo
in frigorifero
Difficoltà: 1
Dosi per 6 persone

3 grosse banane al giusto
punto di maturazione
4 tuorli
2 cucchiai di farina
1/2 litro di latte
120 g di zucchero
1 stecca di vaniglia
200 g di savoiardi
2 cucchiai di pistacchi
3 cucchiai di maraschino

Per lo sciroppo:
1 bicchierino di marsala
2 cucchiai di acqua

Portate il latte ad ebollizione insieme con la stecca di vaniglia. Sbattete i tuorli d'uovo con lo zucchero fino a renderli gonfi e spumosi, aggiungete la farina, il maraschino ed infine stemperate il tutto con il latte (filtrato da un colino) facendolo scendere "a filetto".

Versate in una casseruola, ponetela su fuoco dolce e, sempre rimescolando, lasciate addensare la crema.

Toglietela dal fuoco e fatela raffreddare.

Spezzettate i savoiardi, fatene un letto sul fondo delle coppe da dessert e spruzzateli con lo sciroppo di marsala battuto con acqua.

Coprite i biscotti con uno strato di fettine di banane e uno di crema, fate ancora uno strato di biscotti e continuate così fino ad esaurimento degli ingredienti avendo cura di terminare con la crema.

Mettete le coppe in frigorifero per 2 ore coperte con una pellicola.

Al momento di presentare in tavola il dolce, guarnite ciascuna coppetta con un po' di pistacchi sbucciati e tritati grossolanamente.

Per privare della pellicina i pistacchi, occorre tuffarli per qualche minuto in acqua bollente, poi scolarli e pelarli subito: risulteranno di un bel colore verde chiaro.

4

DOLCI TENERI PER I NONNI

Oggi a pranzo vengono i nonni.
Cercando di immaginare le loro preferenze, considerando l'importanza dei valori nutritivi del dessert che possono contribuire al miglioramento dell'alimentazione quando l'appetito cala, ecco tante ghiotte proposte studiate per lo scopo.

Budini di frutta, al profumo di caffè, al cioccolato, dolci di morbidi savoiardi arricchiti da un nutriente zabaione, oppure coppette di gelato con frutta mista.

Mai alimenti pesanti da digerire, mai ingredienti duri da masticare: rispettando queste regole si possono far felici non solo i nonni ma anche i nipotini piccoli più golosi perché ogni leccornia sarà preparata con il criterio di essere facilmente digeribile e di piacere a tutti.

I dolci a base di frutta cotta sono un successo garantito, perché facili da gustare. Vi suggerisco di decorare queste semplici preparazioni secondo la vostra fantasia e il vostro gusto.

Torta soffice

Tempo: 1 ora
Difficoltà: 1
Dosi per 6 persone

150 g di zucchero
150 g di farina
150 g di burro
4 albumi
un pizzico di sale

Sbattete in una terrina, con una frusta, il burro ammorbidito a temperatura ambiente e tagliato a piccoli pezzi insieme con lo zucchero fino a ricavarne una crema spumosa.

Incorporate la farina facendola scendere a pioggia e mescolando con cura affinché non si formino grumi. Montate a neve fermissima gli albumi con il sale e incorporateli al composto delicatamente con movimento dal basso verso l'alto.

Imburrate e infarinate una tortiera di 24 cm di diametro, versatevi dentro il composto, infornate in forno preriscaldato (150°) e cuocete a calore moderato per 40' senza far colorire.

Sformate e lasciate raffreddare prima di trasferire la torta su un piatto di portata.

È un dolce economico perché permette di recuperare gli albumi delle uova servite ad altre lavorazioni.

Inoltre, soffice e nutriente come è può essere consigliato per le prime colazioni di tutti.

Torta Ortisei

Tempo: 1 ora e 30'
Difficoltà: 2
Dosi per 6 persone

125 g di zucchero + 2 cucchiai
100 g di margarina o burro
200 g di farina
750 g di mele renette
uvetta q.b.
3 uova
3 cucchiai di latte
1 bustina di lievito per dolci
2 cucchiai di semolino
100 g di gelatina di frutta
un pizzico di sale

Lavorate in una terrina con una frusta i tre tuorli insieme con lo zucchero, aggiungete il burro fuso e la farina con il lievito. Aggiungete il latte e continuate a lavorare fino ad avere un composto soffice e cremoso.

Sbattete a parte gli albumi a neve con un pizzico di sale e aggiungeteli all'impasto molto delicatamente con movimento dal basso verso l'alto, perché non smontino.

Imburrate una tortiera di 24 cm di diametro, spolverizzatela con due cucchiaiate di zucchero e due di semolino.

Versate nella tortiera circa metà del composto.

Sbucciate le mele, tagliatele a fette piuttosto spesse, disponetele sulla superficie dell'impasto, aggiungete l'uvetta e coprite tutto con il composto rimasto.

Mettete in forno preriscaldato (190°) e lasciate cuocere per 45'.

Trascorso questo tempo toglietela dal forno, cospargete la superficie con la gelatina di frutta, spegnete il forno e infornate nuovamente lasciando riposare per 15'.

Togliete la torta dal forno e lasciatela raffreddare completamente prima di sformarla e servirla.

È ottima sempre, specialmente a colazione e con il tè.

Torta di frutta mista sciroppata

Tempo: 1 ora e 15'
Difficoltà: 1
Dosi per 4 persone

150 g di farina
2 vasetti di yogurt alla pesca
80 g di burro sciolto a bagno-maria
1 bustina di lievito
150 g di zucchero
4 amaretti morbidi
4 uova
250 g di frutta mista sciroppata
   (pesche, albicocche, ananas)
1 bustina di zucchero vanigliato

Ponete la farina setacciata in una terrina, unite lo zucchero, il lievito, il burro fuso, le uova, lo yogurt e gli amaretti sbriciolati finemente.

Impastate tutto fino ad ottenere un composto ben amalgamato, quindi incorporatevi la frutta mista sciroppata tagliata a pezzetti (ben scolata dal liquido di conservazione).

Imburrate ora una tortiera a cerniera, del diametro di 24 cm, infarinatela in maniera uniforme e versatevi l'impasto preparato.

Sistemate il recipiente in forno caldo (200°) per 50'.

Controllate se la torta è cotta al punto giusto (basterà infilzare dentro un lungo stecchino di legno: ne dovrà fuoriuscire asciutto e pulito), quindi estraetela dal forno.

Lasciate raffreddare su una gratella da pasticceria, collocatela poi su un piatto rotondo di portata, cospargete la superficie con lo zucchero vanigliato.

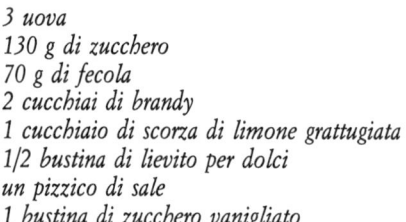

Torta leggera

Tempo: 1 ora e 10'
Difficoltà: 1
Dosi per 4 persone

3 uova
130 g di zucchero
70 g di fecola
2 cucchiai di brandy
1 cucchiaio di scorza di limone grattugiata
1/2 bustina di lievito per dolci
un pizzico di sale
1 bustina di zucchero vanigliato

Rompete le uova e separate i tuorli dagli albumi. Sbattete i primi in una terrina insieme con lo zucchero e rendeteli spumosi e chiari lavorandoli con la frusta elastica (in mancanza di questa può andar bene anche il cucchiaio di legno). Aggiungete poi la fecola facendola scendere a pioggia poco per volta e intercalandola man mano con alcune cucchiaiate degli albumi, già montati a neve fermissima con un pizzichino di sale.

Mischiate al tutto la scorza di limone grattugiata ed il liquore, badando comunque di sollevare sempre il composto dal basso verso l'alto per favorire la leggerezza dell'impasto.

Infine unite il lievito incorporandolo perfettamente.

Imburrate con cura una tortiera di 18 cm di diametro a bordi abbastanza alti, versatevi dentro la preparazione e fate cuocere in forno preriscaldato a temperatura moderata (180°) per circa 40'.

Verificate la cottura al centro della torta mediante un lungo ago da lana, che, estratto, dovrà risultare asciutto: in caso contrario ri-

Dolce gelato di noci

*170 g di burro - 130 g di zucchero a velo - 125 g di cioccolato
fondente - 80 g di noci tritate - 1 bicchiere di latte - 2 tuorli d'uovo -
150 g di savoiardi - 2 cucchiai di acqua - 3 cucchiai di Kirsch o
amaretto diluito con 3 cucchiai d'acqua.*

Lavorate energicamente con un cucchiaio di legno il burro e lo zucchero. Quando il composto sarà ben soffice, unite le noci tritate. In un altro recipiente sbattete per un quarto d'ora i tuorli, poi unite un bicchiere di latte caldo. Mettete uova e latte in un tegamino sul fuoco minimo e mescolate fin tanto che la crema si addensi senza mai bollire.

Fate raffreddare la crema e poi unitela al composto burro-zucchero-noci. Prendete uno stampo, rotondo e liscio, bagnatelo con acqua fredda, mettete sul fondo metà savoiardi, inumiditi con il liquore scelto diluito con l'acqua.

Versate sopra i biscotti la crema preparata, finite di riempire lo stampo con altri biscotti sempre inumiditi col liquore. Posate un piatto rotondo per coperchio e ponete il tutto in freezer fino all'indomani. Per sformare, tenete per qualche minuto lo stampo in acqua tiepida e capovolgetelo su un piatto per dolci.

Tagliate a pezzetti il cioccolato fondente, mettetelo in un tegamino, unite due cucchiai d'acqua e fatelo sciogliere sul fuoco. Quando è tutto ben sciolto versatelo delicatamente e uniformemente sul dolce aiutandovi con la lama di un coltello bagnata in acqua fredda. Disegnate dei ghirigori e mettete in frigorifero fino al momento di servire.

coprite la torta con un foglio di alluminio, abbassate leggermente il calore (170°) e continuate la cottura ancora per alcuni minuti.

Estraete il dolce, sformatelo e lasciatelo raffreddare a temperatura ambiente sopra una gratella da pasticceria prima di trasferirlo su un piatto di servizio.

Spolverizzate infine la superficie con lo zucchero vanigliato.

Se volete fare un po' di festa ai nonni, potete guarnire la torta con canditi di colore diverso sistemandoli a forma di fiore.

Pandolce morbido

Tempo: 1 ora
Difficoltà: 1
Dosi per 4 persone

4 albumi
160 g di zucchero a velo
1 bustina di vanillina
160 g di farina
60 g di burro
un pizzichino di sale

Per guarnire:
1 bustina di zucchero vanigliato
2 cucchiai di pistacchi

Battete appena leggermente (assolutamente non a neve!) gli albumi con un pizzichino di sale in una terrina ed unitevi lo zucchero a velo mischiato alla vanillina facendolo scendere a pioggia da un setaccino.

Rimescolate ripetutamente, poi versate progressivamente la farina ed infine unitevi facendolo scendere "a filetto" il burro, fuso in precedenza a bagno-maria.

Battete il miscuglio con una frusta elastica per un quarto d'ora, poi travasate il tutto in uno stampo da plum-cake, già imburrato ed infarinato.

Fate cuocere il dolce in forno preriscaldato (180°) per 30'.

Lasciatelo raffreddare prima di trasferirlo su un piatto di servizio rettangolare ed infine spolverizzatene la superficie con lo zucchero vanigliato facendolo scendere dall'alto attraverso un colino fine e con i pistacchi pelati e tritati.

Potrete anche spolverizzare questo dolce leggero con cacao amaro dopo averne però spennellata la superficie con un poco di miele liquido.

Mattonella delicata al caffè

Tempo: 1 ore e 30'
Difficoltà: 1
Dosi per 6-8 persone

---

120 g di burro
250 g di zucchero
2 uova
180 g di nocciole leggermente tostate
250 g di farina
1 bustina di lievito per dolci
un pizzico di sale
1 dl e mezzo di latte
2 cucchiai di liquore nocino

Per la glassa:
200 g di zucchero a velo
1 tazzina di caffè ristretto

Per guarnire:
8 nocciole leggermente tostate

Sbattete a crema, in una terrina, il burro ammorbidito a temperatura ambiente; unite lo zucchero, i tuorli, le nocciole tritate grossolanamente, un pizzico di sale, il liquore, la farina setacciata insieme con il lievito; rimescolate e stemperate il tutto con il latte.

Unite infine gli albumi montati a neve fermissima.

Foderate ora lo stampo quadrato di 18 cm di lato con la carta da forno, versate dentro il composto e passate il recipiente in forno preriscaldato (190°) per 50'.

Sformate la torta su una gratella da pasticceria, togliete la carta e fatela raffreddare.

Nel frattempo preparate la glassa: mescolate lo zucchero a velo con il caffè (poco alla volta), spalmate con una spatola la glassa ottenuta sopra la torta fredda collocata su un vassoio quadrato e guarnite la superficie con qualche nocciola tostata, privata della pellicina e tritata grossolanamente.

Volendo rendere questa torta particolarmente elegante, potrete decorarla con un poco di cioccolato bianco, fatto fondere a bagno-maria e sprizzato da una siringa da pasticcere.

Clafouti di amarene

Tempo: 1 ora
Difficoltà: 1
Dosi per 4 persone

6 *uova*
400 g *di amarene snocciolate*
1 *bicchierino di Cherry Brandy*
6 *cucchiai di zucchero*
la scorza grattugiata di 1/2 limone
2 *dl di latte*
qualche goccia di essenza di vaniglia
una noce di burro
2 *cucchiai di burro fuso*
2 *cucchiai di fecola*
due pizzichi di sale

Sbattete in una terrina 3 uova insieme con la fecola di patate, 3 cucchiai di zucchero, il burro fuso, qualche goccia di essenza di vaniglia, un pizzico di sale, e stemperate il tutto con il latte e con lo Cherry Brandy.

Imburrate uno stampo rettangolare di pirex, versate dentro il miscuglio, ponete il recipiente in forno preriscaldato (200°) per 10', poi estraete dal forno e distribuitevi sopra le amarene che avrete prima snocciolate.

Lavorate i tuorli delle rimanenti uova insieme con lo zucchero rimasto e con la scorza di limone grattugiata. Unitevi gli albumi montati a neve fermissima insieme con un pizzico di sale, rimescolando con molta delicatezza.

Versate questo composto sulle amarene, collocate qua e là qualche fiocchetto di burro e passate nuovamente il dolce in forno moderato per 20' finché apparirà dorato in superficie. Ritirate il clafouti dal forno appena apparirà dorato in superficie.

Lasciatelo leggermente intiepidire, prima di presentarlo in tavola.

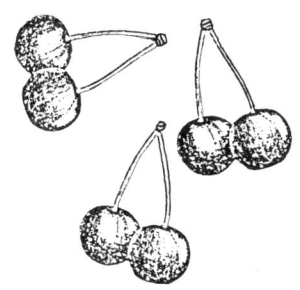

Budino di ciliegie

Tempo: 1 ora e 50'
Difficoltà: 1
Dosi per 4-6 persone

180 g di zucchero
140 g di semolino
40 ciliegie rosse e mature
1 chiodo di garofano
un pizzico di polvere di cannella
4 uova
1 litro e 1/2 di latte
60 g di burro
un bicchierino di Cherry Brandy
una bustina di vanillina
acqua q.b.
un pizzico di sale

Per guarnire:

ciliegine rosse candite
panna montata

Lavate e asciugate le ciliegie, dividetele a metà, privatele del nocciolo e ponetele in una casseruola.

Unite il chiodo di garofano, la cannella, 30 g di zucchero, 2 cucchiai di Cherry Brandy e lasciatela cuocere, su fuoco dolce, per 10 minuti.

Togliete il recipiente dal fuoco e fatelo raffreddare.

Versate nello stampo, della capacità di 2 litri e mezzo, con foro centrale e pareti scanalate, 40 g di zucchero e 2 cucchiai di acqua.

Lasciate sciogliere lo zucchero su fuoco basso e, muovendo continuamente lo stampo, lasciate che l'interno di quest'ultimo diventi caramellato in maniera uniforme.

Ponete sul fuoco una casseruola con il latte, unite il rimanente zucchero, la vanillina, il burro a pezzetti e un pizzico di sale.

Quando il liquido incomincerà a bollire versate dentro a pioggia il semolino. Fate riprendere il bollore. Rimescolate sempre con una piccola frusta elastica e continuate la cottura della preparazione per 10 minuti.

Togliete dal fuoco e fate intiepidire, quindi aggiungete le ciliegie private del chiodo di garofano, il rimanente liquore, i tuorli ed infine gli albumi montati a neve fermissima.

Travasate il composto nello stampo che avete prima caramellato e fate cuocere il dolce, a bagno-maria, in forno caldo (200°) per circa 1 ora.

Sformate il budino intiepidito su un piatto rotondo di portata e decorate il bordo con ciuffetti di panna montata alternati a mezze ciliegine candite.

Budino di ricotta e ananas

Tempo: 1 ora e 30'
Difficoltà: 1
Dosi per 4-6 persone

180 g di ricotta
110 g di zucchero
100 g di mandorle pelate
300 g di ananas in scatola
2 cucchiai di rum
4 uova

Passate la ricotta al setaccio, raccoglietela in una terrina e aggiungetevi lo zucchero.

Unite anche le mandorle pelate e tritate finemente, i tuorli, il rum, le fette di ananas ben scolate dal liquido di conservazione e frullate nel mixer ed infine gli albumi montati a neve fermissima. Continuate a mescolare delicatamente con una frusta lavorando dal basso verso l'alto per evitare che il miscuglio smonti.

Imburrate ora uno stampo da budino di media misura e versatevi il composto preparato.

Lasciate cuocere il budino, a bagno-maria, in forno preriscaldato (160°) per 50'.

Per controllare la giusta cottura del dolce sarà sufficiente infilare al centro uno stecchino di legno: dovrà uscirne asciutto e pulito.

Sformate il budino su un piatto di portata e decoratene la superficie con lamelle di mandorle.

Può essere servito sia caldo che freddo.

È un ottimo dolce per fine pranzo: delicato di sapore e facile a digerirsi.

Una variante che contribuisce a rendere più saporito il budino consiste in questo: anziché ungere lo stampo potrete in precedenza caramellarlo nel modo che abbiamo descritto a pagina precedente.

Budino di riso e pesche sciroppate

Tempo: 1 ora e 10' + 4 ore
di riposo in frigorifero
Difficoltà: 1
Dosi per 4 persone

350 g di pesche sciroppate
2 cucchiai di zucchero
di canna
3 cucchiai di Kirsch
160 g di riso
4 cucchiai di zucchero
1 l di latte
1 stecca di vaniglia
1 pezzetto di scorza di limone
30 g di burro

Per la crema:

3 tuorli
3 cucchiai di zucchero
1 cucchiaio di amido di mais
2 dl e 1/2 di panna
2 fogli di colla di pesce

Per guarnire:

alcune ciliegine rosse candite

Tagliate a dadini le pesche sciroppate e ponetele in una piccola casseruola sul fuoco insieme con il liquore, lo zucchero di canna e 2 cucchiaiate del succo di conservazione contenuto nella scatola. Fate cuocere a fuoco vivo fin quando il liquido si restringerà per tre quarti, quindi spegnete il fornello.

A parte portate a lenta ebollizione in una pentola il latte insieme con la stecca di vaniglia tagliata a metà per il lungo (per dare più profumo) e un pezzetto di scorza di limone. Versatevi il riso, aggiungete il burro a pezzetti e 4 cucchiai di zucchero e fate cuocere lentamente finché il riso avrà assorbito tutto il latte (controllando però che rimanga al dente). Eliminate quindi sia i pezzetti di scorza di limone sia la stecca di vaniglia.

Preparate ora la crema: sbattete bene i tuorli con lo zucchero sino a renderli spumosi e chiari, unitevi l'amido di mais, rimescolate e stemperate il composto con la panna. Sempre mescolando con il cucchiaio di legno, fate cuocere la crema a calore molto basso.

Appena è cotta ed addensata, incorporatevi la colla di pesce, già spezzettata e ammorbidita in poca acqua fredda per almeno 30' e poi strizzata. Fatela sciogliere completamente continuando a mescolare in fretta.

In una grande ciotola amalgamate alla crema il riso e un terzo delle pesche sciroppate cotte.

Mescolate ripetutamente e, appena il composto è tiepido, versatelo in uno stampo da ciambella con foro centrale, inumidito con il Kirsch.

Passate il budino in frigorifero per 4 ore, poi sformatelo sul piatto di servizio e riempite la cavità centrale con i dadini di pesche sciroppate cotte e il loro sugo lasciati a parte per lo scopo.

Decorate la superficie delle pesche con qualche ciliegina rossa candita.

È un dolce molto nutriente e leggero, che può essere indicato anche per una festicciola di bambini o per arricchire qualche pasto di convalescenti.

Budino di riso e ananas al caramello

Tempo: 1 ora e 30'
Difficoltà: 1
Dosi per 4 persone

---

180 g di riso
1 l di latte
120 g di zucchero
1 stecca di vaniglia
6 fette di ananas sciroppate
2 uova + 2 tuorli
1 bicchierino di sciroppo di ananas
40 g di ananas candito
4 fette di ananas sciroppate caramellate

Versate il latte in una casseruola, unite il riso in precedenza risciacquato, la stecca di vaniglia e portate il tutto ad ebollizione. Abbassate il fuoco e continuate la cottura della preparazione fino a quando il latte sarà completamente assorbito. Eliminate la stecca di vaniglia e lasciate raffreddare completamente il riso dopo averlo addolcito con lo zucchero.

Incorporate i tuorli, lo sciroppo d'ananas, le fette di ananas ben scolate dal liquido di conservazione e ridotte a piccoli pezzetti ed infine i canditi di ananas tagliati a dadini.

Rimescolate accuratamente i vari ingredienti e completate con l'aggiunta degli albumi montati a neve fermissima.

Versate il composto in uno stampo da budino precedentemente imburrato e cosparso di pangrattato, quindi lasciatelo cuocere, a bagno-maria, in forno preriscaldato (200°) per 40'.

Sformate il budino su un piatto di portata, guarnite il bordo di quest'ultimo con mezze fette di ananas caramellato e presentatelo in tavola sia caldo sia tiepido.

È un dolce leggero e nutriente, molto adatto anche ai convalescenti.

Budino di uva bianca e nera

Tempo: circa 1 ora + 3 ore
  di riposo in frigorifero
Difficoltà: 1
Dosi per 4 persone

4 uova
180 g di zucchero
2 cucchiai di fecola di patate
2 dl di vino bianco marsalato
4 fogli di colla di pesce
2 dl di panna
16 acini grossi di uva bianca
16 acini grossi di uva nera
50 g di farina di mandorle
acqua q.b.

Per guarnire:
qualche acino di uva bianca e nera
miele
polpa di cocco grattugiata

Spezzettate i fogli di colla di pesce e lasciateli ammorbidire in una ciotola ricoperti di acqua fredda.

Sbattete i tuorli con lo zucchero finché diventeranno spumosi e chiari. Unitevi quindi la fecola e la farina di mandorle, facendole scendere da un setaccio. Rimescolate a lungo, poi travasate il composto in una casseruola e diluitelo con il vino bianco. Rimescolate, aggiungete la panna e, quando sarà bene amalgamata, fate cuocere la preparazione a fuoco basso sempre mescolando con il cucchiaio.

Quando la crema si addenserà (senza grumi!), toglietela dal fornello e incorporatevi la colla di pesce ben strizzata e già disciolta a parte in una casseruolina con due dita di acqua.

Avrete intanto tuffato per pochi minuti in acqua bollente gli acini d'uva: scolateli e pelateli, quindi uniteli alla crema rimescolando.

In ultimo montate a neve ferma gli albumi e aggiungeteli a cucchiaiate, con delicatezza, alla crema ormai raffreddata.

Ungete con l'olio di mandorle uno stampo da budino e versatevi dentro la crema. Battete più volte lo stampo sul piano di lavoro, ricoperto da due salviette di spugna ripiegate, per evitare eventuali bolle d'aria all'interno del recipiente, poi mettete il dolce in frigorifero per almeno 3 ore.

Al momento di servirlo, immergete il fondo dello stampo in una ciotola piena di acqua calda, quindi sformate il budino su un piatto di portata rotondo.

Per guarnizione potrete fare un bordo intorno al budino con chicchi d'uva bianchi e neri alternati, spennellati di miele e cosparsi di cocco grattugiato.

Crème caramel

*Tempo: 40' + il tempo di
    raffreddamento*
Difficoltà: 1
Dosi per 4 persone

1/2 l di latte
un pizzichino di sale
la buccia di un limone
5 uova
200 g di zucchero
1 bustina di vanillina
2 cucchiai di aceto

Mettete in una casseruola il latte, unite 150 g di zucchero, la vanillina, un pizzichino di sale e la scorza grattugiata di un limone. Portate ad ebollizione a fuoco dolce.

Accendete il forno a 190°.

Nel frattempo mettete le uova in una ciotola e lavoratele energicamente con un cucchiaio di legno girandole sempre dalla stessa parte.

Versate sopra le uova a filetto da un colino il latte bollente e continuate a rimescolare.

Lasciate a parte la preparazione.

In un pentolino con lo zucchero rimasto e l'aceto preparate un caramello, a fuoco medio: a poco a poco l'aceto evaporerà e lo zucchero si caramellerà prendendo un bel colore intenso.

Versate subito il caramello in quattro stampini lisci da budino e versate sopra questo la crema.

Quando le formine saranno tutte pronte prendete una teglia, versatevi dell'acqua calda e immergete le formine con la crema.

Introducete il tutto nel forno già caldo e fate cuocere a bagno-maria per 20 minuti.

Estraete la teglia, lasciate intiepidire un po', poi togliete le formine e mettetele in frigorifero.

Al momento di servire immergete le formine una alla volta in acqua bollente, quindi capovolgetele sul piattino di servizio.

Sformatini di riso e ciliegie

Tempo: 1 ora e 10'
Difficoltà: 1
Dosi per 6 sformatini

1 kg di ciliegie mature
220 g di riso
220 g di zucchero
1 l e 1/2 di latte circa
50 g di burro
1 bustina di vanillina
la buccia di mezzo limone
3 cucchiai di Cherry Brandy
2 bicchieri di acqua

Mondate le ciliegie, lavatele, sgocciolatele bene, poi eliminate il nocciolo con l'apposito utensile.

Ponete le ciliegie in una casseruola, aggiungete due bicchieri di acqua, 50 g di zucchero e la vanillina.

Lasciatele cuocere a fuoco vivace fino a quando risulteranno morbide e il liquido si sarà ristretto. Spegnete allora il fuoco e fatele raffreddare.

Fate cuocere il riso nel latte insieme con la buccia di limone fino a quando diventerà leggermente disfatto, eliminate allora la buccia di limone e mischiatevi il burro a pezzetti, il rimanente zucchero e lo Cherry Brandy.

Suddividete il riso nei singoli stampini forati nel centro leggermente bagnati, schiacciate bene la superficie con il dorso di un cucchiaio inumidito, quindi lasciate raffreddare la preparazione.

Capovolgete gli sformatini sopra ad ogni singolo piattino rotondo, versate nel foro centrale di ognuno le ciliegie cotte e irrorate il riso con il loro sciroppo di cottura.

Coppe di spuma degli angeli

Tempo: 20'
Difficoltà: 1
Dosi per 4-6 coppe

200 g di cioccolato bianco
6 cucchiai di latte
300 g di panna montata
   e profumata con vanillina
8 palle di gelato di crema
1 bicchierino di maraschino
2 albumi

Per guarnire:
1 cucchiaio di polvere
   di caffè solubile
2 cucchiai di granella di mandorle
4 ciliegine rosse candite

Grattugiate il cioccolato bianco e fatelo fondere a fuoco basso insieme al latte in una piccola casseruola, rimescolando con il cucchiaio.

Appena fuso e tiepido versatelo poco per volta in una ciotola in cui avrete sistemato la panna montata e sbattete bene con una frusta elastica unendo anche il liquore maraschino.

Incorporate poi al composto anche 4 palle di gelato di crema, già ammorbidito a temperatura ambiente e continuate a sbattere energicamente per farlo ben sciogliere e legare al resto degli ingredienti.

Unite infine gli albumi, sbattuti a parte a neve fermissima, sollevando la massa del miscuglio dal basso verso l'alto più volte.

Distribuite poi questa spuma in ampi bicchieri a calice, in precedenza ben ghiacciati nel frigorifero, e guarnite ogni porzione con un'altra palla di gelato di crema (ben soda).

Completate la decorazione con un poco di granella di mandorle cosparsa sulla superficie, un pizzico di polvere di caffè solubile e una ciliegina rossa posta al centro.

Servite immediatamente.

Avendo l'accortezza di conservare in un contenitore a chiusura ermetica qualche palla di gelato di crema, potrete preparare questa facile e ottima spuma per un fine menu domenicale o per qualche festicciola per bambini con rapidità e successo garantito.

Nel caso destinate il dolce ai bambini, è preferibile sostituire un po' di polvere di cioccolato al latte al caffè solubile, che è meno adatto.

Dolce di savoiardi a sorpresa

Tempo: 50' + il tempo di riposo in frigorifero
Difficoltà: 1
Dosi per 6-8 persone

24 grossi savoiardi
600 g di ricotta
160 g di zucchero a velo
2 tuorli + 1 albume
3 cucchiai di schegge di cioccolato amaro
una presa di polvere di cannella
1 bustina di vanillina
1 bicchierino di Grand Marnier
1/2 bicchiere di acqua tiepida
   zuccherata

Per guarnire:
6 ciliegine rosse candite
150 g di panna montata

Sbattete i tuorli d'uovo in una terrina insieme con lo zucchero a velo fino ad ottenere un composto soffice e spumoso.

Unite la ricotta passata al setaccio, la vanillina e rimescolate energicamente fino a quando il miscuglio risulterà omogeneo.

Aggiungete la cannella, le schegge di cioccolato amaro e infine incorporate l'albume montato a neve fermissima.

Foderate ora uno stampo da charlotte del diametro di 22 cm con un foglio di carta di alluminio.

Ricoprite le pareti con i savoiardi precedentemente spruzzati con il Grand Marnier diluito con acqua tiepida zuccherata, poi versate dentro circa metà del composto preparato in precedenza.

Disponete sopra alcuni savoiardi sempre spruzzati di sciroppo; versate la rimanente crema alla ricotta e ricoprite ancora con i biscotti rimasti.

Coprite il recipiente con un foglio di pellicola e sistemate il dolce in frigorifero per 4 ore.

Al momento di servirlo in tavola, sformatelo su un piatto rotondo di servizio, decorate la superficie con le ciliegine candite e ciuffetti di panna montata.

Potrete eseguire questo semplice ma ottimo dolce anche in due tempi: prima potrete preparare il composto di ricotta conservandolo coperto, in frigorifero anche fino al giorno seguente. Ciò renderà più rapida l'esecuzione del dessert.

È un dolce ricco che fa bella figura e potrebbe essere riservato per qualche occasione speciale.

Dolce di savoiardi e zabaione

Tempo: 1 ora + 3 ore di riposo in frigorifero
Difficoltà: 1
Dosi per 4 persone

4 uova
8 cucchiai di vino moscato
8 cucchiai di zucchero
200 g di savoiardi
120 g di cioccolato fondente a scagliette
200 g di panna montata

Per la miscela:

2 bicchieri di latte
1 tazzina di caffè ristretto
2 cucchiai di zucchero
2 cucchiai di brandy

Per guarnire:

granella di cioccolato

In una casseruola montate i tuorli d'uovo con lo zucchero fino a renderli gonfi; unite il vino moscato e, continuando a rimescolare, lasciate cuocere la preparazione a bagno-maria fino a quando lo zabaione apparirà spumoso e addensato.

Toglietelo allora dal fuoco e lasciatelo raffreddare.

Incorporatevi la panna montata amalgamandola con molta delicatezza.

Versate il latte in una terrina, unite lo zucchero, il brandy, il caffè ristretto e rimescolate accuratamente.

Fate ora uno strato di zabaione in un piatto di servizio con fondo rettangolare, sistemate sopra parte dei savoiardi immersi nello sciroppo a base di latte e caffè, ricopriteli con un po' di zabaione, cospargete quest'ultimo con scagliette di cioccolato fondente e continuate così fino ad esaurimento degli ingredienti, avendo cura di terminare con lo zabaione.

Mettete il dolce nella parte alta del frigorifero per 3 ore.

Al momento di presentarlo in tavola, spolverizzate la superficie con la granella di cioccolato.

È un dolce che "fa bella figura" e facile da preparare (volendo potrete eseguirlo anche un giorno o due prima, conservandolo, ben ricoperto da un foglio di alluminio, in frigorifero).

Dolce di biscotti e pesche all'amaretto

Tempo: 1 ora + 2 ore di riposo in frigorifero
Difficoltà: 1
Dosi per 4-6 persone

180 g di biscotti secchi
150 g di zucchero
140 g di burro
1 scatola di pesche sciroppate da 450 g
1 bicchierino di liquore all'amaretto
6 amaretti morbidi sbriciolati
1 cucchiaio di zucchero di canna
150 g di budino alla vaniglia già pronto
2 cucchiai di grappa di pesche

Ponete il burro a pezzetti, ammorbidito a temperatura ambiente, in una terrina, unite lo zucchero e lavorate gli ingredienti fino ad ottenere un composto soffice e spumoso.

Unite allora i biscotti secchi ridotti in polvere e il liquore all'amaretto, quindi rimescolate accuratamente.

Disponete il composto ottenuto sopra un piatto di servizio rotondo inumidito e dategli la forma di un disco (ben livellato, con una piccola spatola bagnata nell'acqua) spesso 2 cm.

Passate la preparazione in frigorifero per 2 ore.

Nel frattempo scolate le pesche dal liquido di conservazione e tagliatele a spicchi non troppo sottili.

Fate sciogliere lo zucchero di canna in una padella insieme con la noce di burro, versate dentro gli spicchi e lasciateli cuocere per qualche minuto a fuoco vivace.

Bagnateli con la grappa e, appena il liquore sarà evaporato, spegnete il fuoco e fateli raffreddare.

Distribuite ora sul disco di biscotti tolto dal frigorifero il budino alla vaniglia; guarnite, in giri concentrici, con gli spicchi di pesca e cospargete il dolce con gli amaretti sbriciolati.

Se considerate troppo forte la grappa, potrete scegliere un semplice liquore alle pesche (si trovano in commercio anche in bottigliette mignon, più che sufficiente allo scopo e quindi meno care di una bottiglia da 1 litro!).

Soufflé di ribes e mirtilli

Tempo: 1 ora e 20'
Difficoltà: 1
Dosi per 6 persone

250 g di ribes rosso
250 g di mirtilli
150 g di savoiardi
200 g di zucchero
5 albumi
1 bustina di vanillina
2 cucchiaiate di rum
1/2 bicchiere di acqua
zucchero di canna q.b.

Sgranate il ribes, ponetelo in una ciotola e ricopritelo di acqua tiepida, quindi lasciatelo riposare per 30'.

Risciacquate i mirtilli, sgocciolateli bene, poi asciugateli con molta delicatezza su un foglio spesso di carta assorbente.

Trascorso il tempo di riposo del ribes, scolatelo e passatelo al setaccio raccogliendo la purea in una terrina.

Aggiungetevi i mirtilli, i savoiardi sbriciolati e la vanillina.

Ponete sul fuoco una casseruola con mezzo bicchiere di acqua, unite lo zucchero e, sempre rimescolando, lasciate cuocere fino ad ottenere uno sciroppo.

Unitevi il composto a base di ribes, mirtilli e biscotti. Rimescolate e continuate la cottura, su fuoco dolce, per una decina di minuti.

Togliete il recipiente dal fuoco, lasciate intiepidire la preparazione, quindi incorporatele il rum e gli albumi a neve fermissima.

Imburrate uno stampo da soufflé, cospargete l'interno con un po' di zucchero di canna, poi versatevi il miscuglio preparato precedentemente. Passate il recipiente in forno preriscaldato (180°) per 25-30'. Servite il dolce appena sfornato.

Oggigiorno è facile trovare magari al supermercato le confezioni surgelate dei frutti di bosco: sono ottime e val la pena utilizzarle.

Soufflé di prugne al Vin Santo

Tempo: 1 ora + 2 ore di riposo
  delle prugne
Difficoltà: 2
Dosi per 6 persone

---

550 g di prugne secche
2 bicchieri di Vin Santo
4 cucchiai di zucchero semolato
1 cucchiaio di zucchero di canna
1 bustina di vanillina
4 albumi montati a neve fermissima
un pizzico di polvere di cannella
2 cucchiai di filettini di mandorle pelate

Ponete le prugne in una terrina, irroratele con il Vin Santo, quindi lasciatele riposare per 2 ore.

Trascorso tale periodo di tempo, scolatele, privatele del nocciolo e tritatele finemente.

Incorporate agli albumi montati a neve fermissima la vanillina, i due tipi di zucchero e la cannella.

Aggiungete anche il trito di prugne, i filetti di mandorle e mescolate con molta delicatezza per non smontare il composto.

Versate tutto in uno stampo da soufflé imburrato e spolverizzato di farina, quindi lasciatelo cuocere in forno caldo (200°) per 30'.

Servite il dolce appena sfornato.

Meringhe

Tempo: 1 ora
Difficoltà: 2
Dosi per 14-16 meringhe

---

2 albumi freschissimi
120 g di zucchero
1 pizzico di sale

Mettete gli albumi perfettamente separati dai tuorli e un pizzico di sale in una terrina capace e sbatteteli con una frusta fino ad ottenere una neve fermissima.

Quando la neve sarà pronta setacciate sopra, poco per volta, lo zucchero e incorporatelo mescolando delicatamente con movimento dal basso verso l'alto.

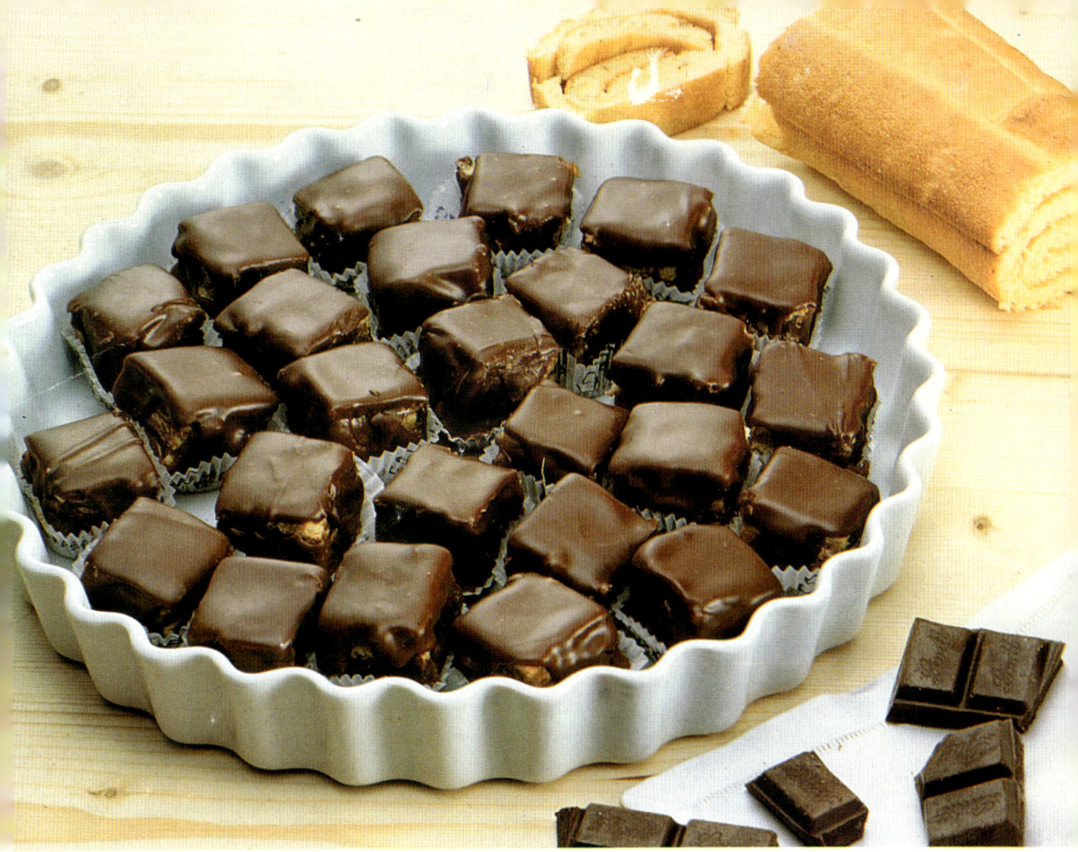

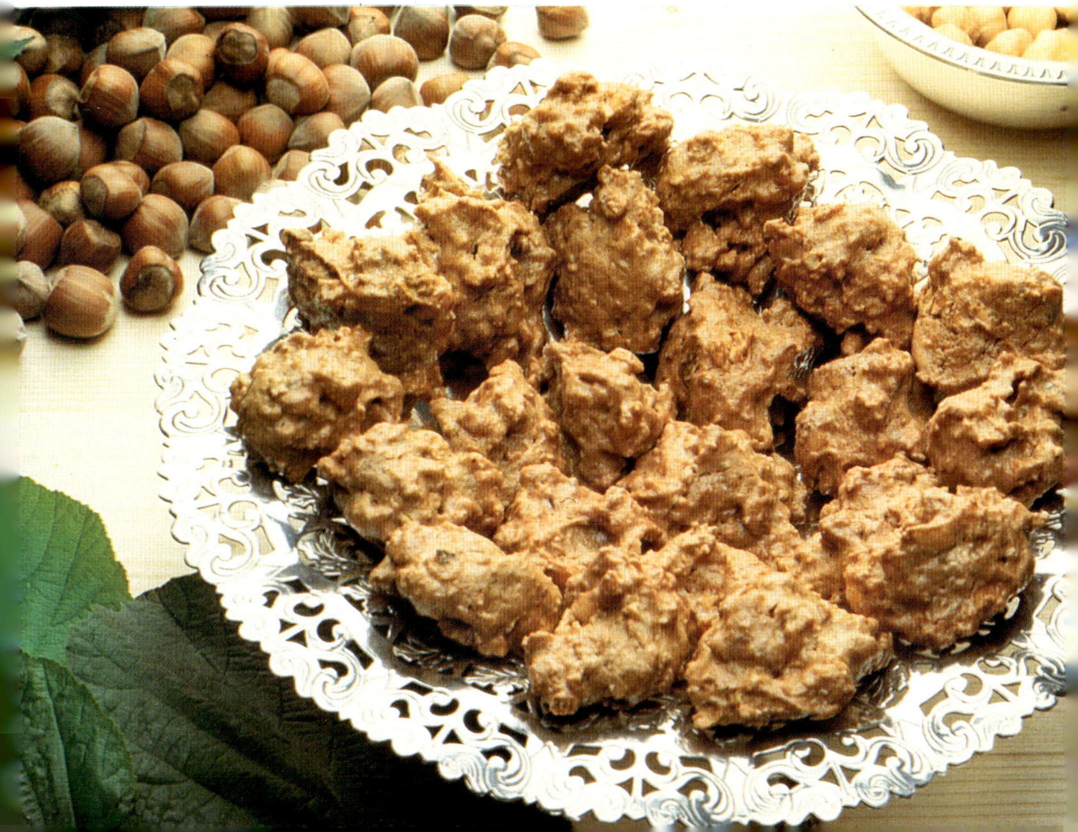

Dolcetti "prince"

1 pan di Spagna di 200 g quadrato - 100 g di mascarpone - 80 g di zucchero fine - 2 tuorli - liquore per dolci a piacere - 50 g di crema di latte - 150 g di cioccolato fondente.
Per guarnire: 150 g di panna montata - 100 g di ciliegine candite.

Lavorate bene il mascarpone in una terrina con un bicchierino di liquore. A parte lavorate i tuorli con lo zucchero, sbattendo bene fino a ricavare una crema soffice. Incorporate il mascarpone alla crema di uova e amalgamate bene per avere un composto liscio e consistente.

Tagliate in due strati il pan di Spagna. Bagnate con il liquore la base di pan di Spagna e stendete la crema al mascarpone livellandola bene con una lama. Bagnate l'altro strato di pan di Spagna e posatelo sopra la crema. Tagliate il pan di Spagna farcito in tanti quadretti di circa 4 cm caduno.

Preparate la crema "prince": tagliuzzate il cioccolato e fatelo fondere in una casseruolina posta a bagno-maria. Unite lentamente la crema di latte e lasciate cuocere fino a ottenere una crema omogenea che verserete sui quadretti di pan di Spagna.

Fate raffreddare e posate ogni dolcetto in un pirottino di carta bianca.

Dolcetti alle nocciole

125 g di nocciole spellate - 1 pizzico di sale - 2 albumi - 125 g di zucchero a velo.

Montate a neve fermissima gli albumi con un pizzico di sale.

Unite con delicatezza e sbattendo sempre dal basso verso l'alto lo zucchero a velo e le nocciole tritate nel mixer. Mescolate dolcemente per non smontare gli albumi.

Imburrate una teglia da forno e distribuite sulla superficie il composto preso con un cucchiaino da caffè, o con un cucchiaio da frutta se volete dolcetti più grandi.

Mettete in forno preriscaldato (100°) e lasciate cuocere fino a quando appariranno dorati. Spegnete il forno e non estraeteli prima che siano completamente raffreddati.

Imburrate e infarinate la placca del forno. Battetela di spigolo contro il tavolo per eliminare l'eccedenza di farina.

Riempite con il composto una tasca da pasticceria e spremete leggermente facendo fuoriuscire tanta meringa quanta una grossa noce. Allineate i mucchietti a 4 cm l'uno dall'altro e cospargeteli con un velo finissimo di zucchero.

Accendete il forno al minimo per 10', quindi introducete la placca e cuocete le meringhe per 40'.

Devono gonfiarsi e asciugarsi senza prendere colore.

Le meringhe possono essere accoppiate avvicinando fra loro le due basi e farcendole con panna montata o densa crema di cioccolato.

Per una buona riuscita delle meringhe sono indispensabili due cose: gli albumi devono essere freschissimi e perfettamente separati dai tuorli. Nemmeno la più piccola particella di tuorlo li deve sporcare.

La meringa cruda preparata secondo la ricetta suggerita può essere utilizzata per meringare ovvero decorare vari tipi di torte e di frutta.

Quadrotti fritti di ricotta

Tempo: 50'
Difficoltà: 1
Dosi per 4-6 persone

500 g di ricotta romana
2 uova
2 cucchiai colmi di zucchero a velo
1 cucchiaino di cannella in polvere
1 bustina di vanillina
farina q.b.
abbondante strutto

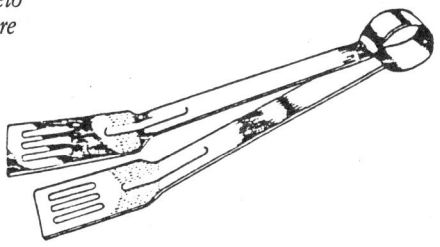

Sbattete leggermente le uova in un piatto fondo.

Tagliate la ricotta a fetta spesse circa 2 cm, poi ricavatene dei quadrotti di circa 4 cm di lato.

Passateli con molta delicatezza nella farina ed infine nelle uova sbattute.

Ponete una padella di ferro per fritti sul fuoco con abbondante strutto, fatelo ben scaldare, quindi adagiate dentro i pezzi di ricotta.

Fateli ben dorare da ambo le parti, estraeteli con una paletta forata e depositateli su un foglio di carta assorbente per eliminare l'eccesso di unto.

Trasferite i quadrotti di ricotta su un vassoio di portata, spolverizzateli con lo zucchero a velo mischiato con la cannella e la vanillina e serviteli subito in tavola.

Cestinetti con mele alla crema

Tempo: 1 ora e 30'
Difficoltà: 2
Dosi per 6 persone

3 cucchiai di zucchero di canna
1 bicchiere di acqua
6 mele golden delizia piuttosto
  piccole
Per la pasta
280 g di farina
120 g di burro
90 g di zucchero
la scorza di 1 limone grattugiata
un pizzichino di sale

Per la crema:
2 tuorli
4 cucchiai di zucchero
1 cucchiaio di farina
4 dl di latte
mezza stecca di vaniglia
Per la farcia:
6 cucchiai di gelatina di lamponi
3 cucchiai di acqua
1 bicchierino di Cherry Brandy

Impastate rapidamente gli ingredienti per la pasta, lavoratela poco con le mani sulla spianatoia leggermente infarinata, poi raccoglietela a forma di palla, avvolgetela in un foglio di pellicola trasparente e lasciatela riposare per un'ora in frigorifero.

Trascorso questo periodo di tempo, distendetela con il matterello e dividetela in parti uguali, sufficienti a foderare 6 pirofiline o contenitori di alluminio a pareti alte, bene imburrate.

Forate con una forchetta la superficie della pasta, poi fate cuocere in forno (200°) per 10'.

Nel frattempo fate cuocere le mele intere, pelate e liberate del torsolo, in una teglia di giusta misura insieme a 1 bicchiere di acqua e 3 cucchiai di zucchero di canna.

Dopo 20' spegnete il fornello e, al tempo stesso, togliete dal forno le pirofiline con la pasta.

Preparate ora la crema: sbattete in una piccola casseruola i tuorli d'uovo con lo zucchero, aggiungetevi la farina, rimescolate accuratamente, poi stemperate con il latte che avrete fatto scaldare a parte insieme con mezza stecca di vaniglia. Continuate a mescolare con

126

il cucchiaio di legno a fuoco molto moderato fin quando la crema si sarà addensata, quindi eliminate la vaniglia.

In una casseruolina diluite la gelatina di lamponi con l'acqua ed il liquore, rimescolate per alcuni minuti a calore basso, distribuitene un poco sul fondo di ciascun cestinetto di pasta, accomodate sopra una mela cotta, versate ancora un poco di gelatina di lamponi all'interno di ciascun frutto, quindi ricoprite ogni mela con la densa crema.

Ripassate in forno preriscaldato (200°) per 10' e poi servite le pirofiline ad ogni commensale.

Questi "cestini" di mele potranno essere serviti anche sformati. In questo caso sarà bene usare i contenitori di alluminio ed eliminarli con molta delicatezza per liberare i cestini di pasta frolla e appoggiarli su una pirofila prima di riempirli. Dovranno comunque essere rimessi in forno per una decina di minuti a 200°.

Macedonia calda allo sciroppo

Tempo: 1 ora
Difficoltà: 2
Dosi per 6 persone

2 arance
2 mandaranci senza semi
1 pompelmo giallo
1 pompelmo rosa
1 limone, 1 mango, 1 papaia
16 acini grossi di uva bianca
il succo di 1 melagrana
60 g di zucchero
1 cucchiaio di rum
1 cucchiaio di miele
6 gherigli di noce
acqua q.b.

Tagliate 8 striscioline dalle bucce lavate degli agrumi, ponetele in un casseruolino insieme allo zucchero e a 1/2 dl di acqua fredda e fate restringere il liquido mescolando per 2 minuti. Aggiungete il miele, il succo di melagrana filtrato da un colino, il rum e, sempre rimescolando, continuate la cottura per altri 5'. Estraete le scorzette che conserverete a parte.

Con un coltellino affilato eliminate la buccia rimasta degli agrumi, suddividete i frutti in spicchi ed eliminate la pellicina di ognuno di essi.

Pelate il mango e la papaia e tagliateli a piccoli dadi. Tuffate per qualche attimo gli acini d'uva in acqua bollente e pelateli ad uno ad uno. Ponete tutta la frutta in una casseruola dal fondo pesante, ricopritela con lo sciroppo preparato, fate riprendere il bollore senza rimescolare.

Versate poi nelle singole coppette. Decorate con le scorzettine conservate in precedenza e servite subito la macedonia calda, cospargendola con i gherigli tritati delle noci.

Un modo diverso e anche un tantino esotico di gustare una macedonia di frutta: calda e sciroppata emanerà un profumo più intenso e si presenterà con un effetto originale, magari per una ricorrenza.

È una ricetta adatta anche per ospiti improvvisi.

Gelato di pesche all'amaretto

Tempo: 60' + il tempo
  di preparazione nella gelatiera
Difficoltà: 1
Dosi per 6 persone

480 g di polpa di pesca gialla matura
1 bicchierino di liquore all'amaretto
1/2 l di panna e 1/2 l di latte
4 tuorli
280 g di zucchero
1 bustina di vanillina

Per guarnire:

12 amaretti
100 g di panna montata

Portate il latte ad ebollizione insieme con la vanillina e il liquore.

Frullate la polpa di pesca insieme con la panna fino ad ottenere un miscuglio omogeneo.

Sbattete i tuorli con lo zucchero fino a renderli bianchi e spumosi, diluite con il latte bollito fatto scendere "a filetto", quindi versate la preparazione in una casseruola e, sempre rimescolando, lasciatela addensare a fuoco medio. Toglietela allora dal fuoco e fatela raffreddare rimescolando sovente. Incorporatevi il frullato di pesca e panna, amalgamate bene gli ingredienti ed infine versate il tutto nella gelatiera. Procedete seguendo le istruzioni allegate all'apparecchio.

Servite il gelato di pesca all'amaretto in singole coppe, dopo aver guarnito la superficie con un ciuffetto di panna montata e con gli amaretti sbriciolati.

Gelato di prugne

Tempo: 50' + il tempo
di preparazione nella gelatiera
Difficoltà: 1
Dosi per 4 persone

400 g di prugne secche
250 g di zucchero
il succo di 1 limone
1 bicchierino di Kirsch
1 bustina di vanillina
1/2 l di latte

Ponete lo zucchero in una casseruola, unite mezzo litro di latte, rimescolate e lasciate dolcemente sobbollire lo sciroppo per cinque minuti. Togliete il recipiente dal fuoco e lasciatelo raffreddare.

Lavate le prugne e mettetele in ammollo in acqua tiepida, sgocciolatele, privatele del nocciolo, poi passatele nel mixer.

Amalgamate il passato alla crema, incorporatevi anche il Kirsch, il succo di limone e la vanillina.

Rimestate accuratamente, poi versate la preparazione nella gelatiera elettrica e procedete seguendo le istruzioni allegate all'apparecchio.

Servite il gelato di prugne in coppette singole.

5
PER LE FESTE
CON GLI AMICI DEI FIGLI

Una festa è forse uno dei doni più preziosi che i genitori possono dare a un figlio. Quando un bimbo è grande abbastanza per mangiare da solo e indossare un buffo cappellino, allora è pronto per scoprire un magico mondo fatto di gioco, ma anche di dolci golosità come gelati, torte di frutta, crêpes...

Il motivo per riunire gli amici può essere un compleanno, un onomastico, una promozione, un anniversario o il desiderio di stare insieme: l'atmosfera è sempre distesa e lo sguardo degli invitati (giovanissimi o appena adulti) è carico di ammirazione e di attesa verso la bella torta che, con o senza candeline, è la protagonista dell'incontro.

Che tipo di torte preparare per queste occasioni? Dimenticate, ve lo consiglio, le torte che appesantiscono lo stomaco, quelle imbevute di liquore, e guai alle abbondanti creme ricche di burro. Scegliete dolci semplici... di frutta, di semola, di cioccolato, frittelle, biscotti di vario tipo, non difficili da eseguire, non troppo costosi, ma capaci di riscuotere un piccolo successo sicuro.

Croccante

Tempo: 30'
Difficoltà: 1
Dosi per 14-16 tavolette

400 g di zucchero
400 g di mandorle
succo di mezzo limone

Per aiutarsi:
1 *limone*

Sbucciate le mandorle tuffandole in acqua bollente per 2-3' e privatele subito della pellicina, prima che si raffreddino. (Ci sono in vendita anche mandorle già sbucciate, in buste di diverso peso, presso tutti i supermercati).

Fatele asciugare bene passandole in forno a calore medio per due o tre minuti. Tagliatele a filetti.

Mettete un tegame largo a fuoco medio, versatevi lo zucchero e, non appena inizierà a liquefarsi, aggiungete le mandorle e il succo di limone.

Mescolate bene aiutandovi con una paletta di legno in modo che le mandorle siano tutte ben avvolte nello zucchero.

Quando il composto avrà raggiunto un bel colore miele scuro versatelo su un piano di marmo o su un largo piatto quadrato (da portata) leggermente unto di olio.

Aiutandovi con il limone, stendete rapidamente il croccante allo spessore di 1 cm. Incidete sulla superficie del croccante con un coltello delle righe piuttosto profonde in modo da suddividerlo in rettangoletti o rombi e lasciate raffreddare bene.

Aiutandovi poi con una paletta sottile staccate i pezzi ad uno ad uno. Si possono conservare avvolti in carta d'alluminio.

Al posto delle mandorle si possono usare anche le nocciole, da sole o miste alle mandorle, i pistacchi e le noccioline americane sbucciate.

Cartoccini a sorpresa

Tempo: 1 ora
Difficoltà: 1
Dosi per 6 persone

1 kg di ciliegie mature e ben sode
6 cucchiaini di zucchero vanigliato
6 cucchiai di Cherry Brandy
un pizzico di polvere di cannella
6 grosse palline di gelato alla crema
12 foglioline di menta fresca

Lavate e asciugate le ciliegie, snocciolatele con l'apposito utensile e ponetele in una terrina.

Ritagliate ora 6 quadrati di carta di alluminio di 22 × 22 cm.

Suddividete le ciliegie ponendole al centro di ogni quadrato di carta, spolverizzate ogni mucchietto con 1 cucchiaino di zucchero vanigliato, con un po' di cannella in polvere ed infine bagnatelo con 1 cucchiaio di Cherry Brandy.

Sollevate i margini di ogni foglio di alluminio intorno alle ciliegie e piegateli in alto in modo da ottenere dei cartoccini. Chiudeteli bene, avendo cura però di lasciare molta aria all'interno.

Sistemate i cartoccini su una placca e passateli in forno preriscaldato (200°) per 20'.

Estraete i cartoncini dal forno, poneteli ognuno su un piattino rotondo, fateli raffreddare; all'ultimo momento apriteli quanto basta per aggiungere una grossa pallina di gelato alla crema.

Guarnite con 2 foglioline di menta fresca, richiudete e servite subito.

Vi piacciono le sorprese? Ecco un'occasione per rendere ancora più divertente un incontro allegro fra amici.

Tartellette del festeggiato

Tempo: 1 ora
Difficoltà: 1
Dosi per 20 tartellette circa

280 g di farina
1 cucchiaio di lievito per dolci
un pizzico di sale
130 g di burro
180 g di zucchero
3 uova sbattute
1 bicchiere di latte circa
60 g di mandorle
60 g di nocciole pelate
80 g di cioccolato fondente a scagliette
1 cucchiaio di brandy
4 cucchiai di panna liquida

Ponete in una terrina il burro ammorbidito a temperatura ambiente tagliato a pezzetti, aggiungete lo zucchero e lavorate gli ingredienti fino ad ottenere un composto ben montato e soffice.

Incorporatevi allora, sempre rimescolando, le uova sbattute, la farina setacciata insieme con un pizzico di sale e con il lievito, facendola scendere a pioggia e tanto latte quanto basta per ottenere una pasta non troppo soda.

Unitevi infine le mandorle e le nocciole tritate grossolanamente, le scagliette di cioccolato fondente, il liquore e la panna.

Imburrate e infarinate leggermente gli stampini delle tartellette, scannellati e di 7 cm di diametro, versate in ognuno fino a metà altezza l'impasto preparato e allineateli su una placca.

Passateli in forno preriscaldato (180°) e lasciate cuocere le tartellette per 25'.

Appena si saranno raffreddate, sformatele su un vassoio di portata.

Giungono sempre gradite queste deliziose tartellette, che piacciono a tutti e si possono conservare anche per 3 giorni, ben racchiuse in una scatola a chiusura ermetica, in frigorifero.

Rombi di riso e amaretti

Tempo: 1 ora e 30' + 12 ore
  per l'ammollo del riso
Difficoltà: 1
Dosi per 6 persone

150 g di riso
2 dl e 1/2 di latte
150 g di zucchero
4 uova
1 bicchierino di liquore all'amaretto
8 grossi amaretti morbidi
1 bustina di zucchero vanigliato
50 g di canditi all'arancia
150 g di nocciole

Lasciate a bagno il riso in una terrina piena d'acqua per 12 ore.

Sgocciolatelo, ponetelo in una casseruola, unite il latte e lasciatelo cuocere per 40'. Rimescolate sovente durante la cottura, aggiungendo latte se necessario, poi al termine, incorporatevi lo zucchero. Spegnete il fuoco e lasciate intiepidire.

Aggiungete le uova uno per volta, gli amaretti sbriciolati finemente, i canditi tagliati a dadini, il liquore e le nocciole pelate e tritate. Mescolate accuratamente per far ben legare tutti gli ingredienti tra loro ed infine travasate l'impasto in una tortiera quadrata di 25 cm o rettangolare, precedentemente imburrata e infarinata.

Passate il dolce in forno preriscaldato (200°) per 45'.

Estraete la torta dal forno, lasciatela raffreddare, sformatela su un tagliere, ricavate dei rombi con un coltellino bagnato.

Disponete i rombi su un vassoio di portata, cospargeteli con lo zucchero vanigliato e presentateli in tavola.

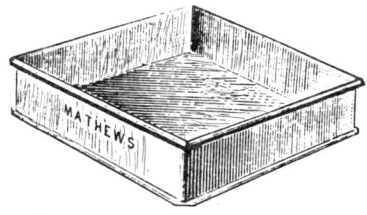

Torta di pan di Spagna a sorpresa

Tempo: 2 ore circa
Difficoltà: 2
Dosi per 6-8 persone

Per il pan di Spagna:
200 g di farina
200 g di zucchero
8 uova
la scorza grattugiata di 1 limone
un pizzico di sale
1 bustina di zucchero vanigliato

Per la farcia interna:
1/2 litro di latte
un pezzetto di stecca di vaniglia
4 tuorli
50 g di fecola di patate
200 g di zucchero
*100 g di panna montata non
   dolcificata*
2 cestini di fragole mondate
3 cucchiai di zucchero a velo
1 bicchiere di marsala

Per guarnire:
250 g di panna montata
1 cestino di fragole di bosco

Preparate il pan di Spagna seguendo la ricetta di pag. 21.

Travasate l'impasto in una teglia rotonda del diametro di 26 cm in precedenza imburrata e cosparsa di farina, quindi passate la torta in forno preriscaldato (180°) per 40'.

Estraete la torta dal forno, fatela raffreddare.

Nel frattempo preparate la crema: portate il latte a ebollizione insieme con la vaniglia, spegnete il fuoco, coprite il recipiente e lasciate in infusione per 15'.

Lavorate in una casseruola i tuorli con lo zucchero, incorporatevi la fecola di patate e stemperate il tutto con il latte filtrato attraverso un colino fatto scendere "a filetto".

Ponete il recipiente su fuoco dolce, mescolate continuamente con un cucchiaio di legno fino a quando la crema si addenserà.

Toglietela dal fuoco e lasciatela raffreddare rimescolandola sovente. Frullate le fragole con lo zucchero a velo e, non appena la crema sarà fredda, incorporatevele mescolando bene. Da ultimo unite la panna montata.

Prendete ora la torta, dividetela a metà, formando due dischi. Appoggiate la base su un piatto rotondo di servizio, spruzzatela con il marsala, distribuitevi sopra i tre quarti della crema preparata, appoggiate sopra l'altro disco spruzzato di marsala e spalmate la superficie con la crema rosata rimasta.

Decorate con le fragoline di bosco alternate a ciuffetti di panna montata spruzzati da una siringa a stella prima di presentare la torta in tavola.

Se avete premura, potete comperare il pan di Spagna anche se è meno economico.

Torta festosa alla frutta

Tempo: 45' + il tempo
   di riposo della torta in frigorifero
Difficoltà: 1
Dosi per 8 persone

1 pan di Spagna del diametro di 26 cm
3 tuorli
130 g di zucchero
il succo di 2 arance
1 bicchierino di Grand Marnier
100 g di panna montata
2 cestini di fragole
4 rotelle di ananas sciroppato
2 grossi kiwi
150 g di lychees in scatola

Per guarnire:
2 cucchiai di gelatina di arance
1 cucchiaio di Grand Marnier

Sbattete i tuorli in una casseruola insieme con lo zucchero fino a farle diventare gonfie e spumose.

Aggiungete il succo delle arance filtrato e il Grand Marnier, quindi mettete il recipiente a bagno-maria e lasciate cuocere la crema, rimescolandola di continuo, fino a quando incomincerà ad addensarsi adagio, adagio.

Toglietela allora dal bagno-maria e fatela raffreddare.

Nel frattempo mondate e lavate le fragole, pelate i kiwi e, con l'apposito utensile, ricavatene delle palline.

Eliminate la calotta al pan di Spagna, poi con un coltello affilato fate un'incisione circolare a distanza di 2 cm dal bordo.

Togliete la mollica interna formando una cavità e versate dentro la crema preparata in precedenza a cui avrete aggiunto la panna montata.

Sistemate al centro della torta le fragole intere, poi contornatele con palline di kiwi, lychees e l'ananas.

Spennellate la superficie della frutta con la gelatina di arance disciolta a bagno-maria con il Grand Marnier, poi collocate la torta in frigorifero per 1 ora prima di presentarla in tavola.

È una torta di grand'effetto e può rappresentare l'ideale anche per una festa di compleanno.

Se volete fare economia, potrete fare voi il pan di Spagna seguendo la ricetta che trovate a pag. 21. Le dosi indicate dovrebbero essere più che sufficienti.

Torta farcita alla crema di banane

Tempo: 40' + il tempo di
  riposo delle banane
Difficoltà: 1
Dosi per 6-8 persone

1 pan di Spagna del diametro di 26 cm
250 g di crema pronta alla vaniglia
150 g di panna montata
3 cucchiai di rum
8 amaretti morbidi
3 banane mature
2 cucchiai di zucchero a velo
il succo di 1 limone

Per guarnire:

150 g di panna montata
60 g di cioccolato fondente

Private le banane della buccia, tagliatele a rondelle e allineatele in un piatto rotondo. Spolverizzatele con lo zucchero a velo, irroratele con il succo di limone e lasciatele macerare per 15' in luogo fresco.

Ritagliate dal pan di Spagna un coperchio del diametro di 23 cm, togliete gran parte della mollica interna in modo da ottenere un grosso incavo e sistematelo su un piatto di portata.

Mescolate in una terrina la crema pronta alla vaniglia insieme con due cucchiai di rum e la panna montata.

Fate ora un primo strato di crema all'interno del pan di Spagna, distribuitevi sopra un po' di rondelle di banane, cospargete queste ultime con qualche amaretto sbriciolato e con la mollica estratta in precedenza sbriciolata e spruzzata di rum, continuate così fino ad esaurimento degli ingredienti avendo cura di terminare con la crema alla vaniglia.

Guarnite la superficie del dolce con il cioccolato fondente grattugiato e con ciuffetti di panna montata sprizzati da una sacchetta da pasticceria munita di bocchetta seghettata.

È consigliabile preparare questa torta di rapida esecuzione anche in anticipo di un giorno.

Potrete conservarla ben ricoperta da una pellicola, in frigorifero per un giorno, ma dovrete decorarla con la panna montata fresca solo all'ultimo momento.

Se avete tempo, potete anche sostituire la crema alla vaniglia con la crema pasticcera fatta da voi (vedere la ricetta a pag. 25, da dimezzare come dosi) a cui aggiungerete una bustina di vanillina.

Torta di granoturco e noci

Tempo: 1 ora e 30'
Difficoltà: 1
Dosi per 6-8 persone

200 g di farina
100 g di amido di mais
100 g di farina gialla fine
6 uova
100 g di burro
200 g di zucchero
1 bicchiere di latte
50 g di gherigli di noce
1 bustina di lievito per dolci
un pizzico di sale
2 cucchiai di uvetta sultanina

Sbattete in una terrina le uova insieme con lo zucchero fino ad ottenere un composto soffice e spumoso.

Aggiungete allora il burro sciolto a bagno-maria, il latte, un pizzico di sale e, sempre rimescolando, incorporatevi la farina e l'amido di mais mescolati ed infine la farina gialla.

Mischiatevi anche i gherigli di noce tritati grossolanamente, l'uvetta sultanina ammorbidita in acqua tiepida, ben scolata e strizzata e il lievito per dolci.

Imburrate una tortiera del diametro di 28 cm, spolverizzatela di farina, versate dentro l'impasto preparato e passate il recipiente in forno preriscaldato (180°) per circa un'ora.

Estraete la torta dal forno, lasciatela raffreddare, sformatela su un piatto di servizio rotondo e servitela in tavola.

Questa torta può essere accompagnata in modo ideale da una crema fredda al mascarpone (cfr. ricetta pag. 26, sostituendo il burro con il mascarpone), servita a parte in una salsiera o in una piccola coppa di cristallo.

Torta greca

Tempo: 1 ora e 30' + tempo
*   di scongelamento della pasta sfoglia*
Difficoltà: 1
Dosi per 6-8 persone

80 g di farina
200 g di farina di mandorle
200 g di zucchero
150 g di burro
3 uova intere + 3 tuorli
1 bicchierino di rum
una bustina di vanillina
la scorza grattugiata di un'arancia
1 cucchiaino di polvere di cannella
1 confezione di pasta sfoglia surgelata
zucchero vanigliato

In una terrina lavorate energicamente con un cucchiaio di legno il burro, ammorbidito a temperatura ambiente e tagliato a pezzetti; aggiungetevi lo zucchero e la vanillina, quindi incorporatevi poco per volta la farina di mandorle e poi, uno per volta le uova intere e quindi i tuorli.

Rimescolate di continuo, amalgamate anche la farina e in ultimo mischiate al tutto la scorza d'arancia grattugiata, la cannella ed il rum.

Continuate a mescolare per alcuni minuti per assicurarvi che gli ingredienti si siano completamente amalgamati.

Foderate il fondo e le pareti di una tortiera del diametro di 28 cm, in precedenza imburrata ed infarinata, con la pasta sfoglia scongelata e tirata con un matterello piuttosto sottile badando che il disco di pasta sorpassi di 2 cm il bordo.

Versate all'interno il composto preparato, livellate la superficie e ripiegate tutt'intorno il bordo della pasta sfoglia.

Fate cuocere la torta in forno preriscaldato a 200° per i primi 15' e continuate a 180° per altri 20'.

Quando la torta sarà cotta al punto giusto, sformatela e lasciatela raffreddare.

Al momento di servirla in tavola, spolverizzatela con zucchero vanigliato.

Potrete arricchire ulteriormente il ripieno della torta aggiungendovi, prima della cottura, due cucchiai di pinoli ed uno di canditi misti tagliati a dadini.

Torta di pere e noci

Tempo: 1 ora e 30'
Difficoltà: 1
Dosi per 6 persone

3 pere al giusto punto di maturazione
180 g di burro
150 g di zucchero
1 bicchierino di rum
5 uova
200 g di gherigli di noce
100 g di fecola
un pizzichino di sale

Per guarnire:

150 g di panna montata
8 mezzi gherigli di noce

Ponete in una terrina il burro ammorbidito a temperatura ambiente e lavoratelo energicamente con una piccola frusta elastica fino ad ottenere una crema. Incorporatevi allora lo zucchero e rimescolate fino a quando il composto risulterà gonfio e spumoso.

Aggiungete, ad uno ad uno, i tuorli, le noci tritate finemente, il rum, un pizzichino di sale e la fecola (fatta scendere a pioggia).

Continuate a sbattere il composto sollevando la frusta dal basso verso l'alto ed infine unitevi le pere grattugiate (precedentemente mondate, private del torsolo) e gli albumi montati a neve fermissima.

Imburrate e infarinate uno stampo rotondo di 26 cm di diametro, versatevi l'impasto preparato e passate il recipiente in forno preriscaldato (160°) per circa 1 ora.

Sformate il dolce raffreddato su un piatto rotondo di portata e guarnite la superficie con ciuffettini di panna montata alternati a mezzi gherigli di noce.

Torta delicatezza

Tempo: 1 ora
 + il tempo di riposo
  per la pasta brisée
Difficoltà: 2
Dosi per 6-8 persone

Per la pasta brisée:
250 g di farina
125 g di burro
un pizzichino di sale
alcuni cucchiai di acqua
  ghiacciata

Per la crema:
90 g di burro
100 g di zucchero a velo
100 g di farina di mandorle
1 uovo intero + 2 tuorli
1 cucchiaio di rum

Per guarnire:
1 bustina di zucchero vanigliato
250 g di panna montata
250 g di lamponi freschi

Preparate la pasta brisée con la ricetta di pag. 20 e mettetela nel frigorifero a riposare per un'ora.

Nel frattempo mondate i lamponi, poneteli in un largo colino e passateli sotto il getto leggerissimo di una doccetta d'acqua, poi fateli rotolare su una salvietta e lasciateli asciugare senza schiacciarli.

Preparate la crema: lavorate con un cucchiaio di legno il burro, tagliato a pezzetti ed ammorbidito a temperatura ambiente, insieme con lo zucchero a velo fino ad ottenere un composto spumoso.

Aggiungete la farina di mandorle, mescolate con cura, amalgamatevi poi il liquore e l'uovo intero, infine unitevi, ad uno ad uno, due tuorli.

Trascorso il periodo di riposo della pasta brisée, distendetela a sfoglia con il matterello sulla spianatoia infarinata in modo da poter foderare il fondo e le pareti di uno stampo a cerniera con diametro di 26 cm, imburrato ed infarinato.

Forate qua e là il fondo della pasta con una forchetta, ricoprite poi con un foglio di alluminio e su questo ponete due manciate di fagioli secchi. Fate cuocere per 20' in forno preriscaldato (180°).

Ritirate dal forno la tortiera: togliete il foglio di alluminio e i fagioli secchi e riempite con la crema di mandorle. Ripassate subito in forno per altri 20', quindi estraete la torta, lasciatela raffreddare, trasferitela su un piatto rotondo di servizio. Guarnite con i lamponi, accostandoli in giri concentrici. Spolverizzateli leggermente con un poco di zucchero vanigliato fatto scendere da un colino; ornate con anelli di panna montata sprizzata dalla sacchetta da pasticceria con bocchetta a stella e servite immediatamente.

Non è una torta difficile, ma richiede attenzione e una certa esperienza.

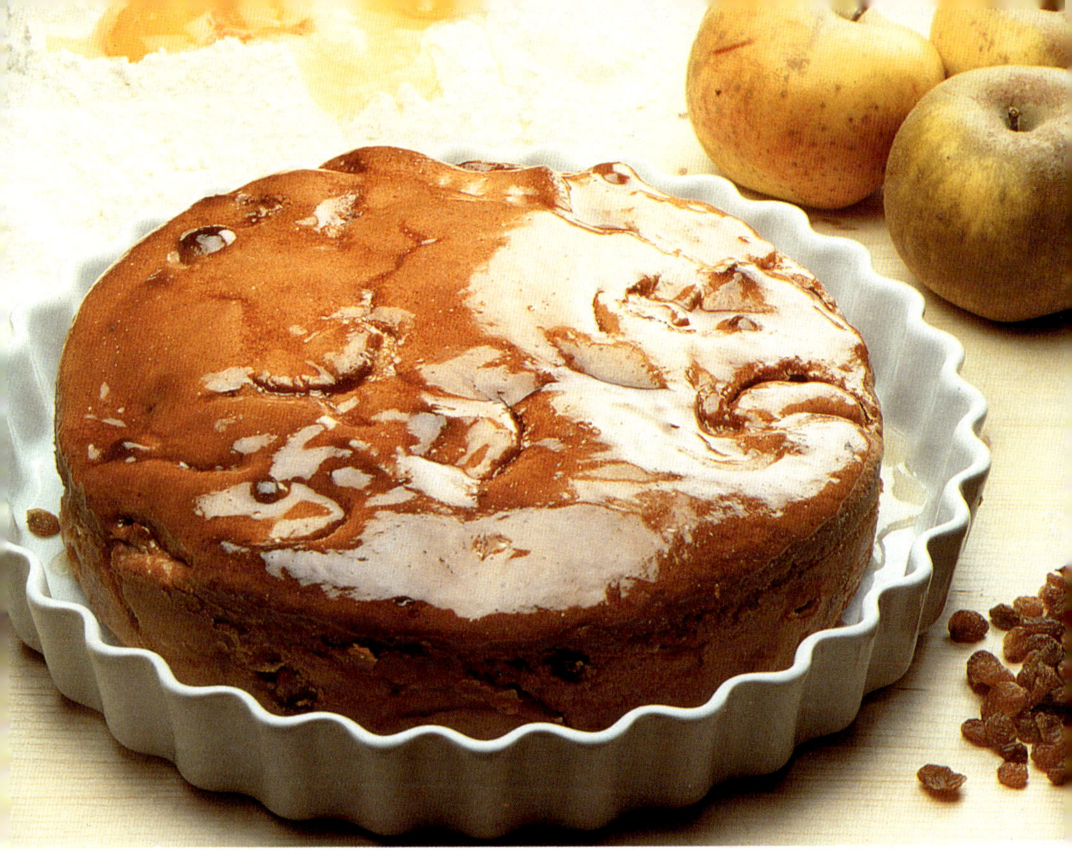

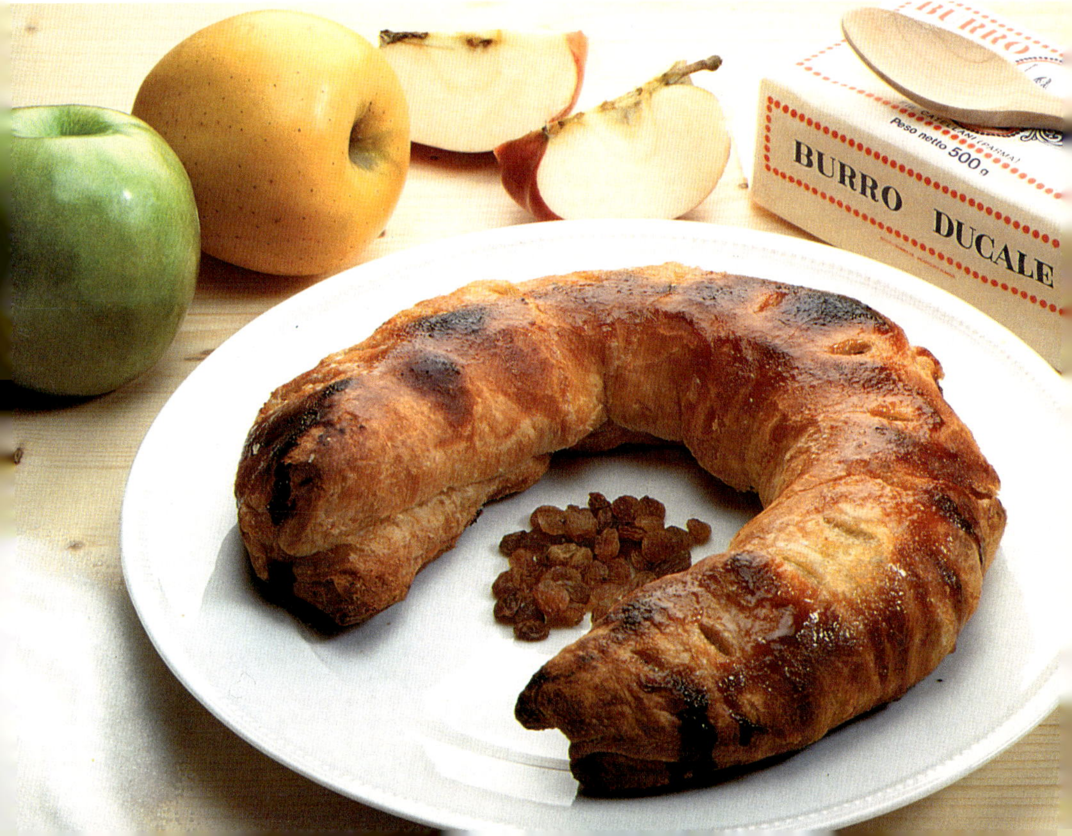
Peso netto 500 g
BURRO DUCALE

Torta Ortisei

125 g di zucchero + 2 cucchiai - 100 g di margarina o burro - 200 g di farina - 750 g di mele renette - uvetta - 3 uova - 3 cucchiai di latte - 1 bustina di lievito per dolci - 2 cucchiai di semolino - 100 g di gelatina di frutta - un pizzico di sale.

Lavorate in una terrina con una frusta i tre tuorli con lo zucchero, aggiungete il burro fuso e la farina con il lievito. Aggiungete il latte e continuate a lavorare fino ad avere un composto soffice e cremoso.

Sbattete a parte gli albumi a neve con un pizzico di sale e aggiungeteli all'impasto molto delicatamente perché non smontino.

Imburrate una tortiera di 24 cm di diametro, spolverizzatela con due cucchiaiate di zucchero e due di semolino. Versate nella tortiera circa metà del composto. Sbucciate le mele, tagliatele a fette piuttosto spesse, disponetele sulla superficie dell'impasto, aggiungete l'uvetta e coprite tutto con il composto rimasto.

Mettete in forno preriscaldato (190°) e lasciate cuocere per 45'.

Togliete la torta dal forno, cospargete la superficie con la gelatina di frutta e infornate nuovamente per 15' nel forno spento. Lasciatela raffreddare completamente prima di sformarla.

Strudel

500 g di mele - 250 g di farina - 90 g di zucchero + 2 cucchiai - 80 g di uvetta - 1 uovo - latte - sale - buccia di limone - 50 g di burro + 1 cucchiaio di burro fuso.

Disponete sulla spianatoia la farina e al centro mettete il sale, l'uovo e metà del burro. Impastate aggiungendo un po' alla volta il latte finché la pasta sia morbida. Lavoratela bene, avvolgetela in un canovaccio e lasciatela riposare per mezz'ora.

Stendetela con un matterello formando una sfoglia piuttosto sottile delle dimensioni di 25 × 40 cm circa. Coprite la sfoglia con le mele sbucciate e tagliate a fettine, cospargete con l'uvetta messa prima in ammollo e strizzata, la scorza di limone, qualche cucchiaio di zucchero e il burro rimasto, fatto fondere.

Avvolgete la sfoglia su se stessa nel senso della lunghezza, formando una specie di polpettone. Pigiate bene fra di loro i bordi della pasta e appoggiatela a ferro di cavallo in uno stampo imburrato.

Spennellate la superficie dello strudel con un po' di burro fuso, cospargetela di zucchero e infornate a forno caldo (200°) per circa 45'. Lasciatelo riposare 10' e servitelo tagliato a fette.

Torta allo yogurt ai frutti di bosco

Tempo: 1 ora e 15' + 1 ora
  di riposo
Difficoltà: 1
Dosi per 6-8 persone

---

600 g di yogurt ai frutti di bosco
6 uova
60 g di zucchero vanigliato
1/2 bustina di lievito per dolci
300 g di farina
un pizzichino di sale

Per guarnire:

1 confezione di frutti di bosco
  surgelati
una noce di burro
3 cucchiai di zucchero
1 cucchiaio di fecola di patate
1 bicchierino di rum
1 cucchiaio di panna
1 pizzico di cannella in polvere
2 cucchiai di gelatina di lamponi

Versate lo yogurt in una terrina, aggiungetevi lo zucchero vanigliato, le uova uno alla volta, la farina setacciata in precedenza con il lievito e un pizzichino di sale. Mescolate accuratamente. Imburrate e infarinate una tortiera a cerniera di 26 cm di diametro e a bordi alti, versate dentro l'impasto preparato, quindi passatelo in forno preriscaldato (180°) per 45'.

Nel frattempo preparate la guarnizione: ponete in una casseruola i frutti di bosco ancora surgelati, unite lo zucchero, la fecola, la noce di burro, una presa di cannella e il liquore.

Ponete il recipiente su fuoco basso e, sempre rimescolando, lasciate cuocere i frutti fino a quando il sugo di cottura si sarà ristretto. Incorporatevi infine la panna.

Estraete la torta dal forno, lasciatela raffreddare su una gratella da pasticceria, quindi adagiatela su un piatto di portata.

Spalmate la superficie del dolce con la gelatina di lamponi sciolta in un cucchiaio di acqua tiepida, distribuite sopra i frutti di bosco cotti (raffreddati) e lasciatela riposare un'ora almeno prima di servirla.

È una torta soffice di gusto delicato e abbastanza leggera.

Da notare il piacevole contrasto fra la torta non troppo dolce e la ricca guarnizione.

Torta di zia Lisa

Tempo: 1 ora e 20'
*   + 20' di riposo della pasta*
Difficoltà: 1
Dosi per 8 persone

2 uova
130 g di burro
130 g di zucchero a velo
130 g di mandorle pelate
350 g di farina
la scorza grattugiata di un limone
1 cucchiaino di cannella
2 cucchiai di Cherry Brandy
400 g di confettura di lamponi

Tagliate a pezzetti di burro, già ammorbidito a temperatura ambiente, e sbattetelo in una terrina con lo zucchero a velo fino a ridurre il tutto a crema omogenea.

Aggiungete allora ad uno ad uno le uova, poi le mandorle tritate finemente nel mixer, la farina, la scorza grattugiata del limone, la cannella, il liquore amalgamando il tutto molto bene gli ingredienti tra di loro.

Raccogliete a palla la pasta, avvolgetela in un foglio di alluminio e lasciatela riposare per una ventina di minuti in luogo fresco.

Distendete la pasta con il matterello (dopo averne lasciato a parte un pezzetto sufficiente per la decorazione) sulla spianatoia infarinata, poi ricavate un disco di proporzioni tali da ricoprire il fondo e le pareti interne della tortiera di 28 cm di diametro, in precedenza imburrata e infarinata.

Punzecchiate la base della pasta con una forchetta, quindi ricopritela con la confettura di lamponi che avrete appena diluita con pochissimo liquore e un cucchiaino di acqua tiepida.

Livellate bene la confettura, poi preparate con la pasta avanzata delle listarelle di 2 e 1/2 cm di larghezza (meglio se ritagliate con la rotellina dentata) e disponetele a grata sulla superficie della confettura fissandole al bordo interno della pasta.

Collocate la torta in forno preriscaldato (180°) e fatela cuocere per tre quarti d'ora.

Lasciate raffreddare la torta su una gratella e poi trasferitela su un piatto di servizio rotondo.

È una torta semplice, ma squisita: consigliabile per un compleanno di ragazzi.

Torta di albicocche e pistacchi

Tempo: 1 ora e 30'
Difficoltà: 1
Dosi per 6-8 persone

---

3 uova + 2 tuorli
160 g di zucchero
120 g di farina
70 g di fecola di patate
80 g di burro
2 cucchiai di pistacchi
250 g di albicocche sciroppate
1 bicchierino di Apricot Brandy
1 cucchiaino di lievito per dolci

Ponete le uova e i tuorli in una terrina, aggiungete lo zucchero e continuate a sbattere con una frusta elastica fino a quando il composto apparirà spumoso.

Incorporatevi allora la farina e la fecola di patate fatte scendere a "pioggia", il burro sciolto a bagno-maria, i pistacchi pelati e tritati grossolanamente, il liquore, il lievito ed infine le albicocche ben scolate dal liquido di conservazione e tagliate a pezzetti.

Rimescolate fino a quando il composto risulterà omogeneo, quindi versatelo in una tortiera di 26 cm di diametro in precedenza unta di burro e spolverizzata di farina.

Passate il recipiente in forno già caldo (180°) per 50'.

Estraete la torta dal forno, sformatela, lasciatela raffreddare su una gratella da pasticceria prima di sistemarla su un piatto di servizio.

Potrete velare la superficie della torta raffreddata con qualche cucchiaiata di gelatina di albicocche diluita con due cucchiaiate di liquore e una di acqua, stemperata a fuoco basso per alcuni minuti e poi lasciata raffreddare a temperatura ambiente.

Torta meringata al limone

Tempo: 50'
  + 1 ora di riposo
  per la pasta brisée
Difficoltà: 1
Dosi per 8 persone

Per la pasta brisée:

250 g di farina
125 g di burro
un pizzichino di sale
alcune cucchiaiate di acqua
  ghiacciata

Per la crema:

2 limoni
1/2 l di latte
4 cucchiai e 1/2 di zucchero
3 uova
2 cucchiai di maizena
2 cucchiai di zucchero a velo

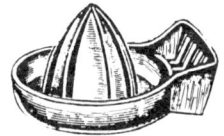

Preparate la pasta brisée secondo la ricetta riportata a pag. 20.

Trascorso il tempo di riposo, eliminate il foglio di alluminio e spianate la pasta sufficientemente sottile per foderare l'interno di uno stampo a cerniera, già imburrato ed infarinato, di cm 28 di diametro.

Bucherellate con una forchetta la base della pasta, ricopritela con un foglio di alluminio e riempitela con i fagioli secchi.

Ponete il recipiente in forno preriscaldato (180°) e fate cuocere per 20'.

Nel frattempo preparate la crema al limone: sbattete in una casseruola i tuorli con lo zucchero e la maizena, stemperate poi il composto a poco a poco con il latte freddo e, sempre rimescolando con il cucchiaio di legno, portate il tutto a lenta ebollizione. Ritirate dal fuoco la crema ed incorporatevi il succo di limone, facendolo scendere attraverso un colino, e un pizzico di scorza grattugiata rimescolando accuratamente.

Quando la torta sarà cotta, eliminate il foglio di alluminio con i fagioli e versatevi la crema preparata.

Livellatene bene la superficie con una spatola inumidita, quindi ricoprite con gli albumi montati a neve fermissima spolverizzati con lo zucchero a velo fatto scendere a pioggia da un setaccino.

Ripassate la torta in forno (180°) per una decina di minuti e infine lasciate appena dorare la meringa sotto il grill acceso per pochi minuti.

Fate raffreddare a temperatura ambiente la torta prima di travasarla in un piatto di servizio rotondo per presentarla in tavola.

Torta di riso ai canditi

Tempo: 2 ore
Difficoltà: 1
Dosi per 6-8 persone

220 g di riso
1 litro di latte
160 g di zucchero
1 stecca di vaniglia
un pizzico di sale
2 uova + 2 tuorli
80 g di canditi misti a pezzetti
60 g di nocciole
1 bicchierino di maraschino
1 confezione di pasta frolla surgelata

Ponete il latte in una casseruola insieme con la stecca di vaniglia, tagliata in due parti per il lungo, un pizzico di sale e portatelo ad ebollizione.

Eliminate allora la vaniglia e versate dentro il riso. Rimescolatelo sovente, quindi fatelo cuocere per 18'.

Togliete il recipiente dal fuoco, unite lo zucchero, lasciate raffreddare la preparazione, poi incorporatevi ad uno ad uno le uova e i tuorli, le nocciole tritate, i pezzetti di canditi misti e il liquore.

Distendete la pasta, scongelata a temperatura ambiente, in una sfoglia non troppo sottile e ricoprite con quest'ultima l'interno di una tortiera a cerniera del diametro di 26 cm, imburrata e infarinata.

Bucherellate il fondo della pasta con una forchetta e versate dentro il composto a base di riso e canditi preparato in precedenza.

Passate la torta in forno preriscaldato (180°) e lasciatela cuocere per circa 1 ora.

È una torta molto nutriente e ottima, adatta anche per le merende dei ragazzi.

Se volete evitare il liquore, potrete sostituirlo con un bicchierino di sciroppo di amarene.

Millefoglie al cioccolato e marrons glacés

Tempo: 1 ora
Difficoltà: 1
Dosi per 6 persone

600 g di pasta sfoglia surgelata
600 g di panna montata
100 g di cioccolato fondente
100 g di cioccolato bianco
150 g di marrons glacés spezzettati
2 cucchiai di zucchero a velo

Per guarnire:

1 cucchiaio di granella di cioccolato
6 violette candite

Tirate la pasta, scongelata a temperatura ambiente, in una sfoglia sottile, poi ricavate da quest'ultima 4 rettangoli lunghi 20 cm e larghi 10 cm.

Allineate i rettangoli di pasta sfoglia su una placca imburrata, punzecchiateli con una forchetta e spolverizzateli leggermente di zucchero a velo. Passate il recipiente in forno preriscaldato (200°) e lasciate cuocere la preparazione per 20'.

Dividete ora la panna in due terrine. Incorporate ad una metà di essa i due tipi di cioccolato grattugiato e all'altra i marrons glacés spezzettati e ridotti in briciole molto piccole.

Estraete i rettangoli di pasta dal forno, fateli raffreddare, poi sistemate una prima sfoglia su un vassoio rettangolare di portata. Ricopritela con abbondante crema al cioccolato, adagiate sopra un'altra sfoglia e spalmatevi la crema ai marrons glacés. Continuate così fino ad esaurimento degli ingredienti avendo cura di terminare con la crema ai marrons glacés.

Distribuite sulla superficie del millefoglie la granella di cioccolato e guarnitela con le violette candite.

È un dolce di sapore delicato e quanto mai invitante, ma sarà bene non essere generosi nel taglio delle fette poiché le calorie sono abbondanti...

Se avete tempo, una volta tanto potete cimentarvi a fare voi la pasta sfoglia di cui trovate la ricetta a pag. 22. Le dosi, anche se un po' scarse, dovrebbero essere sufficienti.

La pasta sfoglia è sempre stata uno spauracchio per chi vuole mettere alla prova le proprie doti di pasticcere con ricette un po' complicate. Questa che vi abbiamo proposto, se la seguirete con attenzione, non dovrebbe deludervi!

146

Crostata di confettura di castagne

Tempo: 1 ora + il tempo di riposo della pasta
Difficoltà: 1
Dosi per 6 persone

300 g di farina
150 g di burro
150 g di zucchero
3 tuorli

Per il ripieno:

8 cucchiai di confettura di castagne
50 g di cioccolato fondente
1 bicchierino di rum
100 g di gherigli di noce
un pizzichino di sale

Setacciate la farina sulla spianatoia insieme con un pizzico di sale, unite lo zucchero e il burro, ammorbidito a temperatura ambiente e tagliato a pezzetti e i tuorli.

Lavorate velocemente i vari ingredienti in modo da ottenere un impasto omogeneo, raccoglietelo a palla e lasciatelo riposare in frigorifero per 30' dopo averlo avvolto in un foglio di carta di alluminio. Diluite ora la confettura di castagne con il rum, aggiungete il cioccolato fondente grattugiato e i gherigli di noce tritati grossolanamente.

Estraete la pasta dal frigorifero, privatela della carta di alluminio, tiratela in una sfoglia non troppo sottile e ricoprite con quest'ultima il fondo e le pareti di uno stampo rotondo da crostata di 26 cm di diametro, in precedenza unto di burro e spolverizzato di farina.

Bucherellate la pasta con una forchetta, poi versate dentro la confettura di castagne mista alle noci e al cioccolato.

Passate il dolce in forno preriscaldato (200°) per 30-40'.

Servite in tavola la crostata appena risulterà fredda.

Questa torta è ancora più buona il giorno dopo: conservatela a temperatura ambiente, in luogo fresco, ben avvolta in un foglio di alluminio.

Crostata di pere agli amaretti

*Tempo: 1 ora e 30' + tempo
di scongelazione della pasta*
Difficoltà: 1
Dosi per 6-8 persone

1 confezione di pasta frolla surgelata
4 belle pere Williams
4 cucchiai di zucchero semolato
1 bicchierino di acquavite alla pera
un pizzico di polvere di cannella
2 uova
160 g di amaretti morbidi
2 cucchiai di zucchero di canna

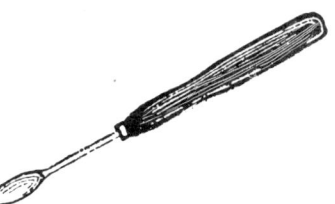

Sbucciate le pere, privatele del torsolo e dei semi, quindi tagliate-le a fettine non troppo sottili e ponetele in una casseruola.

Aggiungete lo zucchero semolato, la cannella, l'acquavite, quindi lasciate cuocere la preparazione per 15' a calore piuttosto vivace, scuotendo sovente il recipiente (cioè senza mescolare, per non rompere la frutta).

Stendete la pasta frolla scongelata a temperatura ambiente in una sfoglia non troppo sottile e ricoprite il fondo e le pareti di un teglia per crostate del diametro di 26 cm circa, in precedenza imburrata e spolverizzata di farina.

Ricoprite il fondo della pasta con gli amaretti sbriciolati e disponete sopra le fettine di pere cotte.

Sbattete i tuorli con lo zucchero di canna fino a renderli soffici e spumosi, incorporatevi gli albumi montati a neve fermissima, poi versate il miscuglio sopra le pere.

Passate il dolce in forno preriscaldato (180°) per 40'.

Estraete la tortiera dal forno, lasciate raffreddare la crostata ed infine servitela a tavola dopo averla sformata su un piatto di servizio rotondo.

Per aumentare ancora più l'effetto estetico e il ricco sapore della crostata, potrete grattugiare un po' di cioccolato fondente sulla superficie del dolce.

Le crostate sono sempre gradite a tutti, ma questa ha un sapore particolarmente delicato e caratteristico dell'acquavite che aggiunge il suo aroma a quello delle pere.

148

Crostata alla papaia

Tempo: 1 ora e 30'
Difficoltà: 1
Dosi per 6-8 persone

500 g di papaia allo sciroppo (in scatola)
3 uova + 1 tuorlo
150 g di zucchero
200 g di farina
1 bustina di lievito per dolci
1 bicchierino di cognac
1 bustina di vanillina
20 g di burro a pezzettini

Sgocciolate la papaia dal liquido di conservazione e tagliatela a spicchi.

Sbattete energicamente in una terrina le uova, il tuorlo, la vanillina e lo zucchero fino ad ottenere un composto soffice e spumoso.

Incorporatevi allora la farina in precedenza setacciata insieme con il lievito, facendola scendere a "pioggia" e alternandola al succo di papaia e al cognac. Continuate a rimescolare con molta cura fino a quando otterrete una crema fluida e senza grumi.

Imburrate ora una teglia a cerniera del diametro di 26 cm, spolverizzatela di farina, quindi versatevi l'impasto preparato.

Disponete gli spicchi di papaia sulla torta in giri concentrici, ponetevi sopra dei pezzettini di burro ed infine passate il recipiente in forno preriscaldato (160°) per 1 ora circa.

Sformate la torta e fatela riposare a temperatura ambiente per due ore prima di servirla.

Volendo, potrete spolverizzare la torta di zucchero vanigliato o spennellarla con l'apposita gelatina per torte, per darle un bell'aspetto brillante.

La papaia, frutto esotico ora di moda, si trova in scatola presso i supermercati ben riforniti.

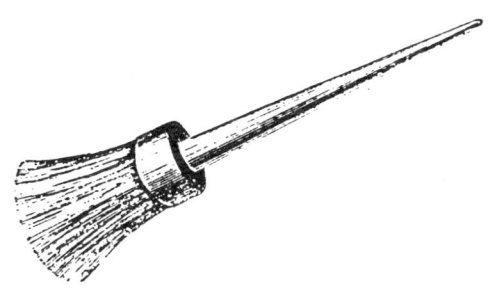

Crostata con ricotta

Tempo: 1 ora + tempo di riposo
Difficoltà: 1
Dosi per 4-6 persone

Per la pasta frolla:
300 g di farina bianca
150 g di burro
150 g di zucchero semolato
1 limone
un pizzico di sale
2 tuorli

Per il ripieno:
200 g di ricotta nostrana fresca
150 g di zucchero a velo
1 bustina di vanillina

Preparate la pasta frolla seguendo la ricetta base a pag. 21.

Mentre la pasta frolla riposa, mettete in una terrina la ricotta passata al setaccio, unite zucchero e vanillina più un pizzico di polvere di cannella (se piace). Amalgamate bene. Con il matterello stendete la pasta frolla in una sfoglia dello spessore di circa 1 cm. Foderate la tortiera (bassa, del diametro di circa 24 cm) imburrata con la pasta frolla conservandone un po' a parte per guarnire la crostata.

Stendete sulla pasta frolla la ricotta lavorata.

Con la pasta avanzata formate dei salamini che stenderete a grata sulla superficie. Con un salamino chiudete tutto attorno al bordo della crostata. Mettete in forno preriscaldato (180°) e cuocete per 45'.

Attenzione, in questo caso il forno deve cuocere bene in basso perché il peso della ricotta ritarderà la cottura; in alto la cottura è più facile, la ricotta è già cotta e i bordi di pasta frolla sono scoperti. È stupenda!

Se avete fretta potete anche fare la crostata con la pasta frolla surgelata.

Crêpes dolci

Una volta preparate le crêpes dolci seguendo la ricetta riportata a pag. 23 il problema è come farcirle e presentarle in tavola.

Qui di seguito vi diamo alcuni suggerimenti ai quali voi potrete portate tutte le varianti che la vostra fantasia vi suggerisce.

Combinazioni possibili per un buon ripieno:
— marmellata di mele, amaretti sbriciolati
— marmellata di mele, kirsch
— marmellata di albicocche, cognac e mandorle tritate
— marmellata di fragole, whisky
— ananas fresco macerato nel maraschino e zuccherato
— ananas candito a pezzetti; versate sulle crêpes kirsch e fiammeggiate
— marmellata di arance; versate sulle crêpes Grand Marnier e fiammeggiate
— marrons glacés a pezzetti profumati con il rum
— fragole e panna
— lamponi e panna
— panna montata insaporita con essenza d'arancia
— ricotta preparata come per i cannoli alla siciliana (vedi ricetta pag. 235)
— gelato di ogni tipo; versate sulle crêpes del cognac e fiammeggiate

Crêpes con banane

Tempo: 40' + il tempo di riposo della pasta e l'esecuzione delle crêpes
Difficoltà: 2
Dosi per 6 persone

Per 12 crêpes:
100 g di farina
1 uovo intero + 1 tuorlo
2 cucchiai di burro fuso
1 cucchiaino di zucchero
un pizzico di sale
4 cucchiai di latte
1 cucchiaio di cognac o rum

Per la farcia:
6 banane di media maturazione
180 g di burro
6 cucchiai di zucchero di canna
3 cucchiai di rum
80 g di mandorle tritate

Preparate le crêpes seguendo le istruzioni di pag. 23.

Nel frattempo fate dorare le banane sbucciate in una pirofila a fuoco moderato, insieme con mezza dose di burro (badando che quest'ultimo non diventi scuro!). Appena incominceranno ad ammorbidirsi, cospargetele con 4 cucchiai di zucchero di canna.

Lasciate che lo zucchero incominci a liquefarsi, poi irrorate il tutto con tre cucchiai di rum e passate il recipiente in forno preriscaldato (200°): con il cucchiaio raccogliete il fondo di cottura e bagnate di tanto in tanto le banane finché diventeranno uniformemente dorate. Estraetele e tagliatele a metà. Avviluppate poi ciascuna mezza banana in una crêpe.

Ungete di burro una pirofila, allineatevi dentro le crêpes con le mezze banane, ricopritene la superficie con il burro restante tagliato a pezzettini, spolverizzate con lo zucchero rimasto, con qualche goccia di rum e con le mandorle tritate. Passate il recipiente in forno (200°) per 12'.

Servite calde.

Se vi piace, potrete anche decorare la superficie di ogni crêpe con un pochino di cioccolato amaro fuso.

Sorprese agli amaretti

Tempo: 50'
Difficoltà: 0
Dosi per 6 persone

180 g di farina
1 uovo
1 dl di acqua
220 g di amaretti
1 bicchiere di liquore all'amaretto
2 cucchiai di albume
  montato a neve fermissima
una presa di polvere di cannella
abbondante olio per friggere
1 bustina di zucchero vanigliato

Preparate la pastella: sbattete l'uovo in una terrina, amalgamatevi poco alla volta la farina, aggiungete una presa di polvere di cannella, quindi stemperate il composto con l'acqua ed infine incorporatevi l'albume montato a neve.

Passate velocemente gli amaretti nel liquore, tuffateli nella pastella fino a ricoprirli completamente, quindi fateli friggere in abbondante olio bollente.

Estraete gli amaretti fritti con una paletta forata, depositateli su un foglio di carta assorbente per eliminare l'eccesso di unto, poi trasferiteli su un piatto di servizio, spolverizzateli con lo zucchero vanigliato e serviteli caldi.

Frittelle di pompelmo rosa

Tempo: 45' + tempo
*   di riposo per la pastella*
Difficoltà: 1
Dosi per 4-6 persone

3 grossi pompelmi rosa
160 g di farina
1 uovo + 1 tuorlo
4 cucchiai di zucchero
un pizzico di sale
la scorza grattugiata di una arancia
1 bicchierino di latte
1 bicchierino di grappa
abbondante olio per friggere
2 bustine di zucchero vanigliato

Sbucciate i pompelmi al vivo e tagliateli a fette in senso orizzontale; disponetele in un piatto di giuste dimensioni, cospargetele con due cucchiai di zucchero semolato e lasciate riposare per 30'.

Sbattete in una terrina i tuorli d'uovo con il rimanente zucchero, aggiungete la farina, un pizzico di sale, la scorza d'arancia grattugiata ed infine stemperate il tutto con il latte e con la grappa.

Rimescolate accuratamente fino a quando la pastella apparirà liscia e abbastanza densa e lasciatela riposare coperta in luogo fresco per 1 ora.

Incorporatevi, da ultimo, l'albume montato a neve fermissima.

Scolate bene le fette di pompelmo e passatele ad una ad una nella pastella.

Fatele friggere in una padella di ferro con abbondante olio 2 o 3 alla volta fino a quando appariranno ben dorate da ambo le parti. Scolatele con una paletta forata e deponetele su un foglio di carta assorbente.

Spolverizzatele con lo zucchero vanigliato, quindi servitele ben calde.

Frittelle di mele verdi al Calvados

Tempo: 1 ora e 30'
Difficoltà: 1
Dosi per 6 persone

6 mele verdi
1 bicchiere di Calvados
3 cucchiai di zucchero semolato
6 cucchiai di farina
1 cucchiaio di fecola di patate
acqua q. b.
1 cucchiaio di olio di oliva
2 uova
2 cucchiai di zucchero di canna
1 bustina di zucchero vanigliato
abbondante olio per friggere

Sbucciate le mele, privatele del torsolo mediante l'apposito utensile, quindi tagliatele a rondelle non troppo sottili. Allineatele in un largo piatto, irroratele con il Calvados e cospargetele con lo zucchero semolato.

Lasciatele riposare per un'ora rivoltandole di tanto in tanto.

Sbattete le uova in una terrina, incorporatevi, poco alla volta, la farina, la fecola di patate e lo zucchero di canna, quindi stemperate il tutto con tanta acqua quanto basta per rendere la pastella liscia e consistente. Incorporatevi infine l'olio di oliva e lasciate riposare almeno un quarto d'ora.

Scolate le fettine di mela dalla marinata, asciugatele bene, quindi immergetele, ad una ad una, nella pastella e friggetele in abbondante olio bollente.

Estraete le frittelle con una paletta forata, appoggiatele su un foglio di carta assorbente ed infine servitele calde, ben spolverizzate con lo zucchero vanigliato.

Crespelle dolci alla frutta mista

Tempo: 1 ora e 15'
Difficoltà: 2
Dosi per 6 persone

1/2 l di latte
125 g di farina
2 uova
2 cucchiai di zucchero
1 bustina di vanillina
1 noce di burro fuso
2 cucchiai di maraschino
1 mela verde
1 pera
1 kiwi
1 arancia spellata al vivo
2 cucchiai di zucchero vanigliato

Preparate la pastella: ponete nel vaso del frullatore elettrico il latte, aggiungete la farina, le uova, lo zucchero, la vanillina; quindi frullate fino ad ottenere una pastella liscia e senza grumi.

Versatela allora in una terrina, incorporatevi il burro fuso e lasciatela riposare per 30'.

Sbucciate la mela e la pera, private ambedue i frutti del torsolo, riduceteli a dadini e poneteli in un piatto.

Pelate il kiwi, tagliatelo a triangolini sottili ed infine dividete a metà gli spicchi d'arancia, spellati al vivo.

Incorporate i vari tipi di frutta alla pastella, unite il maraschino e mescolate con delicatezza per mezzo di una spatola.

Ponete sul fuoco un padellino per le crêpes, del diametro di 12 cm, con un pezzetto di burro, lasciatelo ben scaldare, poi versate dentro un mestolino di pastella mista alla frutta.

Lasciate rapprendere la crespella da una parte, rivoltatela e lasciatela cuocere anche dall'altra parte.

Continuate ripetendo le medesime operazioni fino ad esaurimento della pastella.

Spolverizzate le crespelle dolci con abbondante zucchero vanigliato prima di presentarle in tavola ancora calde.

Può essere divertente preparare insieme agli amici queste crespelline: sono davvero ghiotte. È soltanto indispensabile fare prima qualche esperienza per la cottura.

Queste crespelline devono essere gustate subito, ben calde e non si possono conservare.

...ni fritti alle noci

...ora e 40' + il tempo di riposo della pasta
...: 1
Do... / 6 persone

300 g di farina
2 uova
40 g di burro
1/2 bustina di lievito di birra secco
1 dl di latte
1 cucchiaio di olio
un pizzichino di sale
marmellata di albicocche
100 g di gherigli di noce
abbondante zucchero vanigliato
abbondante olio per friggere

Setacciate la farina sulla spianatoia a fontana, insieme con un pizzico di sale.

Incorporatevi le uova, il burro ammorbidito a temperatura ambiente tagliato a pezzetti, il lievito sciolto con il latte tiepido e un cucchiaio di olio.

Lavorate insieme i vari ingredienti fino ad ottenere un composto omogeneo.

Raccoglietelo a palla, avvolgetelo in un canovaccio spolverizzato di farina e lasciatelo riposare per 1 o 2 ore.

Trascorso tale periodo di tempo, stendete con il matterello la pasta in una sfoglia sottile e ritagliate con la rotella dentata dei quadrati di 5 cm di lato.

Ponete al centro di metà dei quadrati un cucchiaino di marmellata, disponete sopra un po' di gherigli di noce tritati grossolanamente e coprite con gli altri quadrati, dopo averne inumidito i bordi con un po' di albume. Fate ben aderire la pasta tutt'intorno alla marmellata, poi friggete i ravioloni in abbondante olio bollente.

Estraete i dolci con una paletta forata, fateli asciugare su un foglio di carta assorbente, trasferiteli poi su un vassoio di portata e spolverizzateli con abbondante zucchero vanigliato.

Un piatto pieno di questi ravioloni ben dorati e profumati alla vaniglia è una vera tentazione per tutti, ma specialmente per i ragazzi che, come si sa, prediligono i dolci fritti.

Serviteli però ancora ben caldi.

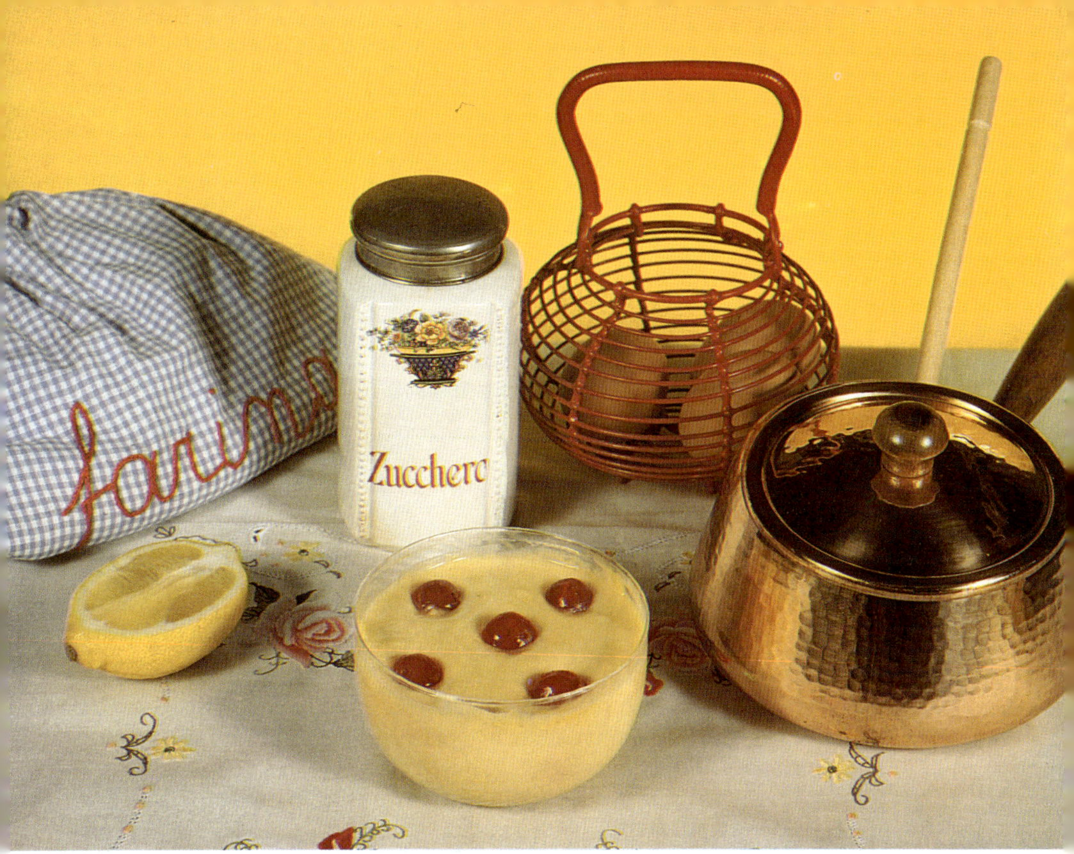
farina
Zucchero

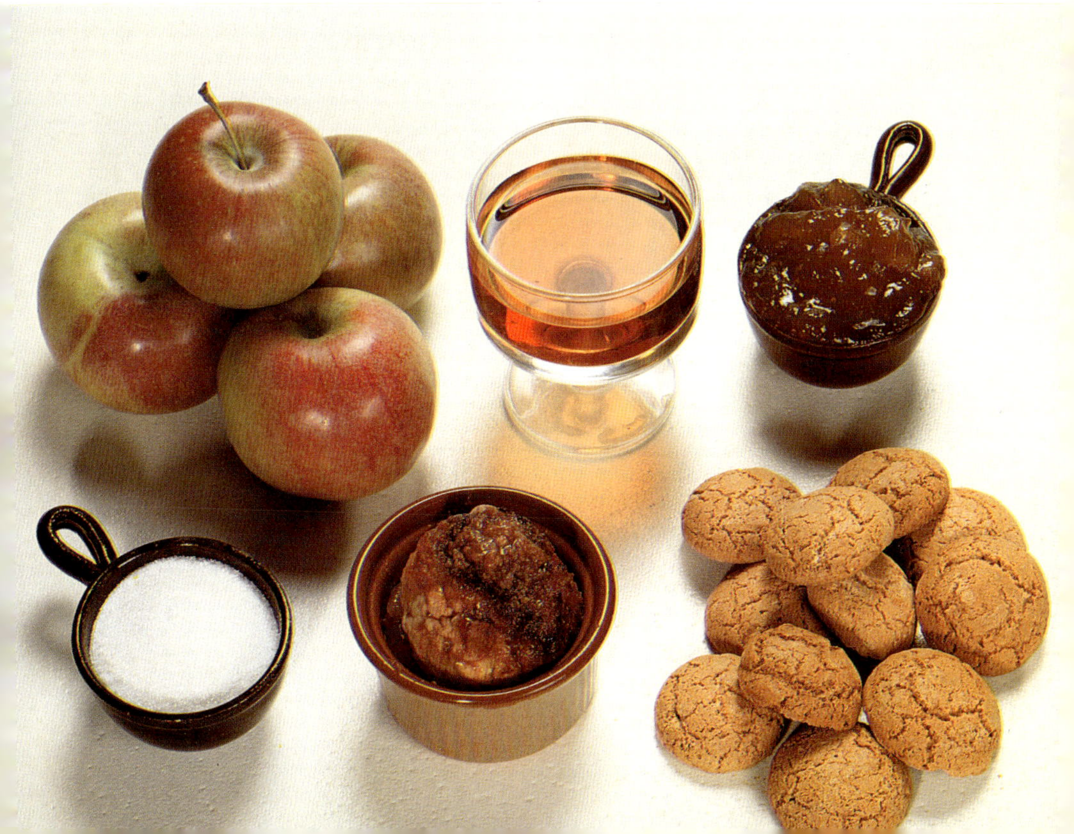

Crema pasticcera

3 tuorli d'uovo - 90 g di zucchero - 75 g di farina - 1/2 litro di latte - la scorza di un limone grattugiata.

In una casseruola sbattete i tuorli con lo zucchero fino a renderli gonfi e spumosi.

Unite la farina, rimescolando accuratamente per non far formare grumi, la scorza di limone grattugiata ed infine stemperate il tutto con il latte (in precedenza fatto scaldare) facendolo scendere a filetto.

Ponete il recipiente su fuoco dolce e, sempre rimescolando, fate addensare la crema; appena avrà raggiunto l'ebollizione tenetela sul fuoco basso per quattro o cinque minuti continuando a mescolare.

Toglietela dal fuoco, travasatela in una terrina e fatela raffreddare rimestandola di tanto in tanto.

Si può servire liscia in coppette, magari aggiungendo un po' di liquore e decorando con ciliegine candite.

Mele al forno all'amaretto

6 mele grosse - 200 g di amaretti - 50 g di zucchero a velo - 1/2 bicchiere di cognac - burro - marmellata.

Sbucciate le mele intere e toglietene i torsoli con un coltellino o con l'apposito utensile.

Tritate gli amaretti, unite il cognac, un po' di burro ammorbidito e lo zucchero. Amalgamate il tutto formando un impasto.

Riempite le mele con questo composto e aggiungete sopra un cucchiaino di marmellata a piacere.

Disponete le mele ciascuna in uno stampino di terracotta sul fondo del quale metterete un cucchiaio di acqua leggermente zuccherata.

Passate in forno a calore moderato (180°) e cuocete per 30' circa.

Ciambelline di semolino e uvetta

Tempo: 1 ora
Difficoltà: 2
Dosi per 6-8 persone

300 g di semolino
1 l di latte
100 g di burro
4 cucchiai di zucchero
60 g di uvetta sultanina
4 tuorli + 2 uova intere
la scorza grattugiata di mezza arancia
un pizzichino di sale
una bustina di vanillina
abbondante pangrattato
abbondante olio per friggere
2 bustine di zucchero vanigliato

Ponete il latte in una casseruola, unite un pizzichino di sale, lo zucchero, la vanillina, il burro tagliato a pezzetti e la scorza d'arancia grattugiata.

Portate il liquido ad ebollizione, poi versate dentro a pioggia il semolino in modo che non si formino grumi e, continuando a rimescolare con un cucchiaio di legno, fatelo cuocere per una decina di minuti a calore moderato.

Toglietelo dal fuoco, aggiungetevi 4 tuorli (uno alla volta) e l'uvetta ben scolata e strizzata (fatta ammorbidire prima in poca acqua tiepida).

Rimescolate accuratamente, poi stendete il semolino in uno strato alto 2 cm, livellandolo con una spatola inumidita sul piano di lavoro, precedentemente bagnato.

Lasciate raffreddare la preparazione, quindi con l'aiuto di un bicchiere capovolto ricavatene tanti dischi. Ritagliate da ognuno di essi la parte centrale mediante un altro bicchierino più piccolo. Reimpastate i ritagli e preparate nuove ciambelline fino all'esaurimento dell'impasto.

Sbattete ora le rimanenti uova; passate velocemente le ciambelline prima nelle uova sbattute e poi nel pangrattato.

Fatele friggere in abbondante olio bollente e presentatele in tavola cosparse di zucchero vanigliato.

È necessaria una certa attenzione nell'eseguire bene questa ricetta, ma ne vale la pena: queste ciambelline dolci sono deliziose e andranno a ruba.

Dolce di pane all'uvetta con crema

Tempo: 50'
Difficoltà: 1
Dosi per 6 persone

12 fette di pane all'uvetta spesse 1 cm
1/2 litro di latte
50 g di farina
3 tuorli
125 g di zucchero
1 bustina di vanillina
250 g di panna montata
100 g di cioccolato fondente
1 bicchierino di rum
2 cucchiai d'acqua

Sbattete i tuorli d'uovo con lo zucchero fino a renderli gonfi e spumosi, incorporatevi la farina, rimescolate accuratamente perché non si formino grumi, poi stemperate il tutto con il latte, scaldato in precedenza insieme con la vanillina, facendolo scendere "a filetto".

Versate la preparazione in una casseruola e, sempre rimescolando, su fuoco dolce, lasciate addensare la crema.

Toglietela allora dal fuoco, fatela raffreddare ed infine incorporatevi a cucchiaiate la panna montata.

Sistemate le fette di pane con l'uvetta, spruzzate col rum allungato con l'acqua, sul fondo di una larga coppa a bordi bassi sovrapponendole leggermente, ricopritele con la crema preparata e cospargete la superficie del dolce con il cioccolato a scagliette.

Lasciate riposare un'ora prima di servire.

È un dolce ricco di valori nutritivi, che piacerà molto ai veri golosi. È facile da preparare e lo si può fare anche in anticipo di un giorno, ricoprendolo bene con un foglio di alluminio.

Mattonella a sorpresa

Tempo: 40' + il tempo
  di riposo in freezer
Difficoltà: 1
Dosi per 6 persone

350 g di savoiardi
2 bicchierini di Apricot Brandy
1 bicchierino di acqua
500 g di pesche sciroppate
6 amaretti morbidi
300 g di gelato alla pesca
300 g di panna montata

Per guarnire:

150 g di panna montata
12 piccoli amaretti
6 ciliegine rosse candite

Sgocciolate le pesche dal liquido di conservazione, tagliatele a pezzettini e ponetele in una terrina. Amalgamatevi la panna montata e un cucchiaio di Apricot Brandy.

Versate ora il rimanente liquore in una scodella, aggiungete l'acqua, rimescolate e spruzzate con questo sciroppo i savoiardi.

Foderate con un foglio di carta di alluminio, unto di olio di semi, uno stampo da plum-cake di medie proporzioni, lasciando sporgere la carta per poi poterla ripiegare. Quindi allineate sul fondo e contro le pareti i savoiardi leggermente spruzzati di Apricot Brandy mischiato con acqua.

Fate un primo strato con il gelato di pesche ammorbidito leggermente a temperatura ambiente, distribuite sopra un po' di amaretti sbriciolati e fate un altro strato con la panna montata mista alle pesche.

Continuate così fino ad esaurimento degli ingredienti avendo cura di terminare con il gelato.

Coprite lo stampo con la carta lasciata sporgere e passate il recipiente in freezer per un'ora.

Sformate infine il dolce su un piatto di portata, privatelo della carta di alluminio e spalmatelo con la panna montata.

Guarnite la superficie con i piccoli amaretti, alternati alle ciliegine candite, prima di presentarlo in tavola.

Se volete la mattonella a sorpresa può essere preparata anche con le albicocche e un gelato al sapore di albicocca: il dolce avrà ugualmente un ottimo gusto ma più aromatizzato.

Dolce gelato all'arancia

Tempo: 40' + il tempo di riposo in freezer
Difficoltà: 1
Dosi per 6-8 persone

240 g di burro
240 g di zucchero
4 uova
2 grosse arance
350 g di savoiardi
1 bicchierino di Grand Marnier

Lavorate in una terrina il burro ammorbidito a temperatura ambiente insieme con lo zucchero.

Unitevi i tuorli, uno dopo l'altro, il succo delle arance filtrato e la scorza grattugiata dei due frutti.

Incorporatevi infine con delicatezza gli albumi montati a neve fermissima e il liquore. Foderate il fondo di una tortiera a cerniera con i savoiardi, coprite questi ultimi con uno strato del composto preparato in precedenza, quindi continuate a sovrapporre strati alterni, avendo cura di terminare con i biscotti.

Coprite il recipiente con un foglio di pellicola e passate il dolce in freezer per 3 ore.

Trascorso tale periodo di tempo, estraete il dolce dal freezer, privatelo della carta trasparente, eliminate il bordo a cerniera e sistematelo su un piatto di portata e servite subito.

Potrete rendere molto decorativo il dolce guarnendone la superficie con spicchi di arancia spellati al vivo, spolverizzati di zucchero di canna e collocati in giri concentrici: al centro porrete alcune ciliegine candite contornate da qualche fogliolina ritagliata da un pezzetto di angelica (speciale candito di color verde).

6
PER GLI OSPITI IMPROVVISI

A chi non è capitato un ospite improvviso, un collega del marito, un compagno di scuola dei figli preannunciato da una telefonata all'ultimo momento?

Niente paura! Un piatto di pasta ben condito, un risottino allo zafferano o ai funghi, non saranno certo un problema se conservate negli armadietti-dispensa di cucina il minimo occorrente; le scaloppine al verde o al limone, le costolette impanate con un contorno di insalata mista o di patatine dorate sono alla portata di tutte. Al dolce il compito di coronare il semplice menu con un tocco finale, una specie di piccolo premio per la golosità di chi è seduto a tavola e un omaggio dovuto all'ospite a conclusione del pasto.

Via libera alla fantasia di chi sta ai fornelli, con occhio attento alle lancette dell'orologio.

Il frigorifero e ancor più il freezer potranno essere di aiuto per rendere presto sode creme e budini. Non devono poi mancare (un consiglio utile per gli acquisti al supermercato) in dispensa almeno due confezioni di biscotti "savoiardi" di pasta tenera e assorbente, assai pratici per la preparazione di un dolce improvviso.

Anche le mele — le modeste mele accantonate nel vassoio della frutta fresca — possono diventare protagoniste di qualche astuzia gastronomica.

Eccovi di seguito alcune ricette che hanno tutte le caratteristiche per ottenere i migliori risultati in breve tempo: volete provarle?

Mele dolci sotto un tetto

Tempo: 50'
Difficoltà: 1
Dosi per 6 persone

1 confezione di pasta sfoglia surgelata
850 g di mele renette
150 g di zucchero di canna
un pizzico di cannella
70 g di burro
1 uovo
300 g di panna fresca
1 cucchiaio di rum

Pelate le mele, eliminate il torsolo, tagliatele a fettine, inumidite-le con il succo di limone e cospargetele abbondantemente di zucchero di canna mischiato a un pizzico di cannella.

Ungete abbondantemente con il burro ammorbidito un recipiente di pirex di forma svasata (lasciando a parte un pezzetto di burro), versatevi dentro lo zucchero restante (tranne 2 cucchiai). Sistemate su questa base di zucchero le fettine di mele.

Distendete con un matterello la pasta sfoglia scongelata a temperatura ambiente dandole la forma di un disco del diametro del recipiente.

Collocate questo disco, a guisa di copertura perfetta, sul contenitore di pirex fissandolo lungo tutto il perimetro esterno mediante un pochino di albume.

Sbattete il tuorlo d'uovo, fate liquefare il pezzetto di burro: spennellate la superficie della pasta sfoglia (che avrete bucherellato in modo uniforme con una forchetta) con il burro fuso e dopo un quarto d'ora ripassate con il tuorlo sbattuto. Spolverizzate di zucchero di canna e infine introducete la preparazione in forno preriscaldato (180°) lasciando cuocere per 25'.

Verificate che la pasta sfoglia appaia ben dorata e sufficientemente cotta, quindi presentate in tavola il dolce dopo averlo lasciato intiepidire.

Accompagnate a parte, in salsiera, con panna liquida mescolata a un cucchiaio di rum.

Preferite delle ciotoline per servire questo dolce: in questo modo il sugo di cottura delle mele si disperde meno che nel piattino. La salsa di accompagnamento non deve essere fredda, ma a temperatura ambiente.

Coppe al caffè e cioccolato

Tempo: 30' + il tempo
* di riposo in frigorifero*
Difficoltà: 1
Dosi per 4 persone

---

300 g di mascarpone
60 g di ricotta
120 g di zucchero a velo
1 tazzina di caffè ristretto
60 g di nocciole
80 g di cioccolato fondente
1 bicchierino di liquore al caffè

Passate al setaccio la ricotta e ponete il ricavato in una terrina.

Aggiungetevi il mascarpone, lo zucchero a velo, il caffè ristretto, il liquore al caffè e il cioccolato fondente a scagliette.

Rimescolate accuratamente i vari ingredienti in modo da ottenere una crema liscia e omogenea.

Suddividete la preparazione nelle singole coppette di vetro ben raffreddate e guarnite la superficie con un po' di nocciole pelate e tritate grossolanamente.

Collocate le coppette in frigorifero per due ore prima di presentarle in tavola.

Coppette rapide

Tempo: 30'
Difficoltà: 2
Dosi per 6 persone

---

6 tuorli d'uovo
6 cucchiai colmi di zucchero
6 mezzi gusci d'uovo di marsala
Per guarnire:
300 g di panna montata
6 cialde arrotolate
* (o 6 "lingue di gatto")*

In una casseruola sbattete i tuorli insieme con lo zucchero.

Lavorate fino a quando i tuorli saranno diventati chiari e spumosi. Aggiungete sempre mescolando e molto lentamente il marsala in modo che il composto non "smonti".

Ponete la casseruola a bagno-maria in un recipiente più ampio contenente acqua fredda. Accendete il fornello a fuoco moderato e incominciate a cuocere, sempre rimescolando.

Quando il composto sarà ben addensato, prima che raggiunga il bollore, togliete la casseruola dal bagno-maria e versate lo zabaione nelle coppette singole.

Attendete che si raffreddi poi guarnite con la panna montata e due cialde arrotolate o con altri biscottini di questo tipo di cui vi converrà sempre tenere in casa una confezione.

Anche questo è un dolce rapido, ma molto goloso oltre che di sostanza, che vi permetterà di far fronte a molte occasioni, specialmente l'arrivo di un ospite improvviso.

Le dame nere

Tempo: 40'
Difficoltà: 0
Dosi per 6 persone

200 g di cioccolato fondente di copertura
200 g di burro
5 cucchiai di zucchero
3 uova
un pizzico di sale
un bicchierino di rum
150 g di panna montata

Sbattete con una frusta in una ciotola i tre tuorli con lo zucchero fino ad ottenere una crema bianca e spumosa.

Sempre sbattendo aggiungete il burro ammorbidito a temperatura ambiente e, non appena sarà ben amalgamato, unite il cioccolato sciolto a bagno-maria con pochissima acqua e il liquore.

Montate gli albumi a neve fermissima con un pizzico di sale e, quando saranno pronti, aggiungeteli delicatamente al composto con movimento dal basso verso l'alto perché la crema non perda di sofficità.

Dividete il composto ottenuto in piattini singoli, formando dei piccoli coni che guarnirete con un cappuccio di panna montata al momento di servire in tavola.

È un dolce squisito e nutriente, di facile preparazione, adatto ad ogni occasione e con il quale la vostra ospitalità avrà anche un tocco di raffinatezza.

Coppette di marrons glacés

Tempo: 30'
Difficoltà: 1
Dosi per 6 persone

---

4 cucchiai di marrons glacés spezzettati
1 bicchierino di maraschino
1/2 l di panna
60 g di zucchero vanigliato
60 g di canditi d'arancia
60 g di cioccolato fondente
12 biscottini "lingue di gatto"

Ponete i marrons glacés spezzettati in una scodella, schiacciateli bene con una forchetta, irrorateli con il maraschino e lasciateli macerare per 20'.

Montate la panna con lo sbattitore in una capace terrina, unite, sempre con molta delicatezza, lo zucchero vanigliato, i canditi d'arancia, il cioccolato fondente a scagliette ed infine i marrons glacés.

Rimescolate bene i vari ingredienti, poi suddividete la crema nelle singole coppette ben raffreddate.

Guarnite la superficie con 2 biscottini "lingue di gatto" e presentatele subito in tavola.

Un piccolo, squisito dolce da tener presente quando si ha molta fretta. Conviene perciò tenere nella dispensa sempre a disposizione, durante i mesi invernali, una confezione di marrons glacés spezzettati.

165

Piccoli soufflé al cocco

Tempo: 45'
Difficoltà: 2
Dosi per 6-8 soufflé

250 g di noce di cocco grattugiata
9 uova
3 cucchiai di fecola
4 cucchiai di burro
3/4 di l di latte
150 g di zucchero semolato
1 bicchierino di Grand Marnier
un pizzichino di sale
zucchero di canna q.b.
2 bustine di zucchero vanigliato

Fate fondere a fuoco dolce in una casseruola il burro, unitevi la fecola, mescolate con cura con il cucchiaio di legno, incorporate a poco a poco il latte senza cessare mai di mescolare nel medesimo senso, poi aggiungete lo zucchero.

Continuate la cottura e quando il composto si presenterà liscio e omogeneo, ben cotto, togliete il recipiente dal fuoco, lasciatelo intiepidire e, sempre mescolando, aggiungete ad uno ad uno i tuorli d'uovo, la noce di cocco grattugiata e, in ultimo, gli albumi montati a neve con un pizzichino di sale.

Unite questi ultimi sollevando con la spatola la massa dal basso verso l'alto (e non rimescolando in rotondo!) per rendere spumoso il composto.

Aromatizzate il tutto con il liquore e, appena sarà ben amalgamato, versate la preparazione nelle formine da soufflé (del diametro di 9 cm con bordo alto 7-8 cm), già imburrate e cosparse all'interno di zucchero di canna.

Fate attenzione a non superare i 3/4 circa della capienza di ciascuna formina poiché, durante la cottura, i piccoli soufflé aumenteranno di volume.

Ponete i contenitori in forno preriscaldato (160°) e, dopo 10' aumentate la temperatura a 190°.

Controllate che la superficie sia ben gonfia e dorata e subito trasferite ciascun piccolo soufflé su piattino singolo, dopo averlo spolverizzato di zucchero vanigliato.

Si tratta di un dessert di sapore delicatissimo, di garantito successo a patto però che la preparazione venga fatta immediatamente prima della cottura e che i piccoli soufflé non attendano neanche alcuni minuti il loro trionfo in tavola, poiché fatalmente si affloscerebbero! Perciò, mentre il marito offrirà un aperitivo agli ospiti, svelte in cucina a preparare la dolce sorpresa.

Ananas in gran festa

Tempo: 30'
  + 30' di riposo in freezer
Difficoltà: 1
Dosi per 6 persone

1 *bell'ananas fresco piuttosto grosso*
1 *pera*
1 *mela renetta*
1 *piccolo grappolo di uva*
   bianca a acini grossi
10 *grossi acini di uva nera*
10 *fragole*
1 *confezione di lamponi surgelati*
4 *cucchiai di zucchero*
1 *bicchierino di Kirsch*
1 *cucchiaio di mandorle*
400 *g di panna montata*
1 *bustina di zucchero vanigliato*

Tagliate via la sommità dell'ananas con il ciuffetto di foglie e lasciatela da parte.

Svuotate il frutto asportando a poco a poco la polpa interna con un lungo coltello affilato e mettetelo poi in freezer per circa mezz'ora.

Eliminate la parte dura centrale e tagliate a pezzetti il resto. Ponete questi ultimi in una terrina e mischiateli a tutti gli altri frutti pelati, tagliati alla stessa maniera, tranne, s'intende, le fragole, mondate e dimezzate, gli acini d'uva, i lamponi scongelati e le mandorle sfilettate; aggiungete lo zucchero, rimescolate con delicatezza e completate con il liquore e lo zucchero vanigliato.

Lasciate riposare in frigorifero per 20' la frutta condita, coperta da un foglio di alluminio.

Trascorso questo periodo di tempo estraete dal freezer la scorza dell'ananas svuotato e ponetevi dentro due cucchiaiate di panna montata ben fredda, versatevi sopra un quarto della frutta mista preparata e continuate alternando a strati panna montata e frutta (terminando con quest'ultima).

Ricoprite poi l'ananas farcito con la calotta tolta in precedenza, dopo avere ben lucidato le foglie, e ponetelo su un piatto di servizio rotondo e servitelo subito.

Ricordate di recuperare tutto il sugo rimasto nell'interno dell'ananas incorporandolo alla frutta.

Se avrete l'accortezza di tenere in casa un ananas fresco, la facile idea potrà esservi utile con molto effetto decorativo: un vero successo in una cena improvvisata.

Ricordate che l'ananas, conservato al fresco su un balcone, può resistere parecchie settimane se è stato scelto in partenza non troppo maturo.

Ananas all'inferno

Tempo: 20'
Difficoltà: 1
Dosi per 6 persone

12 fette di ananas sciroppato
30 g di burro
2 cucchiai di zucchero di canna
un pizzico di cannella in polvere
2 bicchierini di rum
6 ciliegine sciroppate (o candite)

Sgocciolate sei fette di ananas sciroppato, conservando 6 cucchiai del sugo contenuto nella scatola e tagliatele a dadini.

Sgocciolate anche le altre sei rotelle di ananas, asciugatele con una salvietta e fatele rosolare a fuoco vivo dalle due parti in piccole pirofile del diametro di 12 cm contenenti ognuna una piccola dose di burro caldo.

In una piccola padella, a calore vivace, fate cuocere i dadini di ananas spolverizzati di cannella, di zucchero di canna e bagnati col sugo tenuto da parte.

Lasciate evaporare lo sciroppo e togliete dal fuoco.

Suddividete il miscuglio su ciascuna fetta di ananas, guarnite ogni porzione con una ciliegina rossa sciroppata posta al centro, fate scaldare il rum in un piccolo recipiente a fuoco basso e poi versatelo caldo distribuendolo equamente al momento di servire. Date fuoco con un fiammifero acceso.

Per rendere più facile l'operazione, sarà bene collocare le pirofiline su un grande vassoio prima di irrorarle con il liquore e accenderlo.

Dessert di albicocche e pistacchi

Tempo: 40'
Difficoltà: 1
Dosi per 6 persone

1 kg di albicocche mature
120 g di zucchero
2 cucchiai di miele
300 g di panna montata
1 bicchierino di Apricot Brandy
2 cucchiai di pistacchi

Per guarnire:
50 g di cioccolato fondente
200 g di panna montata

Lavate le albicocche, privatele del nocciolo, quindi passatele nel tritatutto elettrico e raccogliete il ricavato in una casseruola.

Unite lo zucchero e il miele, rimescolate, poi lasciate cuocere la purea di albicocche, su fuoco abbastanza vivo, per una decina di minuti circa.

Toglietela allora dal fuoco. Appena il composto risulterà freddo, profumatelo con l'Apricot Brandy, incorporatevi i pistacchi tritati grossolanamente e la panna montata.

Distribuite infine la preparazione nelle singole coppette di vetro, guarnite la superficie con un po' di panna montata sprizzata da una sacchetta da pasticceria e terminate con il cioccolato fondente grattugiato.

Se tenete a disposizione gli ingredienti base nella dispensa, sostituendo le albicocche fresche con 1 confezione di 1 kg di quelle sciroppate, avrete sempre un ottimo jolly in mano per risolvere il problema del dessert in caso di un ospite improvviso.

Dolce di pere alla crema

Tempo: 1 ora e 15'
Difficoltà: 1
Dosi per 6 persone

5 *grosse pere mature*
1/2 *l di latte*
1/2 *l di panna liquida*
2 *uova + 2 tuorli*
250 *g di zucchero*
1 *cucchiaio di farina*
30 *g di burro*
1 *bustina di zucchero vanigliato*
1 *stecca di vaniglia*
2 *cucchiai di marsala*

Per il caramello:
4 *cucchiaini di zucchero*
4 *cucchiaini d'acqua*

Fate caramellare lo zucchero con poca acqua, dentro ad un tegamino, poi versatelo in una tortiera di porcellana da fuoco con bordo ondulato del diametro di 26 cm.

Rimuovete il recipiente in modo da spandere uniformemente il caramello sul fondo e sul bordo.

Sbucciate le pere, eliminate il torsolo, tagliatele a fettine regolari e sottili e distribuitele nel recipiente caramellato.

A parte intanto portate ad ebollizione in una casseruola il latte in cui avrete stemperato la farina, unite la stecca di vaniglia tagliata in due parti verticalmente, il burro, lo zucchero e lo zucchero vanigliato; togliete subito dal fuoco e lasciate riposare per dieci minuti; quindi aggiungete le uova intere, battute in una ciotola con la forchetta insieme con i tuorli.

Rimescolate velocemente sbattendo il tutto leggermente con una frusta elastica, unite il marsala e la panna ed infine versate la miscela sulle fettine di pere.

Fate cuocere in forno preriscaldato (180°) per almeno 45'. Servite tiepido.

La preparazione di questo dolce è rapida e non complicata, uova e frutta (può essere preparato anche con le mele o le pesche) si trovano nella cucina di ogni famiglia.

Val quindi la pena di tenerlo presente quando giunge in casa un ospite inaspettato poiché potrete essere sicure di ottenere un piccolo successo.

Crostoni dolci di mele al Calvados

Tempo: 50'
Difficoltà: 0
Dosi per 6 persone

6 mele verdi
1 bicchierino di Calvados
8 cucchiai di zucchero
un pezzetto di scorza di limone
25 g di burro
6 fette di pancarré senza crosticina
4 cucchiai di burro fuso
1 bustina di zucchero vanigliato
6 ciliegine rosse candite

Sbucciate le mele, dividetele a spicchi, eliminate il torsolo e tagliate ogni spicchio a fettine sottili. Ponetele in una casseruola, unite lo zucchero, la scorza di limone, il burro a pezzetti, il Calvados
e poca acqua. Collocate il recipiente su fuoco moderato e lasciate cuocere le mele fino a quando risulteranno morbide.

Sistemate in una pirofila rettangolare imburrata le fette di pancarré spennellate con un po' di burro fuso e tostatele leggermente
in forno caldo. Spolverizzate ogni crostone di zucchero vanigliato,
distribuitevi sopra le fettine di mele cotte e guarnite il centro con
una ciliegina rossa candita. Servite ancora caldi.

Pesche caramellate all'amaretto

Tempo: 30'
Difficoltà: 0
Dosi per 4-6 persone

2 scatole di media grandezza
  di pesche sciroppate
1 cucchiaio di succo di limone
3 cucchiai di zucchero di canna
8 amaretti morbidi
4 cucchiai di zucchero semolato
3 uova
1 bicchierino di liquore all'amaretto

Ponete lo zucchero di canna in una larga padella su fuoco dolce
e, appena incomincerà a caramellare, unite il succo di limone. Rime-

scolate con un cucchiaio, quindi aggiungete le pesche sciroppate (ben scolate dal liquido di conservazione) tagliate a grossi pezzi.

Rimuovete di tanto in tanto il recipiente e lasciate cuocere le pesche per 15' a fuoco vivo. Travasatele infine in un piatto ovale di servizio e lasciatele raffreddare.

Sbattete ora i tuorli insieme con lo zucchero semolato fino a renderli gonfi e spumosi, incorporatevi gli albumi montati a neve fermissima, rimescolate con una piccola frusta elastica ed infine aggiungete il liquore all'amaretto.

Versate la preparazione in una sacchetta da pasticceria munita di bocchetta seghettata e decorate la superficie delle pesche caramellate.

Sbriciolate sopra gli amaretti.

Mele vestite alla noce di cocco

Tempo: 1 ora
Difficoltà: 1
Dosi per 4 persone

4 belle mele di uguale forma
4 cucchiai di zucchero
8 amaretti
30 g di burro
2 cucchiai di liquore all'amaretto
2 cucchiaiate di noce di cocco grattugiata
2 cucchiaiate di pangrattato
2 cucchiai di burro fuso
1/2 bicchiere d'acqua

Mescolate in una scodella lo zucchero insieme con il burro a pezzettini, aggiungete il liquore all'amaretto e gli amaretti sbriciolati finemente.

Sbucciate le mele, privatele del torsolo con l'apposito utensile, quindi riempite l'interno con il miscuglio preparato in precedenza. Ungete esternamente ogni mela con il burro fuso, poi passatele nel pangrattato mischiato con la noce di cocco grattugiata.

Collocate le mele così preparate in una teglia unta di burro, unite mezzo bicchiere di acqua e lasciatele cuocere in forno preriscaldato (200°) fino a quando appariranno ben dorate in superficie.

Disponete ogni mela in un piattino di servizio e presentatele subito in tavola, ancora calde.

Per distribuire meglio il burro fuso sulla mela utilizzate un pennello piatto.

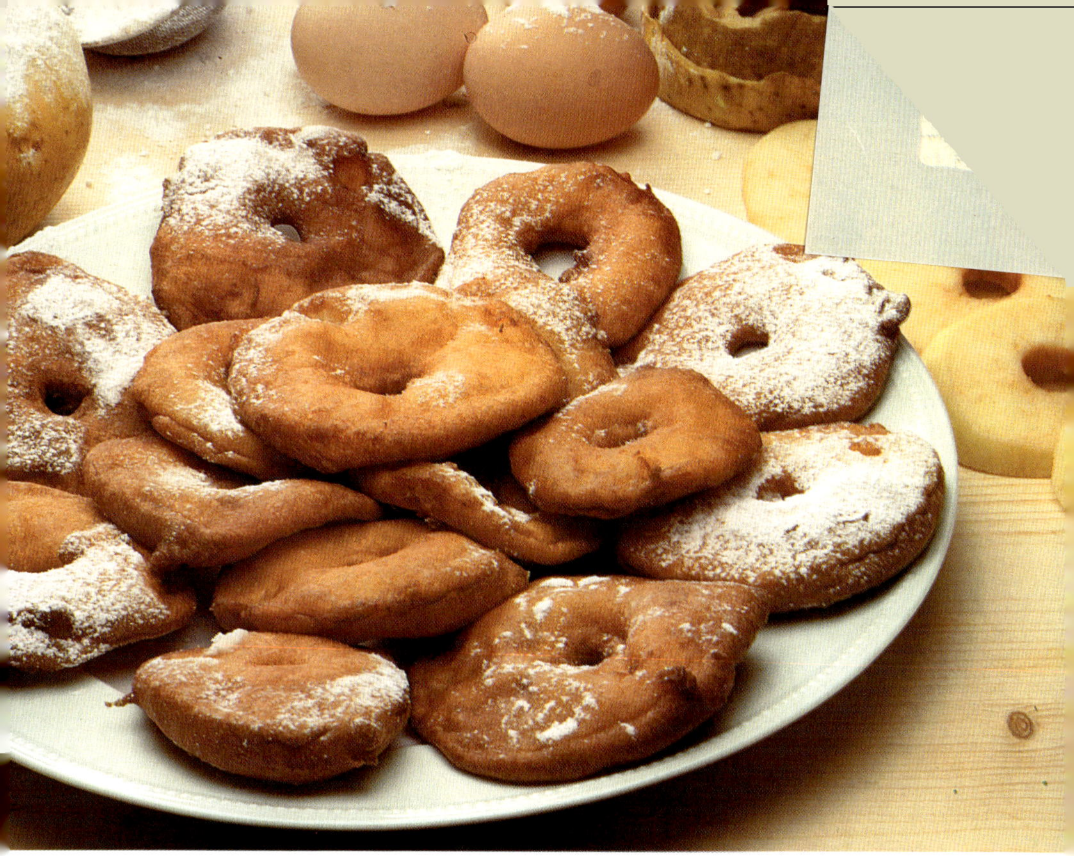

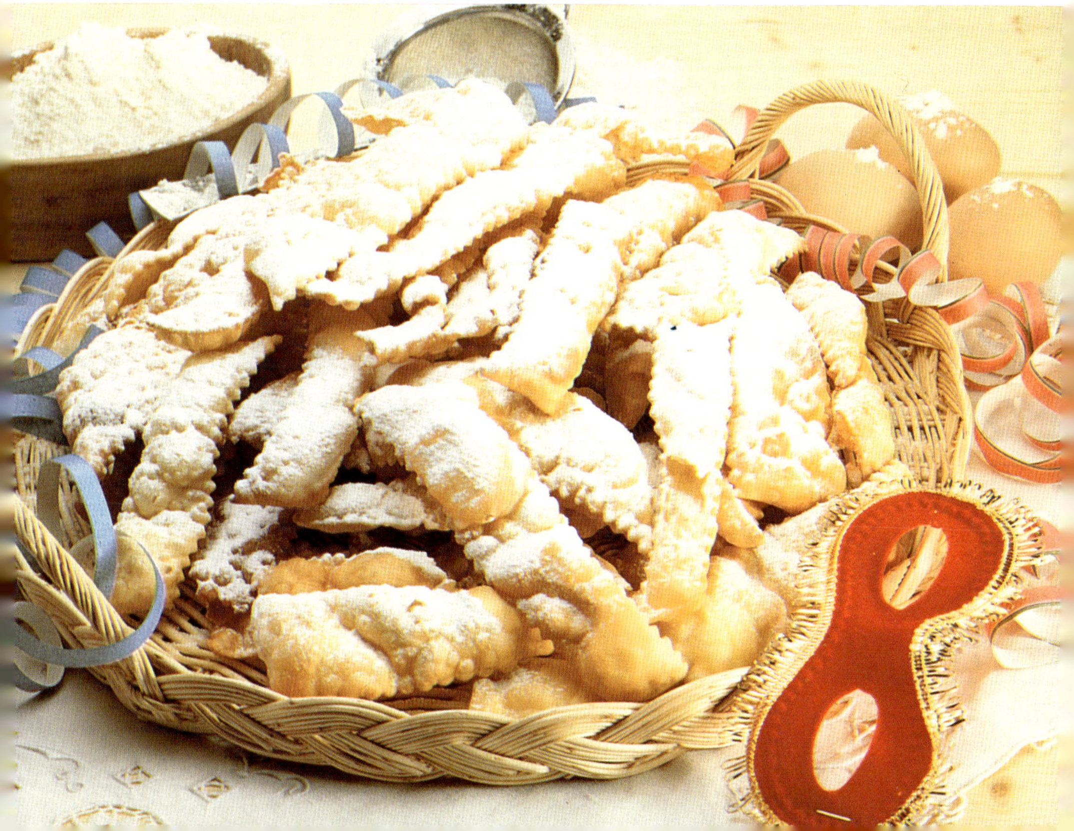

Frittelle di mele verdi al Calvados

6 mele verdi - 1 bicchiere di Calvados - 3 cucchiai di zucchero semolato - 6 cucchiai di farina - 1 cucchiaio di fecola di patate - acqua - 1 cucchiaio di olio di oliva - 2 uova - 2 cucchiai di zucchero di canna - 1 bustina di zucchero vanigliato - abbondante olio per friggere.

Sbucciate le mele, privatele del torsolo e tagliatele a rondelle non troppo sottili. Allineatele in un largo piatto, irroratele con il Calvados e cospargetele con lo zucchero semolato. Lasciatele riposare per un'ora rivoltandole di tanto in tanto.

Sbattete le uova in una terrina, incorporatevi, poco alla volta, la farina, la fecola di patate e lo zucchero di canna, quindi stemperate il tutto con tanta acqua quanto basta per rendere la pastella liscia e consistente. Incorporatevi infine l'olio di oliva e lasciate riposare per un quarto d'ora.

Scolate le fettine di mela dalla marinata, asciugatele bene, quindi immergetele, ad una ad una, nella pastella e friggetele in abbondante olio bollente.

Estraete le frittelle con una paletta forata, appoggiatele su un foglio di carta assorbente ed infine servitele calde, ben spolverizzate con lo zucchero vanigliato.

Chiacchiere o bugie

240 g di farina - 20 g di burro fuso - 50 g di zucchero - 2 uova - 1/2 bicchiere di acquavite - un pizzico di sale - olio per friggere - zucchero a velo.

Mettete sulla spianatoia la farina a fontana, al centro ponete il burro fuso, le uova, il sale, lo zucchero e l'acquavite. Lavorate bene l'impasto.

Quando sarà omogeneo raccoglietelo a palla, avvolgetelo in un canovaccio e lasciatelo riposare mezz'ora in frigorifero.

Stendete la pasta con il matterello ricavando delle larghe strisce.

Da queste, con una rotella a smerli, tagliate tante strisce più piccole e di forme diverse (rettangoli, quadrati, rombi, gale).

Mettete al fuoco una padella di ferro con abbondante olio e quando questo sarà bollente immergetevi poco per volta le bugie.

Fatele dorare, scolatele con la paletta forata e posatele su un foglio di carta assorbente. Cospargetele ancora calde con zucchero a velo.

Frittata dolce di pere e amaretti

Tempo: 30'
Difficoltà: 1
Dosi per 4 persone

2 pere al giusto punto di maturazione
60 g di zucchero
6 amaretti morbidi
100 g di farina
1 bicchiere di latte
1 bicchierino di liquore all'amaretto
3 uova
30 g di burro
1 bustina di zucchero vanigliato
2 cucchiai di succo di limone

Sbucciate le pere, dividetele a spicchi dopo aver eliminato il torsolo e i semi e tagliatele a fettine sottili.

Sistematele in un piatto rotondo, spruzzatele con il succo di limone, con 30 g di zucchero e copritele con un altro piatto.

Stemperate ora in una terrina la farina insieme con il latte, unite il liquore all'amaretto, il rimanente zucchero, i tuorli d'uovo, il burro fuso, gli amaretti sbriciolati ed infine gli albumi montati a neve fermissima.

Rimescolate delicatamente il composto, poi unite le fettine di pere.

Fate sciogliere una noce di burro in una padella dal fondo antiaderente e versate dentro la preparazione. Lasciate cuocere la frittata da una parte, poi rivoltatela con l'aiuto di un coperchio e terminatene la cottura anche dall'altra parte.

Servite la frittata caldissima dopo averne cosparso la superficie con lo zucchero vanigliato.

Se siete disinvolte nel preparare le comuni frittate, non avrete difficoltà ad eseguire questo dolce, che è una vera soluzione nel caso di un ospite inaspettato.

Omelette dolce del ghiottone

Tempo: 40'
Difficoltà: 1
Dosi per 6 persone

---

8 uova
2 cucchiai di farina
5 cucchiai di latte
2 cucchiai di panna liquida
1 cucchiaio di zucchero
un pizzichino di sale
una grossa noce di burro

Per la farcia:
4 cucchiai di confettura di castagne
100 g di panna montata poco
    dolcificata
3-4 bicchierini di Kirsch

Per guarnire:
qualche goccia di Kirsch
2 cucchiai di zucchero
    di canna

Preparate un'omelette nel seguente modo: mischiate in una ciotola la farina a poco a poco con il latte sbattendo con una frusta elastica per evitare la formazione di grumi.

Aggiungete un pizzichino di sale, lo zucchero, la panna e versate
il composto in un'altra terrina in cui avrete battuto le uova.

Fate scaldare bene il burro in una larga padella antiaderente, fatevi scivolare dentro il composto di uova e lasciate rassodare.

A parte incorporate a poco a poco la confettura di castagne alla
panna montata in una terrina, unitevi il Kirsch e rimescolate più volte,
quindi mettete questa farcia nel mezzo della frittata, ripiegatela su
se stessa, spolverizzatela con zucchero di canna bagnato con il restante liquore e trasferitela con delicatezza in una pirofila a bordi
bassi passandola sotto il grill acceso in forno per pochi minuti.

Non dimenticate i piccoli suggerimenti che vi ho dato per rendere
sempre ben rifornita la vostra dispensa di soccorso in caso di una
piacevole improvvisata di qualche ospite: la confettura di castagne
in confezione pronta è appunto una soluzione ottima per preparare
in poco tempo un buonissimo dessert.

Un'altra soluzione veloce, anche se un po' meno ghiotta, per la
farcia può essere costituita da semplice marmellata di albicocche, di
pesche, di mirtilli e via dicendo, secondo quello che avete a disposizione.

174

Coppette sorpresa

Tempo: 25'
Difficoltà: 1
Dosi per 6 persone

18 amaretti di pasta morbida
6 palline di gelato alla vaniglia
6 cucchiai di gelatina di lamponi
4 cucchiai di liquore all'amaretto
4 cucchiai di amarene sciroppate
6 rondelle di ananas sciroppato.

Per guarnire:

250 g di panna montata
120 g di mandorle

Sbriciolate gli amaretti e distribuiteli sul fondo delle coppette individuali inumidendoli con il liquore all'amaretto e sistematele in freezer per 10'.

Estraete poi le coppette ben raffreddate e ponete in ognuna di esse una pallina di gelato alla vaniglia, quindi ricopritene la superficie con una cucchiaiata di gelatina di lamponi, diluita in precedenza con due cucchiai di acqua in una casseruolina a fuoco basso e lasciata raffreddare.

Posate sopra ciascuna porzione qualche amarena sciroppata (senza sciroppo) e infine appoggiate sul tutto una rondella di ananas.

Completate la preparazione guarnendo le coppette con un po' di panna montata sprizzata possibilmente per mezzo di una sacchetta da pasticceria munita di bocchetta a stella e infine spolverizzate con le mandorle tritate non troppo finemente.

Servite al più presto.

Avendo a portata di mano gli ingredienti base (e non è difficile prevedendo al momento degli acquisti l'eventualità di un ospite improvviso) questo è un facile e ottimo dessert da tener presente.

Una confezione di palline di gelato alla vaniglia potrà sempre trovar posto in un freezer bene organizzato per evenienze del genere!

7

DOLCI PER TUTTE LE STAGIONI

Dolci secondo il calendario: se non è la prima volta che mi leggete, sapete già come la penso! In cucina bisogna saper approfittare dei prodotti che ogni stagione offre, maturati all'aria aperta, senza artifici chimici: ci guadagnano salute e portafoglio!

Non si può immaginare, per esempio, il periodo autunnale senza una buona torta di noci o di nocciole, che insieme a uva e fichi allietano le nostre tavole in questa stagione e generosamente offrono all'organismo un apporto importante per affrontare i mesi più freddi dell'anno.

Durante i mesi freddi anche ananas, cachi e banane possono dare spunti preziosi per realizzare ricette golose.

Passato l'inverno, ecco venirci incontro la primavera, con l'esigenza di dolci più leggeri: semifreddi di frutta, budini di limone, coppette profumate dalle fragoline di bosco.

L'estate porta un tripudio di frutti invitanti: albicocche, pesche, fragole, ciliegie, susine sembrano una tavolozza pronta ad ispirare chi con amore si dedica alla preparazione di dolci per la gioia dei golosi di famiglia!

PRIMAVERA-ESTATE

Crostata di fichi e mandorle

Tempo: 1 ora e 15' + il tempo di riposo dei fichi
Difficoltà: 1
Dosi per 6 persone

1 confezione di pasta frolla surgelata
12 fichi piuttosto maturi
1 bicchiere di Vin Santo
100 g di mandorle
100 g di panna montata
50 g di zucchero a velo
1 bustina di vanillina

Lasciate scongelare la pasta a temperatura ambiente.
Sbucciate i fichi, divideteli a metà, disponeteli in un piatto ovale e irrorateli con il Vin Santo. Lasciateli riposare per 2 ore.

Stendete la pasta frolla in una sfoglia non troppo sottile e ricoprite con quest'ultima il fondo e le pareti di una tortiera di 26 cm di diametro imburrata e spolverizzata di farina.

Bucherellate il fondo con una forchetta, ricoprite la pasta con un foglio di carta di alluminio, versate dentro abbondanti fagioli secchi e passate il recipiente in forno preriscaldato (180°) per 30'.

Trascorso tale periodo di tempo, estraete il dolce dal forno, privatelo dei fagioli e della carta, quindi fatelo cuocere per altri 10'.

Lasciate raffreddare completamente la base di pasta frolla, poi distribuite sul fondo la panna, montata insieme con lo zucchero a velo e la vanillina; appoggiate sopra i mezzi fichi scolati dal vino e cospargete la superficie con le mandorle leggermente tostate e tagliate a filettini.

Crostata di amarene

Tempo: 1 ora + tempo
*   di scongelamento della pasta*
Difficoltà: 1
Dosi per 6 persone

1 confezione di pasta frolla surgelata
500 g di amarene
2 cucchiai di confettura di ciliegie
3 tuorli
3 dl di latte
175 g di zucchero
1 bicchierino di Cherry Brandy
1 bustina di zucchero vanigliato

Lasciate scongelare la pasta a temperatura ambiente.

Lavate e sgocciolate le amarene, privatele del nocciolo con l'apposito utensile, quindi ponetele in una casseruola.

Unite 50 g di zucchero e lo Cherry Brandy e lasciatele cuocere, a calore forte, per 15'.

Spegnete il fuoco e fatele raffreddare.

Stendete la pasta scongelata in una sfoglia piuttosto sottile e ricoprite con quest'ultima il fondo e le pareti di una tortiera del diametro di 26 cm, imburrata e infarinata, lasciando debordare la pasta di un centimetro.

Distribuite sul fondo della pasta la confettura di ciliegie, poi collocate sopra le amarene cotte.

Ripiegate il bordo di pasta frolla formando un cordoncino. Lavorate a lungo i tuorli con lo zucchero rimasto e con lo zucchero vanigliato, quindi stemperate il tutto con il latte freddo.

Fate addensare a fuoco dolce, mescolando finché la crema velerà il cucchiaio.

Versate la crema intiepidita sulle amarene e passate il dolce in forno caldo (200°) per circa 30'.

Lasciate raffreddare completamente la torta prima di sformarla su un piatto rotondo di servizio.

Crostata di susine al maraschino

Tempo: 1 ora e 10'
  + il tempo di scongelamento della pasta
Difficoltà: 1
Dosi per 6 persone

1 confezione di pasta brisée surgelata
800 g di susine
1 bicchierino di maraschino
6 cucchiai di zucchero
1 bustina di vanillina
la scorza di un limone grattugiata
12 biscotti secchi sbriciolati

Fate scongelare a temperatura ambiente la pasta.

Lavate e asciugate le susine, privatele del nocciolo, poi tagliatele a pezzetti.

Ponete questi ultimi in una terrina, cospargeteli con lo zucchero, la vanillina, la scorza di limone grattugiata, irroratele con il maraschino e lasciatele riposare, in frigorifero, per 30'.

Stendete la pasta scongelata in una sfoglia sottile e ricoprite con quest'ultima l'interno di una pirofila rotonda di 26 cm di diametro precedentemente imburrata.

Bucherellate il fondo con una forchetta, quindi cospargetelo con i biscotti secchi sbriciolati.

Disponete i pezzetti di susine macerati e passate il recipiente in forno preriscaldato (200°) per 30'.

Lasciate raffreddare la crostata su una gratella da pasticceria prima di presentarla in tavola.

Si può prepararla anche il giorno prima di utilizzarla. In questo caso sarà bene avvolgerla in un foglio di carta d'alluminio.

Spumette frizzanti di pesche al sugo di arancia

Tempo: 20'
Difficoltà: 0
Dosi per 4 persone

---

120 g di cioccolato bianco
4 cucchiai di panna
2 cucchiai di Grand Marnier
2 belle pesche
2 dl di succo di arancia filtrato
1/2 bicchiere di sciroppo di pesca
1 dl e 1/2 di acqua frizzante

Per decorare:

un pizzico di zenzero grattugiato
2 foglioline di menta fresca per ogni calice

Grattugiate il cioccolato bianco e fatelo sciogliere in una casseruolina insieme con la panna mescolando a fuoco basso per alcuni minuti.

Unitevi anche il succo di arancia filtrato e il liquore Grand Marnier: rimescolate bene e spegnete.

Versate la miscela in una ciotola e unitevi le pesche tagliate a dadini e mezzo bicchiere di sciroppo di pesca.

Rimescolate con cura, poi suddividete il composto nei singoli bicchieroni a calice, in precedenza ben ghiacciati in frigorifero, lasciando almeno due dita e mezzo di spazio sotto l'orlo del bicchiere. Riempite con acqua ghiacciata frizzante e servite con un cucchiaino a manico lungo per ogni bicchiere.

Volendo creare un effetto un po' speciale, potrete intingere all'ultimo momento gli orli dei bicchieri, prima di utilizzarli, in un poco di albume leggermente sbattuto e poi subito affondarli in ciotolina piena di zucchero cristallizzato. Tutto ciò conferirà ai bicchieri un'ulteriore aria... super-ghiacciata!

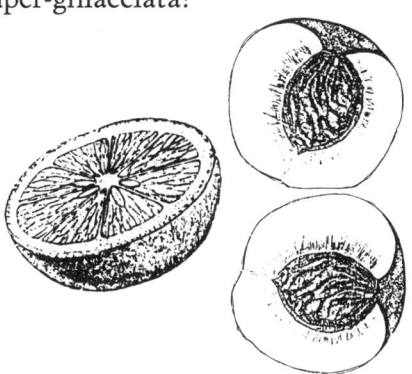

Coppette di fragole e lamponi al Grand Marnier

Tempo: 1 ora e 15'
Difficoltà: 1
Dosi per 8 persone

2 confezioni di fragole
1 confezione di lamponi
4 tuorli d'uovo
125 g di zucchero
50 g di fecola di patate
1/2 litro di latte
la scorza di un'arancia grattugiata
una noce di burro
una bustina di vanillina
250 g di panna montata
 + 150 g per la guarnizione
2 bicchierini di Grand Marnier
12 savoiardi morbidi
qualche goccia
 di succo d'arancia

Mondate e lavate velocemente le fragole, tagliatele a pezzi e sistematele in una terrina. Aggiungete i lamponi, quindi spolverizzate con lo zucchero a velo e irrorate la frutta con 1 bicchierino di Grand Marnier.

Coprite il recipiente e lasciate macerare per 30 minuti in frigorifero.

Nel frattempo preparate la crema: sbattete i tuorli insieme con lo zucchero fino a farli montare, unite a pioggia la fecola di patate, la vanillina, poi stemperate il tutto con il latte.

Aggiungete la scorza d'arancia grattugiata, la noce di burro, versate il miscuglio in una piccola casseruola e, sempre rimescolando su fuoco dolce, lasciate addensare la salsa.

Toglietela dal fuoco, incorporatevi il Grand Marnier rimasto e fatela raffreddare.

Mischiatevi solo adesso e con delicatezza la panna montata.

Suddividete metà della crema in otto coppette di vetro non troppo alte, sistemate sopra i savoiardi spezzettati spruzzati di succo d'arancia, coprite questi ultimi con due cucchiaiate di fragole e lamponi e terminate con la rimanente crema.

Decorate la superficie con ciuffetti di panna montata e servite in tavola.

Potrete anche preparare la crema il giorno precedente conservandola in un recipiente a chiusura ermetica, ma la frutta dovrà essere preparata solo poco tempo prima di presentare le coppette.

Macedonia di frutti di bosco alla crema profumata

Tempo: 40' + il tempo di riposo in frigorifero
Difficoltà: 1
Dosi per 4-6 persone

---

400 g di frutti di bosco misti (more, mirtilli,
* fragoline di bosco, ribes rosso, lamponi)*
2 cestini di fragole
200 g di mascarpone
2 uova
8 cucchiai di zucchero a velo
1 bustina di vanillina
1 bicchierino di grappa di lamponi
80 g di cioccolato bianco
foglioline di menta fresca

Mondate i frutti di bosco e le fragole.

Lavateli velocemente, sgocciolateli, quindi stendeteli su un canovaccio disteso sul tavolo per asciugare l'acqua in eccesso. Poneteli in una terrina, cospargeteli con 6 cucchiai di zucchero a velo, irrorateli con la grappa di lamponi e lasciate macerare, in frigorifero, coperti, per 1 ora.

Sbattete i tuorli con il rimanente zucchero fino a renderli gonfi e spumosi, aggiungete il mascarpone, la vanillina e continuate a mescolare con una piccola frusta elastica fino a quando otterrete una crema liscia.

Scolate bene la frutta, incorporate alla crema il succo della macerazione e date un'ultima rimescolata.

Distribuite la crema nelle singole coppette di vetro, suddividetevi i frutti di bosco, guarnite la superficie con un po' di scagliette di cioccolato bianco, decorate con foglioline di menta fresca prima di presentarla in tavola.

Pesche caramellate al gelato

Tempo: 30'
Difficoltà: 2
Dosi per 6 persone

12 pesche non troppo mature
6 cucchiai di zucchero di canna
1 bicchierino di grappa alle pesche
una presa di polvere di cannella
12 palline di gelato alle pesche
6 grossi amaretti morbidi

Fate caramellare lo zucchero di canna in una padella.

Aggiungete le pesche sbucciate e tagliate a grossi spicchi, quindi scuotendo di tanto in tanto il recipiente, lasciatele caramellare a fuoco vivace. Irroratele allora con la grappa alle pesche e, appena sarà evaporata, spolverizzatele con una presa di cannella.

Spegnete il fuoco dopo 5' e lasciatele raffreddare. Suddividetele poi nelle coppette e guarnite con palline di gelato alle pesche.

Spolverizzate con gli amaretti sbriciolati e presentate in tavola.

Coppe di albicocche all'Apricot Brandy

Tempo: 40'
Difficoltà: 0
Dosi per 6-8 persone

18 albicocche ben sode
1/2 bicchiere di Apricot Brandy
4 cucchiai di zucchero
300 g di gelato alla crema
300 g di gelato alle albicocche
220 g di mandorle

Lavate e tagliate a grossi spicchi le albicocche.

Poneteli in una casseruola, unite lo zucchero, l'Apricot Brandy e lasciate cuocere la preparazione, a calore piuttosto vivace, per 10'.

Spegnete la fiamma e lasciate raffreddare completamente.

Disponete uno strato di gelato alla crema in ogni coppetta, ricopritelo con un po' di albicocche, spolverizzatele con un po' di filetti di mandorle e guarnite con uno strato di gelato di albicocche.

Continuate così fino ad esaurimento degli ingredienti avendo cura di terminare con i filettini di mandorle.

Piccole coppe di pompelmo rosa farcite

Tempo: 30' + il tempo
  di raffreddamento in frigorifero
Difficoltà: 1
Dosi per 6 persone

---

3 bei pompelmi rosa
1 bell'ananas
6 pesche
1 mango maturo
36 acini grossi di uva bianca e nera
1 cestinetto di lamponi
100 g di zucchero vanigliato
1 bicchierino di liquore all'albicocca
foglioline di menta fresca

Tagliate a metà, orizzontalmente, ciascun pompelmo rosa.

Con un coltellino aguzzo e ricurvo staccate con delicatezza tutta la polpa interna in modo da conservare intatte le "coppette" di scorza svuotate.

Ponetele in frigorifero foderate di carta d'alluminio e riempite di fagioli secchi perché conservino bene la forma.

Nel frattempo mondate dalla pellicina e anche da eventuali semi la polpa dei pompelmi, poi tagliatela a dadini e ponetela in una ciotola di porcellana.

Prendete ora l'ananas, toglietegli la scorza e la parte centrale legnosa (dovrebbero risultare circa 250 g di polpa) e tagliatelo a cubetti.

Aggiungete alla polpa dei pompelmi i cubetti di ananas, il mango liberato dalla buccia e dal nocciolo e ridotto a pezzetti, le pesche anch'esse tagliate a dadini e i chicchi di uva (tuffati in precedenza per qualche attimo in acqua bollente e poi sbucciati).

Spolverizzate il tutto con lo zucchero vanigliato, rimescolate, spruzzate con il liquore all'albicocca, rimescolate con delicatezza e lasciate riposare, coperto, in frigorifero per almeno 3 ore.

All'ultimo momento aggiungete a questa macedonia di frutta anche i lamponi (già ben risciacquati con delicatezza in un setaccio e passati sopra un foglio di carta assorbente) e riempite con delicatezza i mezzi pompelmi svuotati dai fagioli secchi e ripassati prima con una salviettina inumidita.

Servite immediatamente in tavola in 6 ciotole di vetro più grandi di ciascun mezzo pompelmo, con una base di ghiaccio tritato colorato con tre cucchiai di granatina in modo da avere un bel colore rosa.

Guarnite con foglioline di menta fresca.

Pesche e fichi al forno

Tempo: 1 ora
Difficoltà: 0
Dosi per 6 persone

---

6 bei fichi grossi e maturi
6 belle pesche gialle a polpa soda
2 cucchiai di lamelle sottili di mandorle
3 cucchiai di miele liquido
50 g di burro fuso
12 biscotti
1/2 cucchiaino di polvere di cannella
2 cucchiai di zucchero di canna

Preriscaldate il forno a 220°.

Tuffate per qualche attimo le pesche in acqua bollente, poi pelatele, liberatele del nocciolo e tagliatele a spicchi non troppo sottili.

Pelate anche i fichi e divideteli in quattro. Disponete ora gli spicchi dei due tipi di frutti, alternati, nella pirofila rettangolare di 22 cm già imburrata e spolverizzata di biscotti sbriciolati.

Fate scaldare a bagno-maria, in una casseruolina, il miele misto alla cannella, poi versatelo sulla frutta, che avrete in precedenza condito con il burro fuso e con le mandorle tagliate a lamelle sottili.

Spolverizzate infine la superficie del miele con i biscotti sbriciolati non troppo finemente.

Passate il recipiente in forno, nella parte alta, per 20' e durante gli ultimi 4' accendete il grill, dopo aver cosparso i frutti con lo zucchero di canna.

Servite la frutta ancora calda.

Potrete servire, come contrasto con questo dessert molto dolce e profumato, una ciotola di yogurt ben freddo sbattuto con due cucchiaiate di panna montata e cosparso di pistacchi pelati e tritati.

Pere gratinate

Tempo: 1 ora
Difficoltà: 1
Dosi per 4 persone

600 g di pere morbide
4 cucchiai di miele
2 cucchiai di acquavite di pera
2 cucchiai di zucchero di canna
50 g di burro
60 g di gherigli di noce
180 g di amaretti sbriciolati

Pelate le pere, privatele del torsolo e dei semi, quindi tagliatele a fettine sottili.

Imburrate una pirofila rotonda di 20 cm di diametro, fate uno strato di fettine di pere, velate queste ultime con un po' di miele, cospargetele con gherigli di noce tritati, con un po' di amaretti sbriciolati e zucchero di canna. Spruzzatele con acquavite di pera, distribuite qua e là qualche fiocchetto di burro, poi fate un altro strato di fettine di pere e continuate così fino ad esaurimento degli ingredienti.

Collocate sulla superficie del dolce qualche fiocchetto di burro e passate il recipiente in forno caldo (200°) per 30' circa.

Solo durante gli ultimi 5' di cottura accendete il grill.

Servite in tavola le pere gratinate nel recipiente di cottura.

Piccoli meloni a sorpresa

Tempo: 50' + il tempo
*   di riposo della frutta*
Difficoltà: 1
Dosi per 6 persone

6 piccoli meloni maturi
700 g di lamponi
150 g di zucchero a velo
1 bicchierino di Kirsch

Per guarnire:
12 foglioline di menta fresca
molto ghiaccio tritato

Mondate i lamponi, poneteli in una terrina, spolverizzateli con lo zucchero a velo, irrorateli con il liquore e rimescolateli con delicatezza.

Tagliate la calotta superiore di ogni piccolo melone, eliminate i semi, poi con l'apposito utensile ricavate dalla polpa tante piccole palline.

Unitele ai lamponi e lasciate macerare la frutta, coperta in frigorifero per 1 ora.

Trascorso tale periodo di tempo, riempite i meloni con i lamponi e le palline del medesimo frutto, appoggiate sopra le calotte tagliate in precedenza, guarnite con due foglioline di menta e sistemate ogni piccolo melone ripieno in una coppetta di cristallo affondandolo nel ghiaccio tritato.

È un modo elegante per offrire un dessert gradevolmente fresco, adatto proprio alla stagione estiva.

Aspic di frutta multicolore

Tempo: 1 ora e 1/2
   + il tempo di riposo in freezer
Difficoltà: 2
Dosi per 8 persone

200 g di lamponi freschi
1 kg di albicocche mature
500 g di pesche
80 g di zucchero vanigliato
4 cucchiai di acqua

Per la gelatina:

il succo di 8 arance
120 g di zucchero
10 fogli di colla di pesce
1 bicchierino di maraschino
acqua q.b.
50 g di zucchero vanigliato

Spremete le arance e aggiungete acqua in quantità tale da ottenere 1 l di liquido. Mettetelo in una casseruola, unitevi lo zucchero e portate a lenta ebollizione per 3'.

Togliete dal fuoco, aromatizzate con il liquore, poi aggiungete i fogli di colla di pesce strizzati, in precedenza spezzettati e ammorbiditi in acqua fredda per 30'.

Mescolate bene fin quando la colla di pesce si sarà del tutto sciolta. Passate allora il liquido attraverso un colino su cui avrete appoggiato un foglio di carta da cucina e lasciatelo raffreddare (ma non solidificare).

Mettete un po' di gelatina di arance sul fondo di uno stampo da budino e fatela rassodare in freezer per 15'.

Nel frattempo lavate e asciugate le albicocche, dividetele a metà, privatele del nocciolo e fatele cuocere con mezza dose di zucchero e acqua in una casseruola per 15'. Pelate le pesche e tagliatele a fettine.

Estraete lo stampo dal freezer e appoggiate sulla superficie della gelatina 6 bei lamponi (con la parte convessa rivolta verso il basso), racchiudete ognuno di essi nell'incavo delle mezze albicocche. Versate sui frutti nuovamente uno strato di gelatina e fatela solidificare nel freezer; ripetete quindi la medesima operazione con lamponi e albicocche, fate un nuovo strato di gelatina e lasciate solidificare come al solito; completate con le fettine di pesche poste le une accanto alle altre nel medesimo senso e spolverizzate di zucchero vanigliato. Versatevi sopra la rimanente gelatina, ponete in freezer per altri 15'. Posate un piatto rotondo di servizio sullo stampo e rovesciateli insieme. Togliete lo stampo e guarnite il bordo dell'aspic con fettine di pesche zuccherate e alcuni bei lamponi.

Potrete preparare anche un giorno o due prima questo "aspic" di grande effetto decorativo che potrà figurare molto bene anche per una cena estiva con ospiti di riguardo; non conservatelo però in freezer, ma nel ripiano più freddo del frigorifero.

Fiori di zucca all'amaretto

Tempo: 1 ora e 1/2
Difficoltà: 1
Dosi per 6 persone

12 bei fiori di zucca
120 g di amaretti
4 cucchiai di zucchero
la mollica di mezzo panino
3 uova
1/2 bicchiere di latte
2 cucchiai di brandy
2 cucchiai di farina
pane secco grattugiato q.b.
1 bustina di zucchero vanigliato
1/2 l di olio di oliva per friggere

Pestate in un mortaio gli amaretti insieme con lo zucchero. Ponete il ricavato in una terrina ed unitevi un uovo intero, la mollica di pane bagnata nel latte tiepido ben strizzata e sbriciolata. Aggiunge-

e il brandy e rimescolate energicamente per ben amalgamare
gredienti tra loro.

parte mondate i fiori di zucca, togliendo loro il gambo ed il pi-
llo interno, lavateli con delicatezza e scuoteteli per far perdere ogni
rimanenza di acqua. Riempite l'interno di ognuno di essi con un po'
dell'impasto preparato, quindi passateli ad uno ad uno prima nella
farina (scuotendoli per eliminarne quella eccedente), poi nelle rimanenti uova sbattute ed infine nel pane grattugiato.

Ponete al fuoco una padella per fritti contenente abbondante olio
e, quando quest'ultimo sarà bollente, immergetevi i fiori di zucca
impanati e lasciateli ben dorare da ogni lato.

Man mano che risulteranno pronti, estraeteli e depositateli su un
foglio di carta assorbente con una paletta forata, senza romperli.

Sistemateli poi a raggiera sopra un piatto di servizio, spolverizzateli con lo zucchero vanigliato e serviteli subito.

Semifreddo alle fragole

Tempo: 1 ora + il tempo
 di raffreddamento in freezer
Difficoltà: 2
Dosi per 8 persone

1 kg di fragole
1 bicchierino di acquavite di fragola
250 g di zucchero
1/2 bicchiere di acqua
4 albumi
1 pan di Spagna di 26 cm di diametro
300 g di panna montata
un pizzico di sale
2 cucchiai di rum

Per guarnire:
100 g di panna montata
1 cestino di fragoline di bosco
qualche fogliolina di menta fresca

Mondate e lavate le fragole, sgocciolatele bene, poi frullatele insieme con l'acquavite di fragola.

Ponete il ricavato in una terrina e sistematelo in frigorifero.

Versate lo zucchero in una casseruola d'acciaio, unite l'acqua e lasciatelo sciogliere su fuoco dolce.

Montate gli albumi a neve fermissima in una terrina insieme con

188

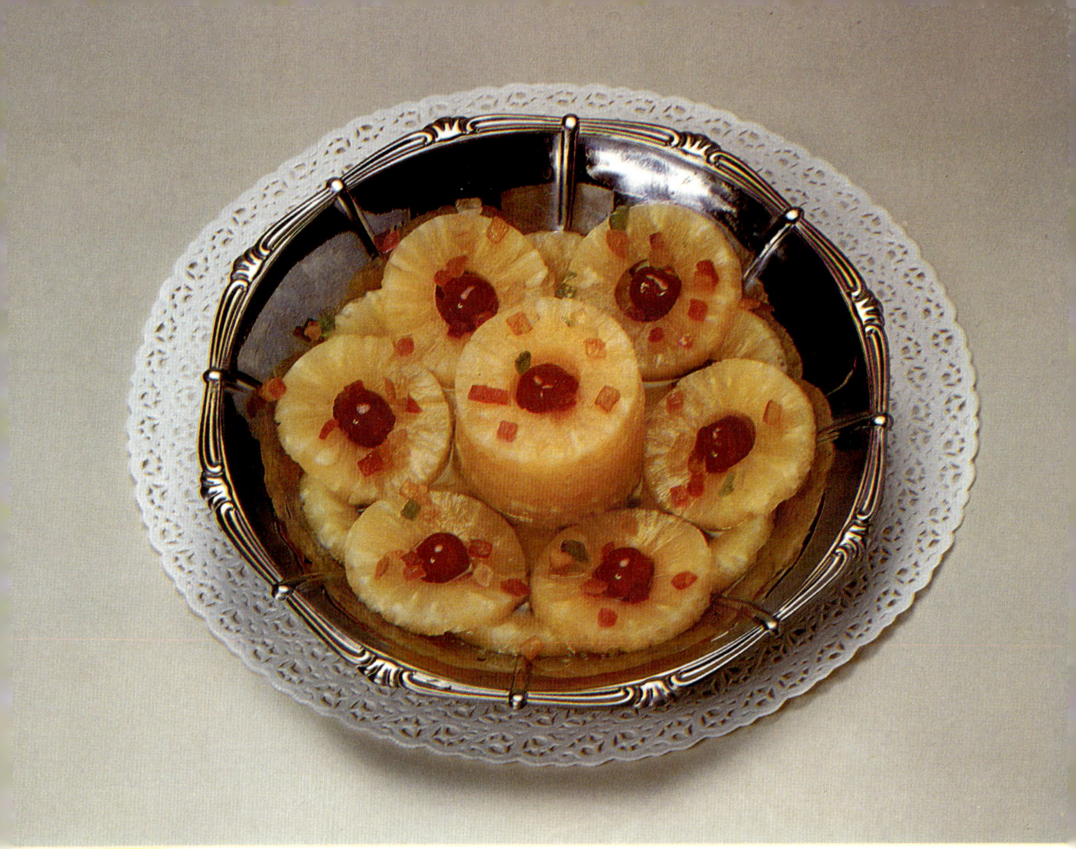

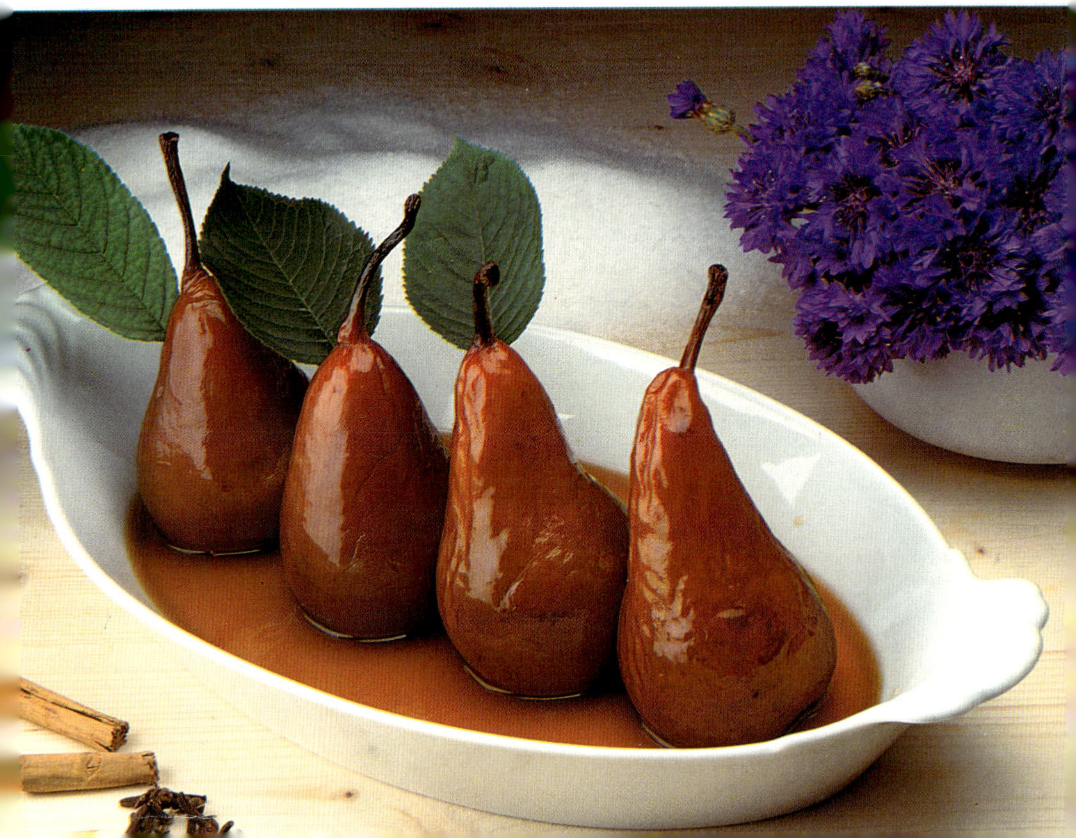

Ananas tonificante

1 ananas di circa 1 kg - 2 cucchiai di zucchero - 1 bicchierino di cognac - ciliegine candite.

Tagliate l'ananas a fette di 1 cm circa di spessore.

Togliete con garbo la buccia e il centro, mettete le fette in un piatto un po' fondo e spolverizzatele con lo zucchero e il cognac.

Preparatele 4-5 ore prima di servirle, decorate con ciliegine candite.

Pere al vino bianco

4 pere ruggine - 4 cucchiaini di zucchero - 1 bicchiere d'acqua - 1 bicchiere di vino bianco - 4 chiodi di garofano - 2 pezzetti di cannella in canna.

Lavate bene le pere e asciugatele.

Prendete un tegame e mettetevi due cucchiai di zucchero con qualche goccia d'acqua e fate caramellare.

(È semplice, basta lasciare il tegame con lo zucchero su un fuoco minimo fin tanto che lo zucchero si scioglie e diventa dorato).

Unite le pere così come sono (intere e con la buccia), aggiungete il vino e l'acqua. Cospargete sulle pere bagnate il restante zucchero, unite i chiodi di garofano e la cannella.

Coprite il tegame e fate cuocere a fuoco lento per un'ora bagnando ogni tanto le pere con lo sciroppo.

un pizzico di sale, poi unite a mano a mano lo sciroppo raffreddato di zucchero e continuate a rimescolare fino a quando otterrete un composto spumoso.

Incorporatevi allora i 2/3 del passato di fragole mescolando sempre dal basso verso l'alto con una piccola frusta elastica ed infine la panna montata.

Foderate ora il fondo e le pareti di uno stampo a cerniera di 26 cm di diametro con un disco di carta d'alluminio. Rovesciate dentro metà del composto preparato, appoggiate sopra il disco di pan di Spagna (privato della crosta), spruzzatelo con lo sciroppo di acqua e rum e versate il rimanente composto a base di fragole e panna.

Coprite il dolce con un foglio di pellicola e sistematelo in freezer per 5 ore.

Sformate il semifreddo su un piatto di servizio rotondo, decorate la superficie con le fragoline di bosco mondate alternate a ciuffetti di panna montata e a foglioline di menta fresca.

Presentatelo in tavola accompagnato con la salsa di fragole tenuta a parte e servita in una salsiera.

Coppette di gelato con salsa alla pesca

Tempo: 50' + il tempo di riposo in frigorifero
Difficoltà: 1
Dosi per 4-6 persone

8 grosse palline di gelato allo yogurt
3 vasetti di yogurt alla pesca
2 cucchiai di zucchero a velo
4 pesche mature
100 g di panna montata
4 amaretti morbidi
foglioline di menta fresca

Versate lo yogurt in una terrina, unitevi lo zucchero a velo, mescolate con un cucchiaio, poi aggiungete gli amaretti sbriciolati, le pesche mondate e tagliate a piccoli dadini ed infine la panna montata, amalgamando bene gli ingredienti.

Coprite il recipiente con un foglio di pellicola e sistematelo in frigorifero per 1 ora.

Al momento di servire suddividete le palline di gelato in ogni singola coppetta, versate sopra la salsa a base di yogurt e pesche, preparata in precedenza, guarnite la superficie di ogni coppetta con 2 foglioline di menta fresca e presentatele subito in tavola.

Coppe di gelato di pesca al croccante

Tempo: 40'
Difficoltà: 0
Dosi per 6-8 persone

---

800 g di gelato alla pesca
4 pesche gialle ben sode
100 g di croccante
1 bicchierino di liquore alla pesca
150 g di panna montata
foglioline di menta fresca

Mescolate il gelato insieme con le pesche ben refrigerate, tagliate a pezzetti, e con il liquore. Suddividete la preparazione nelle coppe singole ben raffreddate e cospargete la superficie con il croccante spezzettato grossolanamente.

Ponete la panna montata in una sacchetta da pasticceria munita di bocchetta seghettata e, premendola leggermente, formate tanti ciuffetti sulla sommità di ciascuna coppa di gelato. Decorate con una fogliolina di menta fresca e servite subito.

Dolce di albicocche e amaretti

Tempo: 1 ora e 20'
*   + il tempo di riposo nel freezer*
Difficoltà: 0
Dosi per 6 persone

---

180 g di amaretti morbidi
100 g di burro
2 cucchiai di panna
2 tuorli
4 cucchiai di Apricot Brandy
150 g di panna montata
2 cucchiai di grappa all'albicocca
20 belle albicocche sode
2 fogli di colla di pesce
2 cucchiai di filettini di mandorle pelate
4 cucchiai di zucchero

Spezzettate la colla di pesce in una scodella, ricopritela di acqua fredda e lasciatela ammorbidire per 30'.

Fate fondere il burro a bagno-maria, lasciatelo intiepidire, poi tra-

190

vasatelo in una terrina e mischiatevi gli amaretti sbriciolati finemente e la panna.

Rimescolate accuratamente in modo da ottenere un impasto omogeneo, quindi distribuitelo, in maniera uniforme, sul fondo di uno stampo a cerniera di 24 cm di diametro. Livellatelo bene con l'aiuto di una spatola inumidita in uno strato alto circa 1 cm.

Sistemate il recipiente in frigorifero, dopo aver ricoperto la preparazione con un foglio di pellicola.

Tagliate le albicocche a spicchi non troppo grossi, metteteli in una terrina, spruzzateli con la grappa all'albicocca e cospargeteli con 2 cucchiai di zucchero e lasciate macerare in frigorifero.

In una casseruola sbattete i tuorli con lo zucchero rimanente fino a renderli chiari, aggiungetevi l'Apricot Brandy e, sempre rimescolando con una piccola frusta elastica, mettete a cuocere la crema a bagno-maria fin quando risulterà spumosa.

Toglietela dal fuoco e incorporatevi la colla di pesce precedentemente ammorbidita e strizzata. Rimescolate a lungo per scioglierla e lasciate raffreddare appena.

Unite la panna montata.

Distribuite la crema preparata sulla base di amaretti e collocate il recipiente in freezer per 3 ore.

Trascorso tale periodo di tempo, togliete il dolce dal freezer, private lo stampo della cerniera e sistemate il dolce su un piatto rotondo di portata.

Sgocciolate gli spicchi di albicocche dal loro liquido di macerazione, quindi disponeteli leggermente sovrapposti e formando una serie di giri concentrici sulla superficie del dolce estratto dal freezer.

Cospargete le albicocche con i filettini di mandorle e servite.

Sorbetto di melone al Porto

Tempo: 30' + il tempo
di preparazione nella gelatiera
Difficoltà: 0
Dosi per 6 persone

900 g di polpa di melone
160 g di zucchero
3 dl e 1/2 di acqua
1 bicchierino di Porto
foglioline di menta fresca

Ponete l'acqua in una casseruola, unite lo zucchero, portate il liquido ad ebollizione, quindi lasciatelo dolcemente sobbollire per 5',
poi spegnete il fuoco e lasciate raffreddare lo sciroppo.

Frullate ora la polpa di melone insieme con il Porto, unite lo sciroppo, mescolate accuratamente e versate il miscuglio nella gelatiera.

Procedete seguendo le istruzioni allegate all'apparecchio.

Presentate in tavola il sorbetto di melone guarnito con foglioline
di menta fresca.

Sorbetto di pesche

Tempo: 40' + il tempo di riposo in freezer
Difficoltà: 1
Dosi per 4 persone

2 dl e 1/2 di spumante secco
600 g di polpa di pesche gialle
250 g di zucchero
foglioline di menta fresca

Ponete lo zucchero in una casseruola, unite lo spumante secco e,
sempre rimescolando su fuoco basso, lasciate sciogliere completamente
lo zucchero.

Togliete il miscuglio dal fuoco e fatelo raffreddare.

Frullate la polpa delle pesche lavate, pelate e tagliate a pezzi, quindi
incorporatela al miscuglio di spumante e zucchero.

Versate la preparazione nella gelatiera elettrica e procedete seguendo le istruzioni allegate all'apparecchio.

Se non avete una gelatiera, travasate il composto in un recipiente
di metallo e ponetelo in freezer fino a quando incomincerà a solidifi-

carsi. Mescolatelo di tanto in tanto per evitare la formazione dei ghiaccioli.

Servite il sorbetto di pesche in coppe di vetro trasparenti e guarnite con foglioline di menta fresca.

Sorbetti di frutta

Tempo: 45' + congelamento
Difficoltà: 0
Dosi per 6 persone

1/2 kg di frutta passata
  (uva, lampone, melone)
300 g di zucchero
1 bicchiere di acqua

Passate al frullatore la frutta scelta, lavata e senza noccioli.

Preparate con lo zucchero e l'acqua lo sciroppo facendolo bollire per 10' e lasciate raffreddare.

Mescolate accuratamente lo sciroppo con il passato di frutta e versateli in una vaschetta di metallo che avete precedentemente posto in freezer.

Rimettete nel freezer ricordandovi di mescolare ogni 20-30' circa per quattro o cinque volte finché si sarà rassodato oppure servitevi della apposita gelatiera.

Presentate il sorbetto in bicchieri che avrete messo a raffreddare nel frigorifero.

AUTUNNO-INVERNO

Plum-cake farcito al cioccolato e nocciole

Tempo: 1 ora e 30'
Difficoltà: 2
Dosi per 4-6 persone

3 uova
220 g di farina
250 g di burro
200 g di zucchero
1 bustina di lievito per dolci
60 g di uvetta sultanina
la scorza grattugiata di un'arancia
120 g di cioccolato fondente
80 g di nocciole
2 cucchiai di rum
un pizzico di sale
1 bustina di zucchero vanigliato

Mettete a bagno l'uvetta con poca acqua tiepida per 30' circa.

Lavorate in una terrina 200 g di burro ammorbidito a temperatura ambiente, poi continuando sempre a rimescolare, incorporatevi ad uno ad uno i tuorli, lo zucchero, un pizzico di sale, la farina setacciata con il lievito, la scorza dell'arancia grattugiata ed infine l'uvetta ben scolata e strizzata.

Rimescolate accuratamente ed infine aggiungete gli albumi montati a neve fermissima.

Imburrate e cospargete di pangrattato uno stampo da plum-cake di circa 1 kg, versate dentro il composto preparato, quindi lasciate cuocere il dolce, in forno preriscaldato (180°) per 40'.

Nel frattempo fate sciogliere il cioccolato fondente a bagno-maria, poi, fuori dal fuoco, unitegli il rimanente burro a pezzetti, il rum e le nocciole tritate.

Estraete il dolce dal forno, lasciatelo raffreddare, quindi sformatelo su una gratella. Dividetelo a metà nel senso dello spessore e farcitelo con la crema al cioccolato e nocciole.

Ricomponete il dolce, collocatelo su un piatto rettangolare di servizio, spolverizzate la superficie con lo zucchero vanigliato.

Una ricetta squisita, destinata però a chi ha il tempo sufficiente per poterla preparare con calma.

Plum-cake al caffè e noci

Tempo: 1 ora
Difficoltà: 1
Dosi per 4-6 persone

---

350 g di farina
200 g di zucchero
150 g di burro
3 uova
80 g di gherigli di noce
3 tazzine di caffè ristretto
1 bustina di lievito per dolci
1 bicchierino di liquore nocino
un pizzico di sale
latte q.b.
1 bustina di vanillina

Per guarnire:

200 g di panna montata
qualche mezzo gheriglio di noce

Sbattete le uova in una terrina insieme con lo zucchero fino ad ottenere una crema soffice e spumosa.

Aggiungete il burro in precedenza sciolto a bagno-maria, poi incorporatevi, a poco a poco, la farina alternata al latte (quest'ultimo dovrà essere aggiunto in proporzione tale da far risultare l'impasto morbido).

Mischiatevi anche la vanillina, i gherigli di noce tritati grossolanamente, il liquore nocino, il caffè ristretto ed infine un pizzico di sale e il lievito per dolci.

Rimescolate accuratamente i vari ingredienti con una piccola frusta elastica, versate il miscuglio in uno stampo da plum-cake di media misura, imburrato e infarinato, e passate il recipiente in forno preriscaldato (180°) per 40'.

Trascorso tale periodo di tempo, spegnete il forno e lasciate ancora il plum-cake in forno al caldo per 5'.

Estraetelo e lasciatelo raffreddare, quindi sformatelo su un piatto rettangolare di servizio e guarnite la superficie con ciuffetti di panna montata su cui potrete appoggiare dei gherigli di noce tagliati a metà.

Questo nutriente e invitante plum-cake può essere preparato anche in anticipo di due giorni conservandolo poi in frigorifero, ben avvolto in un foglio di alluminio. Naturalmente la guarnizione va fatta all'ultimo momento.

Dolce di semolino e nocciole

Tempo: 1 ora
Difficoltà: 1
Dosi per 4 persone

---

150 g di semolino
1/2 l di latte
6 uova
200 g di zucchero
1 cucchiaio colmo di lievito per dolci
1 bicchierino di brandy
200 g di nocciole
60 g di cioccolato fondente

Per la guarnizione:

200 g di panna montata
2 cucchiai di granella di nocciole

Versate a pioggia nel latte il semolino e fatelo cuocere per 20' sempre mescolando.

Sbattete le uova insieme con lo zucchero fino ad ottenere un composto soffice e spumoso. Incorporatevi, sempre rimescolando con una piccola frusta elastica, il lievito, il semolino cotto nel latte, il brandy, le nocciole pelate e pestate e il cioccolato fondente grattugiato.

Imburrate e infarinate una tortiera a cerniera del diametro di 26 cm. Versate dentro il miscuglio preparato in precedenza, quindi passate il recipiente in forno caldo (180°) per 40'.

Sformate la torta su una gratella da pasticceria e lasciatela raffreddare.

Sistematela su un piatto di servizio rotondo, ricopritene la superficie con un velo di panna montata, cospargetela con la granella di nocciole e decorate il bordo del dolce con ciuffetti di panna montata.

Un bel dolce ricco di sapori, ma... attenzione, anche di calorie!

Torta autunnale

Tempo: 1 ora circa
+ 2 ore di riposo della pasta frolla
Difficoltà: 1
Dosi per 4 persone

Per la pasta frolla:
170 g di farina
85 g di burro
60 g di zucchero
1 tuorlo
un pochino di scorza di limone
un pizzichino di sale
70 g di nocciole

Per il ripieno:
4 mele golden
6 fichi maturi
70 g di gherigli di noce
1 cucchiaino di polvere di cannella
1 bicchierino di Grand Marnier
la scorza grattugiata di un'arancia
2 cucchiai di panna
3 cucchiai di zucchero di canna
1 busta di zucchero vanigliato

Preparate con gli ingredienti indicati la pasta frolla, lavoratela con le mani rapidamente, poi datele la forma di una palla, avvolgetela in un foglio di pellicola trasparente e conservatela in frigorifero per due ore.

Al momento di utilizzarla, impastatela con le nocciole tritate finemente nel mixer, poi distendetela con il matterello e ricavatene due dischi, di cui uno di diametro superiore di 2 cm.

Ungete bene una teglia di 22 cm di diametro, allineatevi dentro, a circoli concentrici, i mezzi gherigli di noce con la parte bombata verso il recipiente. Ricoprite le noci, pigiandole leggermente, con il disco di pasta frolla più grande, foderando completamente la teglia.

Sbucciate e tagliate le mele a fettine sottili, pelate i fichi e tagliateli a spicchi; dividete anche l'arancia in spicchi, che libererete ad uno ad uno dalla pellicina. Ponete i vari tipi di frutta in una ciotola ampia e unitevi con la cannella, il liquore, la panna, lo zucchero di canna e la scorza grattugiata dell'arancia.

Mescolate con cura i frutti di questa macedonia, poi poneteli sul disco di pasta, adagiatevi sopra l'altro disco di pasta, ripiegando sopra i bordi di quello posto come base. Pizzicate bene tutt'in giro il

197

bordo dei due dischi di pasta frolla, punzecchiate con una forchetta la superficie della torta e fate cuocere in forno preriscaldato a 220° per 50'.

Quando la torta sarà pronta, sformatela su una gratella e lasciatela raffreddare un po', poi fatela scivolare con molta delicatezza su un piatto rotondo di servizio e spolverizzatela di zucchero vanigliato passato attraverso un colino fine.

È preferibile servire questa torta tiepida.

Torta di banane, uvetta e cioccolato

Tempo: 1 ora e 20'
Difficoltà: 1
Dosi per 8 persone

3 banane di media grossezza
2 cucchiai di uvetta sultanina
100 g di cioccolato fondente
1 bicchierino di rum
1 bustina di lievito per dolci
1 bicchiere di latte
200 g di zucchero
300 g di farina
4 uova
100 g di burro fuso
la scorza grattugiata di mezzo limone
un pizzico di sale

Ponete l'uvetta in una scodella, ricopritela di acqua tiepida e lasciatela ammorbidire.

Sbattete i tuorli insieme con lo zucchero fino a renderli spumosi e bianchi.

Unite successivamente il burro fuso, la scorza di limone grattugiata e, sempre sbattendo con la frusta elastica, incorporatevi la farina alternata al latte.

Mischiatevi allora le banane schiacciate a purea insieme con il rum, un pizzico di sale, l'uvetta ben scolata e strizzata, il cioccolato fondente grattugiato grossolanamente e il lievito per dolci.

Rimescolate accuratamente per far ben legare tutti gli ingredienti adoperati tra loro ed infine unite gli albumi montati a neve fermissima.

Imburrate e infarinate una tortiera del diametro di 26 cm, poi versate dentro l'impasto preparato.

198

Passate il recipiente in forno caldo (180°) per 45'.

Estraete la torta dal forno, lasciatela raffreddare su una gratella da pasticceria, quindi sistematela su un piatto rotondo di servizio.

Torta di noci

Tempo: 1 ora e 30'
Difficoltà: 1
Dosi per 6 persone

200 g di farina
100 g di gherigli di noce tritati
150 g di zucchero
100 g di burro
3 uova
il succo di un'arancia
2 cucchiai di cacao amaro
1 bustina di lievito
1 bustina di vanillina

Sbattete i tuorli d'uovo insieme con lo zucchero fino a renderli bianchi e spumosi.

Incorporatevi il burro sciolto a bagno-maria, continuate a sbatte-re con una frusta elastica, poi aggiungete la farina fatta scendere a "pioggia", i gherigli di noce tritati, il succo d'arancia, il cacao ama-ro, la vanillina e il lievito.

Rimescolate accuratamente in modo che tutti gli ingredienti risul-tino ben amalgamati tra loro ed infine unite gli albumi montati a ne-ve fermissima. Ungete una tortiera di 24 cm di diametro con il burro, spolverizzatela con la farina e versate dentro il composto preparato.

Passate il recipiente in forno caldo (180°) per 50'.

Estraete la torta dal forno, sformatela su una gratella da pasticce-ria e, appena risulterà fredda, collocatela su un piatto di servizio.

Se volete un effetto visivo ancora migliore, decorate la torta con un giro di gherigli di noce lucidati da una pennellata di miele.

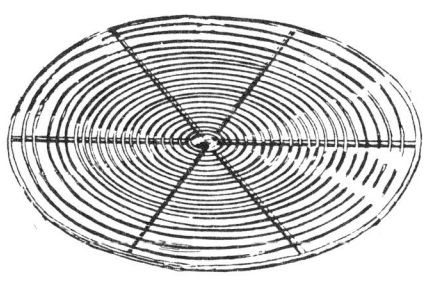

Omelette spumosa di banane e purea di castagne

Tempo: 40'
Difficoltà: 1
Dosi per 4-5 persone

---

12 savoiardi
2 grosse banane
30 g di burro
2 cucchiai di zucchero di canna
5 cucchiai di purea dolce di castagne
2 cucchiai di latte
1/2 bicchierino di rum
4 uova
220 g di zucchero a velo
un pizzichino di sale
1 bustina di zucchero vanigliato

Per lo sciroppo:

100 g di zucchero semolato
1 bicchiere d'acqua
1 bicchierino di rum

Fate fondere lo zucchero semolato in una piccola casseruola insieme con l'acqua e il rum. Lasciate restringere di un terzo il liquido, spegnete e fate raffreddare. Tuffate poi, rapidamente, ad uno ad uno, i savoiardi in questo sciroppo e quindi foderate con i biscotti il fondo e le pareti di una pirofila rettangolare di media misura.

Sbucciate le banane, tagliatele a fettine e fatele saltare in una padella antiaderente con il burro caldo e lo zucchero di canna: innaffiatele con 2 cucchiai di rum e fate assorbire un poco il sugo. Accomodatele sui biscotti coprendo tutta la superficie.

Quando tutto sarà raffreddato, stendete sulle banane la purea di castagne, in precedenza stemperata in una ciotola insieme con 2 cucchiai di latte.

In un'altra terrina, con una frusta elastica sbattete i tuorli, insieme con lo zucchero a velo, fino a montarli e a renderli chiari e spumosi.

A parte montate a neve fermissima gli albumi con un pizzichino di sale, amalgamateli con delicatezza alla crema di tuorli, rimescolate con leggerezza con una frusta elastica sollevando il composto più volte dal basso verso l'alto e poi versatelo sulla preparazione.

Passate subito il recipiente in forno preriscaldato (230°) e toglietelo dopo circa 20'.

Spolverizzate il dolce di zucchero vanigliato e servitelo immediatamente in tavola.

Crostata d'uva

Tempo: 1 ora e 15' + 2 ore di
  scongelamento della pasta
Difficoltà: 1
Dosi per 6-8 persone

400 g di pasta frolla surgelata
400 g di acini di uva mista (bianca e nera)
2 uova + 1 albume
5 cucchiai di zucchero
la scorza grattugiata di un'arancia
60 g di farina di mandorle
100 g di marrons glacés sbriciolati
2 dl di panna
1 bicchierino di maraschino
2 cucchiai di granella di zucchero

Distendete con il matterello la pasta frolla scongelata in una sfoglia sufficientemente larga per foderare una tortiera, del diametro di 28 cm, in precedenza imburrata e cosparsa di un po' di farina.

Forate la pasta qua e là, sul fondo, con una forchetta, spennellatela con l'albume e distribuitevi sopra i marrons glacés sbriciolati. Su questi collocate poi gli acini d'uva sgranati, lavati e asciugati.

Sbattete ora i tuorli con lo zucchero fino a montarli, unitevi la scorza grattugiata di un'arancia, la farina di mandorle, il liquore e la panna. Rimescolate bene ed infine amalgamate al composto anche gli albumi montati a neve fermissima.

Versate questa specie di crema sugli acini d'uva all'interno della pasta.

Fate cuocere in forno preriscaldato (190°) per circa 40'. Lasciate raffreddare e infine spolverizzate la crostata con granella di zucchero.

Per questa deliziosa ricetta è bene prevedere una tortiera possibilmente di porcellana da fuoco o di pirex poiché la crostata dovrà essere servita dentro al recipiente di cottura.

È ottima anche il giorno dopo.

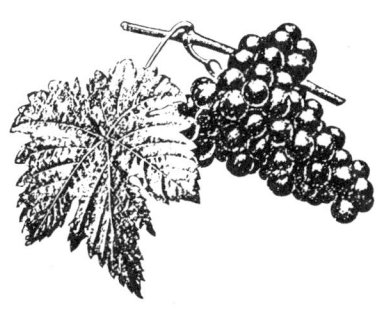

Fave dei morti

Tempo: 1 ora
Difficoltà: 1
Dosi per 30-35 dolcetti

100 g di mandorle non sbucciate
100 g di zucchero
70 g di farina
2 cucchiaini di cannella in polvere
30 g di burro
1 uovo
la scorza grattugiata di un limone

Tritate finemente le mandorle nel mixer insieme con lo zucchero, versato poco alla volta, fino a quando il tutto apparirà ben impastato.

Ponete il miscuglio sulla spianatoia, unite la farina, la cannella, il burro ammorbidito a temperatura ambiente, la scorza del limone e l'uovo. Lavorate a lungo il composto fino a quando risulterà omogeneo, poi formate con la pasta un lungo bastoncino.

Tagliatelo a pezzetti lunghi come gnocchi e schiacciate un po' ogni tocchetto dando la forma approssimativa delle fave.

Allineate le "fave dei morti" su una placca imburrata e passate il recipiente in forno caldo (180°) per 20'. Fatele raffreddare in forno.

Staccate ogni dolcetto con delicatezza aiutandovi con una piccola spatola.

Dolce al cioccolato, uvetta e noci

Tempo: 1 ora e 30'
Difficoltà: 1
Dosi per 4 persone

120 g di cioccolato fondente
4 dl di panna
100 g di gherigli di noce
60 g di uvetta sultanina
120 g di zucchero
2 cucchiai di rum
1 bustina di vanillina
3 uova
1 cucchiaio di amido di mais
200 g di panna montata

Ponete l'uvetta sultanina in una scodella, ricopritela di acqua tiepida e lasciatela ammorbidire per una mezz'ora.

Fate sciogliere il cioccolato fondente insieme con la panna e 60 g di zucchero in una casseruola a bagno-maria.

Sbattete ora le uova in una terrina insieme con il rimanente zucchero, aggiungete il cioccolato fondente fuso con la panna, l'amido di mais stemperato con un cucchiaio di acqua, i gherigli di noce tritati grossolanamente, il rum, la vanillina e l'uvetta sultanina scolata e strizzata.

Rimescolate accuratamente i vari ingredienti, poi versate il composto in uno stampo scanalato da budino.

Fate cuocere il dolce, a bagno-maria, in forno preriscaldato (200°) per un'ora.

Lasciate raffreddare, quindi sformatelo su un piatto di servizio rotondo, guarnite la superficie del dolce e il bordo del piatto con ciuffetti di panna montata e presentatelo in tavola.

Potrete decorare questo ottimo, nutriente dolce, con alcuni mezzi gherigli di noce ricoperti di zucchero caramellato: otterrete un effetto da "gran pasticcere" con poco sforzo.

Piramide di castagne caramellate

Tempo: circa 2 ore
Difficoltà: 2
Dosi per 6 persone

32 castagne molto grosse
300 g di zucchero
1 l d'acqua
1 foglia di alloro
2 cucchiai di rum
250 g di panna montata
80 g di cioccolato fondente

Sbucciate le castagne senza romperle, buttatele per 3 minuti in acqua bollente, quindi scolatele e privatele della pellicina che le ricopre.

Portate ad ebollizione 1 l di acqua con l'alloro e con 100 g di zucchero e, quando quest'ultimo sarà completamente sciolto, tuffatevi le castagne, rimescolate e lasciatele dolcemente sobbollire per 35' circa, finché le castagne risulteranno cotte, ma non sfatte.

Scolatele dal liquido, allineatele su un canovaccio disteso sul tavolo e fatele asciugare.

Ponete il rimanente zucchero in una pentolina, unite il rum e lasciate sciogliere a fuoco molto basso, finché non sarà di un bel colore dorato e caramellato.

Immergetevi, ad una ad una, le castagne, fatele ricoprire in maniera uniforme, lasciatele raffreddare, poi disponetele a piramide su un piatto di portata rotondo.

Cospargete il dolce di castagne con le scagliette di cioccolato fondente e guarnite, qua e là, con qualche ciuffetto di panna montata.

Può essere un dolce di "effetto natalizio", molto gradevole sia all'occhio che al palato.

Potrete anche guarnirlo con alcune violette candite sparse qua e là (le violette candite si trovano solo nelle migliori pasticcerie).

Dolce di castagne e cioccolato al rum

Tempo: 2 ore e 30'
Difficoltà: 1
Dosi per 4 persone

500 g di castagne
1 foglia di alloro
180 g di zucchero semolato
100 g di burro
100 g di nocciole
4 uova
un bicchierino di rum
80 g di cioccolato fondente

Per la guarnizione:

100 g di panna montata
8 violette candite
3 cucchiai di marrons glacés spezzettati

Incidete con un piccolo coltellino le castagne, ponetele in una casseruola, con una foglia d'alloro, ricopritele di acqua fredda e lasciatele cuocere per 1 ora a recipiente coperto.

Trascorso tale periodo di tempo, scolatele, privatele della buccia e della pellicina e passatele nello schiacciapatate raccogliendo la purea in una terrina.

Sbattete in un'altra terrina i tuorli con lo zucchero fino a renderli gonfi e spumosi, incorporatevi il burro ammorbidito a temperatura ambiente, continuate a sbattere fino ad ottenere un composto cremoso al quale unirete il passato di castagne, il cioccolato fondente grattugiato, il rum e le nocciole tritate finemente.

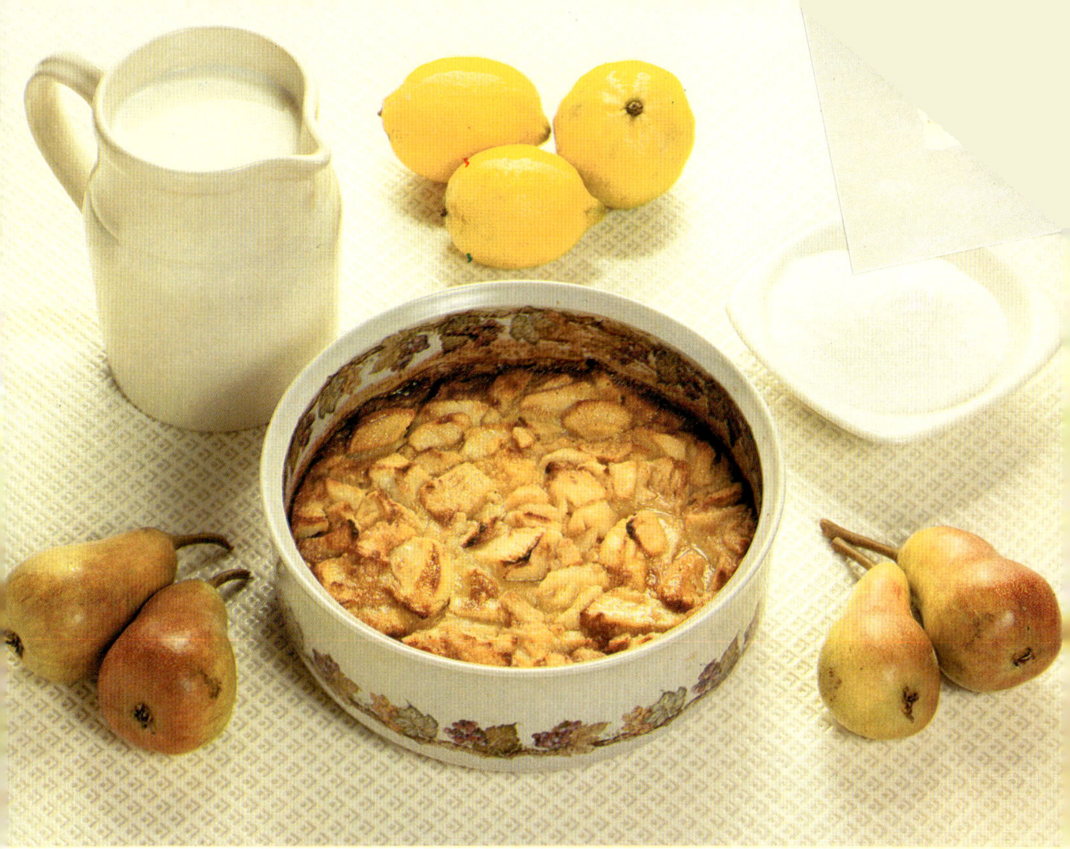

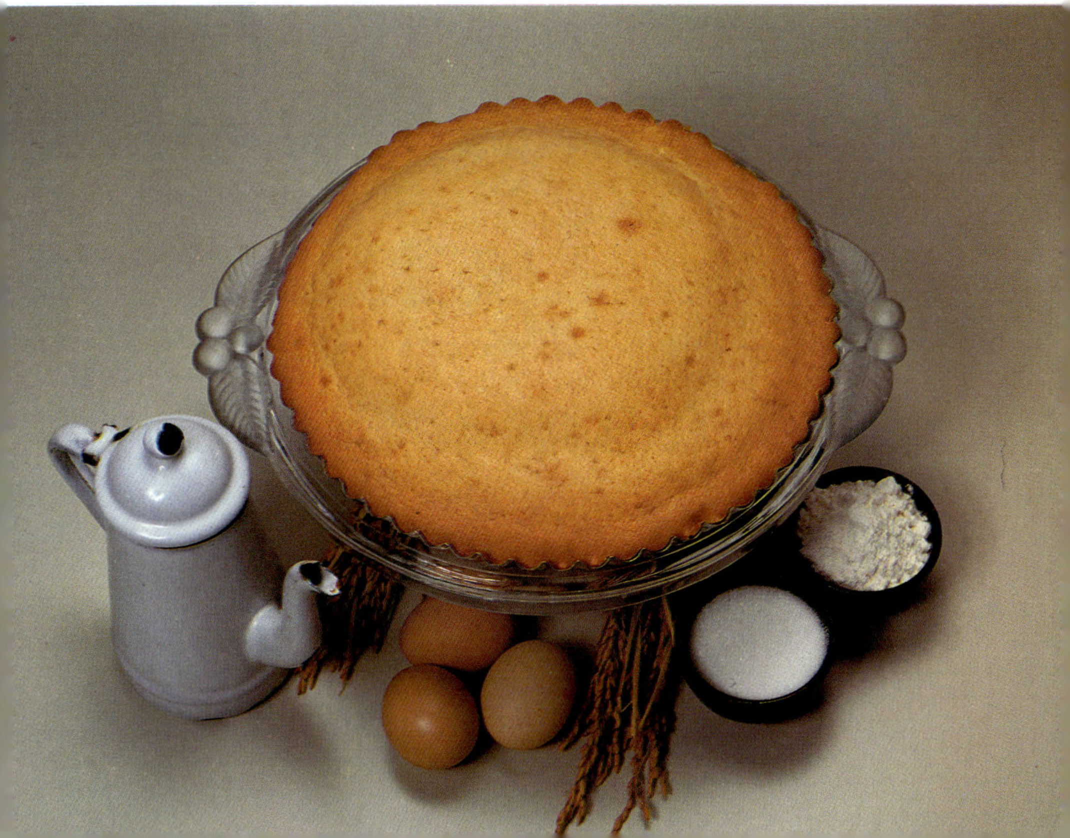

Sformato di pere Rosy

500 g di pere burrose - 1 cucchiaino di zenzero grattugiato - 3 uova -
100 g di zucchero - 1 scorza di limone - 1/2 l di latte - 1 cucchiaino
di amido di mais - un pizzico di sale.

Sbattete in una terrina le uova intere con lo zucchero, unite poco alla volta il latte tiepido, l'amido di mais e la scorza grattugiata di un limone.

Lavate le pere, sbucciatele, togliete il torsolo e tagliatele a fette sottili.

Prendete una pirofila rotonda di circa 22 cm di diametro, disponete in un unico strato le fette di pere, cospargetele con lo zenzero grattugiato e versatevi sopra la crema preparata, in modo uniforme.

Mettete la pirofila in forno preriscaldato (180°) e fate cuocere per circa un'ora.

Torta allo yogurt magro

3 uova - 1 yogurt magro alla banana da 125 g - 1 misurino di zuc-
chero - 3 misurini di farina - 1/2 misurino di olio di semi - 1/2 bu-
stina di lievito per dolci.
* Per misurino si intende la confezione vuota dello yogurt.

Sbattete bene le uova, aggiungete lo yogurt, il misurino di zucchero, i tre di farina, il mezzo misurino di olio e il lievito.

Amalgamate delicatamente il tutto, versate in una teglia imburrata ed infarinata e fate cuocere in forno preriscaldato (150°) per 30'.

Questa torta ha il pregio di essere dietetica, molto semplice nella preparazione e di sicura riuscita.

Aggiungete infine gli albumi montati a neve fermissima mescolando dal basso verso l'alto.

Imburrate e infarinate una tortiera a cerniera, del diametro di 24 cm, versate dentro il miscuglio preparato e lasciate cuocere il dolce, in forno preriscaldato (180°) per 45'.

Sformatelo su una gratella da pasticceria e, appena risulterà freddo, sistematelo su un piatto di portata, ricoprite la superficie con la panna montata e cospargete con i marrons glacés spezzettati finemente.

Decorate il bordo della torta con ciuffetti di panna montata alternati alle violette candite.

Arance allo sciroppo caldo

Tempo: 1 ora e 40'
Difficoltà: 1
Dosi per 6 persone

8 belle arance
200 g di zucchero in zollette
1/2 l di acqua circa
1 bicchierino di Grand Marnier
100 g di filettini di mandorle

Lavate e asciugate le arance, sbucciatele con un coltellino ben affilato togliendo soltanto la parte arancione. Ricavatene dei filettini sottili e fateli cuocere per 1 ora mettendoli al fuoco nell'acqua fredda.

Ponete le zollette di zucchero in una casseruola, unite un bicchiere d'acqua e collocatele sul fornello a calore dolce; lasciate cuocere lo sciroppo per 5' da quando incomincerà a prendere bollore, tenendo sempre il fuoco dolce. Aggiungete allo sciroppo i filettini di scorza d'arancia ben scolati e fateli bollire adagio fino a quando risulteranno trasparenti. Unite il liquore, rimescolate e, dopo qualche minuto, togliete la casseruola dal fornello.

Disponete ora le arance in precedenza pelate "al vivo" in un piatto fondo da portata, versatevi sopra lo sciroppo caldo con le scorzette e infine cospargetele con i filettini di mandorle. Servite caldo.

Sformato di pere Rosy

Tempo: 1 ora e 30'
Difficoltà: 1
Dosi per 4 persone

500 g di pere burrose
1 cucchiaino di zenzero grattugiato
3 uova
100 g di zucchero
1 scorza di limone
1/2 l di latte
1 cucchiaino di amido di mais
un pizzico di sale

Sbattete in una terrina le uova intere con lo zucchero, unite poco alla volta il latte tiepido, l'amido di mais e la scorza grattugiata di un limone.

Lavate le pere, sbucciatele, togliete il torsolo e tagliatele a fette sottili.

Prendete una pirofila rotonda di circa 22 cm di diametro, disponete in un unico strato le fette di pere, cospargetele con lo zenzero grattugiato e versatevi sopra la crema preparata, in modo uniforme.

Mettete la pirofila in forno preriscaldato (180°) e fate cuocere per circa un'ora.

È semplice e tutta freschezza! Si può servire freddo o tiepido nel recipiente di cottura.

Pere fiammeggiate al rum

Tempo: 40'
Difficoltà: 1
Dosi per 4 persone

8 pere (piccole e sode)
60 g di zucchero
1 bicchiere d'acqua
la scorza grattugiata di un'arancia
2 bicchierini di rum
un pizzico di zenzero grattugiato

Pelate le pere lasciandole intere con il picciolo. Con un coltellino asportate dalla parte sottostante il torsolo con i semi.

Con lo zucchero, l'acqua e la scorza dell'arancia preparate lo sciroppo in una piccola casseruola e fatelo sobbollire per 5 minuti. Aggiungetevi le pere in piedi le une accanto alle altre e fate cuocere a fuoco dolce per circa mezz'ora, bagnandole ogni tanto con lo sciroppo. Togliete le pere e appoggiatele diritte con il picciolo rivolto verso l'alto in una coppa rotonda.

Aggiungete tre cucchiaiate di rum allo sciroppo delle pere e lasciatelo ridurre a calore minimo per altri 5 minuti, quindi versatelo ben caldo sulle pere.

Cospargetele con lo zenzero grattugiato, quindi mettete il restante rum in un mestolino, dategli fuoco e versatelo fiammeggiante sulle pere mentre servite.

Le pere sono frutti che si prestano sempre a fare ottimi dolci, neppure troppo costosi. Val la pena tenerle presenti.

Torta di zucca della Jucci

Tempo: 1 ora e 20'
  + il tempo di riposo in frigorifero
Difficoltà: 1
Dosi per 10 persone

1 kg di zucca
70 g di burro fuso
2 cucchiai di miele
20 amaretti pestati
2 mele renette
scorza di 1/2 limone grattugiata
un pizzico di scorza grattugiata di arancia
2 cucchiai di liquore all'amaretto
1 bustina di vanillina
2 uova
100 g di cioccolato amaro in polvere
2 cucchiai di caffè in polvere
150 g di zucchero
1/2 vasetto di marmellata di fichi
3 cucchiai di pane grattugiato
un pizzico di sale
1 bustina di zucchero vanigliato

Togliete la scorza alla zucca, liberatela dei semi e dei filamenti interni e tagliatela a pezzi regolari piuttosto grossi.

Cuocete la zucca al forno o al vapore, come preferite, finché risulterà tenera. Frullatela nel mixer (se lo avete) oppure passate al passaverdure.

Ponete la purea ottenuta in una terrina capace con le mele sbucciate e affettate sottilmente e tutti gli ingredienti elencati dosando a vostro giudizio il pane grattugiato.

Lavorate a lungo per amalgamare bene l'impasto. Coprite con una salvietta e lasciate riposare in frigorifero fino al giorno dopo.

Imburrate e spolverizzate di zucchero uno stampo di 26 cm di diametro e a bordi alti. Versate il composto, livellatelo bene con una spatola, spolverizzate con poco pane grattugiato e infornate in forno preriscaldato (180°) per un'ora o più verificando che abbia raggiunto una buona consistenza.

Estraetela, sformatela su un piatto di pirex e rimettetela in forno per una decina di minuti perché faccia una crosticina anche sul fondo.

Servite la torta fredda spolverizzata di zucchero vanigliato.

Castagnaccio

Tempo: 1 ora
Difficoltà: 0
Dosi per 6 persone

300 g di farina di castagne
100 g di uvetta sultanina
50 g di pinoli
1/2 cucchiaino di sale
5 cucchiai di olio di oliva
acqua q.b.
un pizzico di rosmarino

Fate rinvenire l'uvetta in poca acqua tiepida.

Setacciate la farina di castagne in una terrina, aggiungete il sale e, sempre rimescolando con una piccola frusta elastica, unite 4 cucchiai di olio di oliva e l'acqua per ottenere una pastella molto morbida.

Ungete con olio una teglia o una tortiera a bordi bassi di 30 cm di diametro, versate dentro la pastella preparata, poi cospargetela con i pinoli, con l'uvetta ben scolata e strizzata e un pizzico di rosmarino che gli conferisce un profumo caratteristico. Irrorate la superficie del castagnaccio con un cucchiaio di olio di oliva, quindi passate la tortiera in forno preriscaldato (190°) e lasciate cuocere fino a quando sulla superficie si sarà formata una crosticina croccante.

Si serve sia caldo che freddo.

Se preferite potete usare una teglia di 30 × 40 cm.

Il castagnaccio deve risultare piuttosto basso.

Uva in coppa

Tempo: 10' + tempo di riposo
  in frigorifero
Difficoltà: 0
Dosi per 4 persone

500 g di uva nera
400 g di gelato al limone
2 cucchiai di zucchero
1 limone (solo il succo)

Lavate gli acini d'uva avendo cura di scegliere quelli più belli e sani, asciugateli bene, tagliateli a metà eliminando i vinaccioli. Metteteli in un piatto, cospargeteli di zucchero e succo di limone.

Lasciate in frigorifero per un paio d'ore la frutta così preparata dopo aver coperto il recipiente con pellicola trasparente.

Prendete le coppe di servizio e mettete anche queste in frigorifero perché siano ben fredde al momento dell'uso ed impediscano al gelato di sciogliersi troppo in fretta.

Al momento di servire togliete il tutto dal frigorifero, distribuite nelle coppette il gelato e versatevi sopra l'uva.

Semifreddo di castagne al rum

Tempo: 1 ora e 1/2
  + 3 ore di riposo in freezer
Difficoltà: 3
Dosi per 8-10 persone

500 g di castagne
800 g di gelato alla crema
140 g di zucchero
60 g di burro
300 g di panna montata + 100 g per guarnire
1 bustina di vanillina
80 g di cioccolato fondente
1 bicchierino di rum
una presa di sale
100 g di panna montata

Fate cuocere le castagne in abbondante acqua in cui avrete aggiunto una presa di sale. Scolatele appena risulteranno tenere, quindi privatele della buccia, della pellicina ed infine passatele nel passaverdure.

Raccogliete la purea in una terrina, incorporatevi la vanillina, il rum, lo zucchero, il burro a pezzetti e continuate a rimescolare fino ad ottenere un miscuglio omogeneo.

Lasciate raffreddare la preparazione, poi unitevi il cioccolato a scagliette e la panna montata.

Versate ora in uno stampo da budino a pareti lisce, già raffreddato in freezer, il gelato alla crema leggermente ammorbidito, addossatelo rapidamente alle pareti aiutandovi con il dorso di un cucchiaio inumidito di acqua ghiacciata (la parte interna dello stampo dovrà risultare ben rivestita di gelato) e rimettetelo in freezer per una decina di minuti.

Riempite l'interno con il composto a base di castagne, livellatelo con la lama di un coltello, copritelo con un foglio di pellicola e sistemate il recipiente in freezer per 3 ore.

Sformate il semifreddo di castagne su un piatto di servizio, decorate la superficie con ciuffetti di panna montata e servitelo subito.

Gelato alle noci

Tempo: 1 ora
  + il tempo di preparazione nella gelatiera
Difficoltà: 1
Dosi per 6-8 coppette

---

1 l di latte
80 g di gherigli di noce
1 stecca di vaniglia
8 tuorli
240 g di zucchero
1 bicchierino di liquore nocino
gherigli di noce caramellati

Tritate finemente le noci nel mixer insieme con il liquore nocino.

Portate il latte ad ebollizione insieme con la vaniglia, unite il composto di noci e liquore, spegnete il fuoco e lasciate in infusione per circa mezz'ora.

Sbattete in una terrina i tuorli insieme con lo zucchero fino a renderli bianchi e spumosi, unite il latte (privato della vaniglia) versato poco alla volta e "a filetto".

Poi rimettete nuovamente il composto nella casseruola dove avete fatto scaldare il latte e, senza mai smettere di rimescolare, lasciatelo cuocere fino a quando incomincerà a "velare" il cucchiaio senza che prenda il bollore.

Togliete il recipiente dal fuoco e fate completamente raffreddare la preparazione mescolandola di tanto in tanto.

Versatela poi nella gelatiera e procedete seguendo le istruzioni allegate all'apparecchio.

Servite il gelato alle noci in coppe singole e guarnite la superficie con un grosso gheriglio di noce caramellato.

Coppette di crema di banane al Grand Marnier

Tempo: 30' + alcune ore di riposo in frigorifero
Difficoltà: 1
Dosi per 4 coppette

4 banane di media grossezza
200 g di panna montata
1 bicchierino di Grand Marnier
3 cucchiai di zucchero
1 bicchiere di latte
6 gherigli di noce
60 g di canditi d'arancia

Per la guarnizione:
4 gherigli di noce
100 g di panna montata

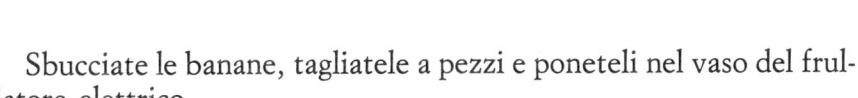

Sbucciate le banane, tagliatele a pezzi e poneteli nel vaso del frullatore elettrico.

Aggiungete il latte, lo zucchero, il Grand Marnier e frullate il tutto fino ad ottenere una crema omogenea.

Travasatela allora in una terrina, incorporatevi i gherigli di noce tritati grossolanamente, i canditi d'arancia tagliati a pezzetti ed infine la panna montata.

Sbattete delicatamente con una piccola frusta elastica sollevando dal basso verso l'alto affinché la panna non smonti. Coprite il recipiente con un foglio di pellicola e riponetelo in frigorifero fino al momento dell'utilizzo.

Suddividete la preparazione nelle singole coppette di vetro ben raffreddate, decorate la superficie con ciuffetti di panna e con un gheriglio di noce.

Un dolce facile e piacevole da tenersi presente quando si ha qualche banana in più.

La sua rapidità di esecuzione lo rende consigliabile anche per un ospite improvviso.

Coppe di crema al caramello con le noci

Tempo: 25' + 1 ora in frigorifero
Difficoltà: 1
Dosi per 4 coppette

12 savoiardi
1 bicchierino di Cointreau
2 uova
1 cucchiaino di amido di mais
60 g di noci sgusciate
1/2 bicchiere d'acqua
1/2 l di latte
60 g di zucchero semolato

Per il caramello:

8 cubetti di zucchero
1 cucchiaiata di acqua

Ponete il liquore e mezzo bicchiere d'acqua in una casseruolina, rimescolate e portate a leggero bollore per un minuto, poi lasciate raffreddare.

Spruzzate con questo liquido i savoiardi spezzettati in una ciotola e suddivideteli sul fondo di quattro coppette di cristallo.

Mettete i cubetti di zucchero in una casseruola, inumiditeli con l'acqua, fateli fondere e sobbollire a fuoco basso per 5'. Appena otterrete un caramello di un bel color bruno dorato, spegnete il fuoco e fate raffreddare e rapprendere.

Ponete nella stessa casseruola lo zucchero, l'amido di mais, i tuorli e sbattete fino a rendere il composto chiaro e spumoso.

Stemperatelo poco per volta con il latte (freddo) rimescolando di continuo e rapidamente per evitare qualsiasi grumo.

Fate cuocere la crema a calore basso continuando a rimescolare, sempre nel medesimo senso, con un cucchiaio di legno: appena la crema si sarà addensata e starà per bollire, togliete subito il recipiente dal fornello perché non impazzisca.

212

Rimescolate aggiungendo man mano i gherigli di noce tritati grossolanamente. A questo punto il caramello sarà tutto sciolto.

Lasciate raffreddare completamente prima di aggiungere gli albumi, montati a neve, amalgamandoli poco alla volta con delicatezza alla crema.

Versate la crema sopra i savoiardi, nelle singole coppette e fate ben raffreddare in frigorifero prima di servire.

Ecco un dolce facile e non costoso, molto gradevole di sapore. Potrete prepararlo anche un giorno prima e conservarlo poi in frigorifero.

8
PER I PRANZI IMPORTANTI

È sempre difficile pensare a un pranzo importante o che vuole far sentire importante una festa. Un pranzo di questo genere costa tempo, fatica e richiede acquisti che non sono certo economici. Anche il dolce deve essere all'altezza, scelto in armonia con i piatti che lo hanno preceduto.

In genere, poiché un pranzo importante è ricco di portate, è meglio non scegliere una torta, perché risulterebbe troppo pesante. Un dolce al cucchiaio è il "fine pranzo" più intonato all'occasione. Si tratta in genere di dessert delicati, che si possono offrire in coppette di cristallo e guarnire con fantasia, a seconda del contenuto.

Scegliete comunque sempre un dolce che si possa preparare in anticipo, per non giungere affannate all'ultimo momento. La sicurezza di avere già pronto in frigorifero il dessert vi permetterà di apprezzare con gioia e serenità la compagnia delle persone raccolte intorno alla vostra tavola.

Torta golosa

Tempo: 1 ora
Difficoltà: 1
Dosi per 6 persone

1 pan di Spagna sottile di cm 24
4 cucchiai di marmellata di gusto a piacere
1/2 bicchiere di marsala
1/2 bicchiere di latte
100 g di cioccolato fondente da copertura
100 g di burro
3 cucchiai di zucchero
2 uova
un bicchierino di rum
un pizzico di sale
100 g di panna montata

Tagliate il pan di Spagna longitudinalmente in due strati e inzuppateli bene di marsala diluito col latte. Adagiate uno strato su un piatto di portata, stendetevi sopra la marmellata e coprite con l'altro strato di pan di Spagna.

Con i tuorli, lo zucchero, gli albumi battuti a neve, il cioccolato fuso, il burro e il liquore preparate la crema delle "Dame nere" (vedi ricetta a pag. 164) e stendetevela sopra.

Attendete dieci minuti per farla ben assestare poi con una forchetta disegnate dei ghirigori e guarnite con qualche fiocchetto di panna montata.

È un dolce di grande effetto e graditissimo a tutti.

Torta di frutta fresca

Tempo: 1 ora e 30'
Difficoltà: 2
Dosi per 16 persone (due torte)

1 pan di Spagna rotondo
  di 26 cm di diametro circa
crema pasticcera di sei uova
frutta fresca di stagione:
indicativamente
2 mele, 2 pere, 2 banane
200 g di fragole
200 g di mirtilli
200 g di lamponi
2 albicocche, 2 pesche, uva
succo di limone q.b.
zucchero q.b.
1 vasetto di gelatina di frutta
  (meglio se di uva o albicocche)

Preparate la crema pasticcera con gli ingredienti indicati seguendo la ricetta di pag. 25.

Mentre la crema si raffredda pulite la frutta: le mele, le pere, le banane si sbucciano e si affettano; gli agrumi si sbucciano e si dividono in spicchi; le pesche e le albicocche si lavano e si affettano sottilmente; i frutti di bosco e l'uva si sciacquano e si lasciano interi.

È bene tenere la frutta in piatti separati. Condite ogni piatto con succo di limone e zucchero.

Tagliate il pan di Spagna in due dischi uguali. Posate ogni disco su un piatto rotondo con la parte tagliata rivolta verso l'alto. Coprite distribuendo equamente la crema pasticcera.

Sopra la crema, a giri concentrici partendo dall'esterno, posate la frutta a seconda della stagione, accostando con gusto forme e colori.

Mettete in un pentolino la gelatina di frutta, aggiungete due cucchiaiate d'acqua e portate sul fuoco a fiamma minima. Con un cucchiaio di legno rimestate facendo sciogliere bene la gelatina. Fatela raffreddare un po' e poi stendetela su tutta la superficie decorata di frutta con una pennellessa da cucina.

Tenete in frigorifero fino al momento di servire.

È una torta facile da fare ma difficile da spiegare. È economica rispetto a quella che vendono in pasticceria.

È sana, nutriente, bella da vedere. La gelatina non è solo decorativa ma serve per conservare la frutta fresca. Anche il limone che avrete messo nella frutta impedisce a mele, pere, banane di diventare nere.

Naturalmente potete usare uno solo dei dischi di pan di Spagna, l'altro lo potrete utilizzare in seguito in modo diverso.

In questo caso però conservatelo ben avvolto in alluminio nel piano più basso del frigorifero, dimezzando le dosi della copertura.

Torta di ananas al maraschino

Tempo: 1 ora e 15'
Difficoltà: 1
Dosi per 6 persone

---

1 scatola grande di ananas
200 g di zucchero
160 g di burro
220 g di farina
200 g di ciliegine candite
1 uovo
1 bustina di lievito per dolci
un pizzico di sale
1 bicchierino di maraschino
1 bicchiere scarso di latte

Per la glassa:
250 g di zucchero a velo
1 cucchiaio di acqua
2 cucchiai di maraschino

Sbattete energicamente il burro con lo zucchero fino ad ottenere un composto spumoso; appena risulterà gonfio unitevi l'uovo, la farina, il maraschino, un pizzico di sale e diluite il tutto con il latte. Incorporatevi infine il lievito, rimescolando continuamente dal basso verso l'alto.

Versate metà del composto in una tortiera di 26 cm di diametro unta di burro e disponetevi sopra le fette di ananas scolate dal liquido di conservazione, appoggiate al centro di esse una ciliegina candita poi versate il rimanente composto a copertura.

Passate la preparazione in forno preriscaldato (180°) per 40'.

Estraete il dolce dal forno, lasciatelo raffreddare, poi sformatelo su un piatto di servizio.

Per guarnire, mescolate a lungo lo zucchero a velo con l'acqua e il maraschino fino ad ottenere una pastella densa. Spalmatela sul dolce, e guarnite con le rimanenti ciliegine candite.

Budino di caffè

*Tempo: 50' + il tempo
   di riposo in frigorifero*
Difficoltà: 1
Dosi per 6 persone

---

250 g di panna montata
2 cucchiai di caffè solubile
2 cucchiai di liquore al cacao
4 fogli di colla di pesce
200 g di zucchero
5 tuorli d'uovo
1/2 l di latte
1 stecca di vaniglia

Per la guarnizione:

100 g di panna montata
alcuni chicchi di caffè

Spezzettate la colla di pesce in una terrina, ricopritela di acqua fredda e lasciatela ammorbidire.

Portate ad ebollizione il latte insieme con la stecca di vaniglia e il caffè, poi spegnete il fuoco, fate intiepidire, quindi eliminate la vaniglia.

Sbattete in una terrina i tuorli insieme con lo zucchero fino a renderli gonfi e spumosi, unite il latte tiepido a "filetto", versate il miscuglio in una casseruola e, sempre rimescolando, lasciatelo addensare su fuoco dolce.

Unitevi allora la colla di pesce (precedentemente ben scolata e strizzata), rimescolate accuratamente con una piccola frusta elastica per amalgamarla bene e lasciate raffreddare la preparazione dopo averla travasata in una grossa terrina.

Incorporatevi infine il liquore al cacao e la panna montata.

Versate il budino in uno stampo unto di olio di mandorle, poi passate il recipiente in frigorifero per 3 ore.

Prima di servire, immergete lo stampo per qualche attimo in acqua bollente, poi capovolgetelo su un piatto di portata e decorate il budino con ciuffetti di panna montata e chicchi di caffè.

Budino di limone e savoiardi

Tempo: 1 ora e 15'
  + il tempo di riposo in frigorifero
Difficoltà: 1
Dosi per 6-8 persone

2 *limoni*
8 *uova*
200 *g di zucchero a velo*
1 *bustina di vanillina*
250 *g di savoiardi*
1/2 *bicchiere di latte*
acqua q.b.

Per il caramello:
4 *cucchiai di zucchero*
1 *cucchiaio di acqua*

Per la guarnizione:
100 *g di panna montata*
listerelle candite di limone
foglioline di menta fresca

Lavate i limoni, poi fateli bollire in una casseruola coperti d'acqua fino a quando risulteranno cotti, quindi scolateli dal liquido e passateli nel frullatore. Sbattete le uova intere in una terrina insieme con lo zucchero e la vanillina, aggiungetevi il passato di limoni, poi amalgamate i savoiardi sbriciolati e spruzzati con mezzo bicchiere di latte. Rimescolate accuratamente con una frusta elastica in modo da ottenere un composto omogeneo.

Fate sciogliere e caramellare lo zucchero bagnato con un cucchiaio di acqua in uno stampo e fatelo ben aderire a tutta la parete; versate dentro il composto preparato, quindi fate cuocere il dolce a bagnomaria in forno preriscaldato (180°) per 40'.

Lasciatelo raffreddare, sformate il budino su un piatto rotondo di servizio, poi ponetelo in frigorifero per 3 ore.

Al momento di servirlo guarnitelo con fiocchetti di panna montata, listerelle candite di limone e foglioline di menta fresca.

Conchiglie di cioccolato bianco alla spuma

Tempo: 1 ora e 40'
  + il tempo di raffreddamento in frigorifero
Difficoltà: 3
Dosi per 6 persone

Per le conchiglie:
320 g di cioccolato bianco da copertura
2 cucchiai di latte

Per la spuma:

300 g di mascarpone
200 g di zucchero a velo
2 uova + 1 tuorlo
1 bicchierino di liquore al cacao
120 g di cioccolato fondente

Per il caramello:
2 cucchiai di zucchero
1 cucchiaino di succo di limone
1 cucchiaio di acqua

Ritagliate da un foglio di carta di alluminio dei quadrati sufficientemente grandi per rivestire sei formine per dolci a conchiglia piuttosto grandi.

Sistemate un pezzo di alluminio sulla parete concava di ogni conchiglia, pressate bene la carta in modo da imprimerne nel foglio le scanalature, poi ripiegate in sotto la carta eccedente.

Spezzettate il cioccolato bianco in una casseruola, unite il latte e lasciatelo fondere a bagno-maria.

Versate il cioccolato fuso nell'interno di ogni stampino a forma di conchiglia e appena comincia a solidificare versate fuori il contenuto, in modo che solo la parete resti uniformemente ricoperta.

Passate le conchiglie in frigorifero per 3 ore, poi staccate, con molta delicatezza, prima la conchiglia dall'alluminio e poi quest'ultimo dal cioccolato. Riponete nuovamente le conchiglie di cioccolato in frigorifero per un'altra ora.

Nel frattempo preparate la spuma: sbattete in una terrina i tuorli insieme con lo zucchero a velo, mischiatevi il mascarpone, rimescolate, quindi aggiungete il liquore al cacao, il cioccolato fondente grattugiato e infine gli albumi montati a neve fermissima. Rimescolate i vari ingredienti con una piccola frusta elastica sollevando il miscuglio dal basso verso l'alto.

Disponete ora ogni conchiglia di cioccolato su un piattino di portata e riempitele con la spuma al mascarpone e cioccolato aiutandovi con una sacchetta da pasticceria munita di bocchetta scannellata.

Fate caramellare lo zucchero insieme con il succo di limone e l'acqua. Appena apparirà dorato, fatelo colare, aiutandovi con un cucchiaio sulla superficie di ogni conchiglia formando tanti fili irregolari e servite subito.

È una ricetta elaborata, riservata a chi ha molta dimestichezza con i dolci. Il risultato ottimo può stimolare, però, le più volenterose.

Bavarese di cocco al cioccolato

Tempo: 1 ora
  + il tempo di riposo in frigorifero
Difficoltà: 1
Dosi per 6 persone

1 tazza di noce di cocco grattugiata
5 fogli di colla di pesce
1/2 l di latte
4 tuorli + 2 albumi
120 g di zucchero
1 stecca di vaniglia
250 g di panna montata
1 bicchierino di Batida al cocco

Per la guarnizione:
2 cucchiai di cioccolato fondente
fettine sottili di noce di cocco

Spezzettate la colla di pesce in una scodella, ricopritela di acqua fredda e lasciatela ammorbidire.

Portate ad ebollizione il latte insieme con la vaniglia.

Sbattete i tuorli con lo zucchero fino a renderli bianchi e spumosi, incorporatevi poco per volta il latte filtrato fatto scendere a "filetto" e la colla di pesce precedentemente ben scolata, strizzata e fatta sciogliere a bagno-maria in poca acqua.

Rimescolate accuratamente il miscuglio con una piccola frusta elastica ed infine aggiungete il liquore al cocco.

Appena la crema risulterà ben raffreddata, unitevi la noce di cocco grattugiata, la panna montata e gli albumi montati a neve fermissima.

Versate la preparazione in uno stampo da budino leggermente inumidito di acqua fredda e passate quest'ultimo in frigorifero per 4 ore.

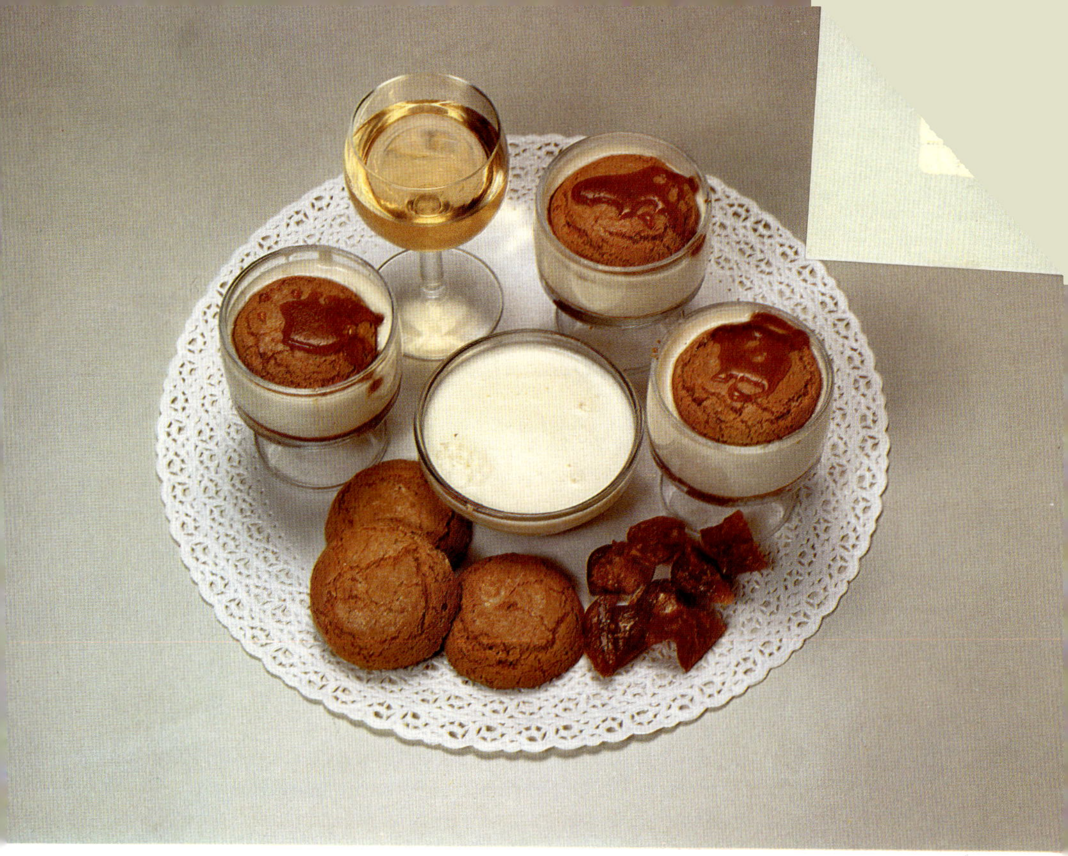

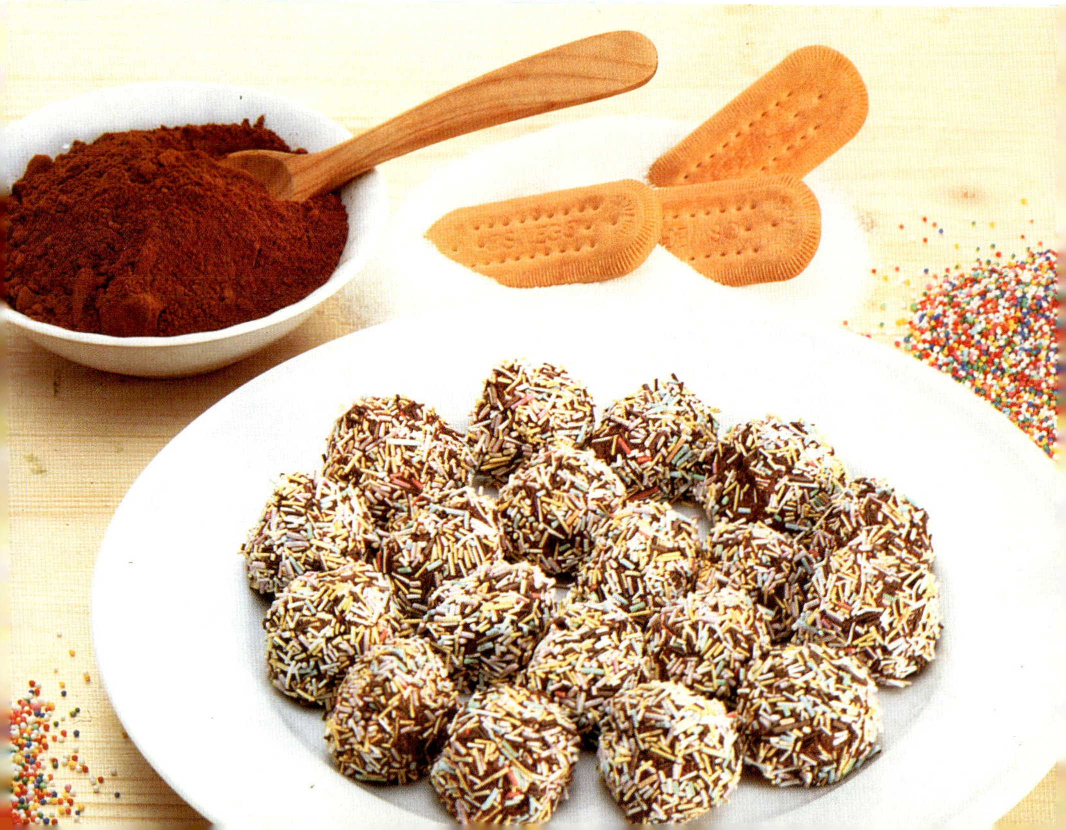

Panna cotta alla ghiottona

*1 kg di panna liquida - 250 g di zucchero - 1 pizzico di vaniglia -
6 amaretti grossi - 1 tazzina di caffè - 1 bicchierino di rum.
Per il caramello: 10 zollette di zucchero - 4 cucchiai d'acqua.*

In una casseruola fate bollire la panna, aggiungendo lo zucchero e un pizzico di vaniglia. Mescolate con cura. Non appena lo zucchero si sarà sciolto date un'ultima mescolata e lasciate raffreddare.

Battete insieme in una scodella il caffè e il rum e imbibite gli amaretti. Dividete la panna nelle coppette e ricoprite con un amaretto.

In un casseruolino a parte mettete le zollette di zucchero con 4 cucchiai di acqua, fate un caramello non troppo denso e versatene qualche cucchiaino su ogni amaretto. Mettetele in frigorifero e lasciate raffreddare bene prima di servire.

Palline festose

*100 g di mascarpone - 50 g di burro - 100 g di zucchero a velo -
1 tuorlo - 60 g di cacao - 130 g di biscotti secchi - 1 bicchierino
di maraschino - 3 bustine di granella colorata.*

Sbattete in una terrina il mascarpone, il burro, lo zucchero a velo e il tuorlo. Lavorate per un quarto d'ora e quindi unite il cacao, il maraschino e i biscotti sbriciolati finemente. Mescolate fino ad ottenere un impasto piuttosto consistente.

Formate delle palline che farete ruzzolare, ad una ad una, nella granella colorata.

Disponetele nei pirottini e conservatele in frigorifero fino al momento di servirle.

Mezz'ora prima di presentare in tavola la bavarese, sformatela su un piatto di servizio, spolverizzate la superficie del dolce con il cioccolato grattugiato, guarnite il bordo con fettine sottili di noce di cocco tagliate con l'apposito coltello.

È un dolce squisito di sapore molto delicato.

Coppa di crema e meringhe alla moda del Brasile

Tempo: 50' + alcune ore
*   per il raffreddamento in frigorifero*
Difficoltà: 1
Dosi per 6-8 persone

1 l di latte
4 uova
70 g di caffè in chicchi
130 g di cioccolato fondente
100 g di cubetti di zucchero
1 cucchiaio colmo di maizena
1 bicchierino di rum
200 g di panna montata
18 piccole meringhe

Fate scaldare il latte in una casseruola fino all'ebollizione, toglietelo dal fornello, travasatelo in una ciotola e conservatelo coperto a bagno-maria per 20' dopo avervi messo in infusione i chicchi di caffè.

In un'altra casseruola fate fondere il cioccolato grattugiato e mischiato a due cucchiaiate di latte profumato al caffè; rimescolate di continuo a calore basso, poi versate sul cioccolato la rimanenza del latte, passato attraverso un colino. Rimescolate con cura, poi spegnete il fornello.

A parte preparate il caramello: fate fondere i cubetti di zucchero dopo averli inumiditi di acqua. Quando il tutto sarà diventato di un bel color dorato, mescolatelo al cioccolato.

In una casseruola sbattete le uova con la maizena, poi unitevi "a filetto" sottile la crema di cioccolato e caffè mischiata al caramello e a poco a poco amalgamate gli ingredienti sempre continuando a rimescolare a fuoco basso.

Incorporate anche il rum e, quando la crema darà segnale del primo bollore, ritiratela dal fuoco, aggiungete la panna montata e lasciatela intiepidire.

Mettete qualche cucchiaiata di crema sul fondo di una grande coppa di cristallo, sbriciolatevi sopra un terzo delle piccole meringhe, poi fate un nuovo strato di crema al cioccolato e caffè e continuate alternando gli ingredienti fino ad esaurimento degli stessi. Fate ben raffreddare in frigorifero.

Potrete preparare questo facile dolce anche il giorno precedente, però copritelo con un foglio di pellicola trasparente. Al momento di servirlo in tavola, potrete guarnirlo con ciuffetti di panna montata sprizzata da una sacchetta da pasticceria munita di bocchetta a stella.

Montagnola di ovette spumose alla crema

Tempo: 1 ora e 35'
    + il tempo di riposo in frigorifero
Difficoltà: 2
Dosi per 6 persone

8 albumi
1 l e 1/4 di latte
150 g di zucchero semolato
1 bustina di zucchero vanigliato
2 cucchiai di zucchero a velo

Per la crema:
8 tuorli
120 g di zucchero
2 cucchiai di fecola

Per la guarnizione:
6 amaretti
2 cucchiai di cioccolato in polvere

Versate il latte in una casseruola bassa e capace, unitevi lo zucchero semolato e lo zucchero vanigliato e portate a lenta ebollizione.

Nel frattempo montate a neve fermissima gli albumi in una terrina e unitevi man mano 2 cucchiai abbondanti di zucchero a velo facendolo scendere a pioggia.

Quando il latte fremerà molto lentamente a calore basso, tuffatevi dentro 4 cucchiaiate degli albumi montati e fateli cuocere per 3' rivoltandoli con delicatezza con una mestola forata una sola volta. Quando le ovette spumose saranno cotte, estraetele con cura dal latte e provvedete a farle scolare deponendole su una salvietta inumidita ben distesa sul tavolo. Continuate a far cuocere nel latte a cucchiaiate il rimanente albume.

A parte sbattete i tuorli con lo zucchero in una casseruola adatta, unitevi la fecola, rimescolando ripetutamente e versatevi sopra " a filetto" attraverso un colino il latte caldo zuccherato in cui avete fatto cuocere gli albumi montati. Sempre rimescolando con il cucchiaio di legno, a calore moderato, preparate una crema, che dovrà risultare ben legata. Toglietela dal fornello appena è pronta, fatela raffreddare a temperatura ambiente, versatela in una ampia coppa di cristallo e sistematevi sopra, a montagnola, le ovette spumose; poi passate il tutto in frigorifero fino al momento di servire in tavola (calcolando almeno due o tre ore).

Al momento della presentazione del dolce, ponete gli amaretti, polverizzati e mischiati al cioccolato, in un largo colino e fate scendere "a pioggia" il tutto per ricoprire in modo leggero l'intera preparazione.

È questa un'elaborazione di effetto e di gusto delizioso, di un classico dessert di origine francese: "les oeufs à la neige".

Panna cotta alle noci

Tempo: 1 ora
   + 6 ore di riposo in frigorifero
Difficoltà: 1
Dosi per 6 persone

1/2 l di panna
250 g di zucchero
2 dl e 1/2 di latte
100 g di gherigli di noce
1 bicchierino di liquore all'amaretto
15 g di colla di pesce

Per caramellare lo stampo:
4 cucchiai di zucchero
1 cucchiaio di acqua

Per la guarnizione:
8 gherigli di noci
100 g di panna montata

Spezzettate la colla di pesce in una scodella, ricopritela di acqua fredda e lasciatela ammorbidire per 30'.

Ponete la panna in una casseruola, unite il latte, lo zucchero, rimescolate e portate il miscuglio a lenta ebollizione su fuoco moderato. Togliete il recipiente dal fuoco, mischiatevi la colla di pesce ben scolata e strizzata, continuate a rimescolare fino a quando si sarà completamente sciolta, quindi incorporatevi il liquore all'amaretto e le noci tritate grossolanamente.

223

Versate ora lo zucchero e l'acqua in uno stampo da plum-cake di misura media, ponetelo su fuoco dolce e fate dorare lo zucchero continuando a muovere il contenitore in modo da caramellare tutto l'interno dello stampo.

Travasate nello stampo la miscela preparata precedentemente, quindi riponete il dolce in frigorifero per 6 ore.

Sformate la panna cotta su un piatto rettangolare di servizio, decorate la superficie con i gherigli di noce e ciuffetti di panna montata.

La panna cotta, dolce di origine piemontese, incontra sempre gran favore su tutte le tavole: questa versione è particolarmente ghiotta!

Sformatini di fragole con salsa di lamponi

Tempo: 1 ora + il tempo
 di riposo in frigorifero
Difficoltà: 1
Dosi per 6 persone

500 g di fragole
300 g di panna montata
180 g di zucchero a velo
5 fogli di colla di pesce
la scorza di un limone
1 bicchierino di liquore alle fragole
1 bustina di vanillina

Per la salsa:

1 confezione di lamponi surgelati
1 bicchierino di gin
4 cucchiai di zucchero
3 cucchiai di panna

Spezzettate la colla di pesce in una scodella, ricopritela di acqua fredda e lasciatela ammorbidire per circa 30'.

Mondate e risciacquate velocemente le fragole, poi frullatele insieme con lo zucchero a velo, la vanillina e la scorza di limone grattugiata.

Ponete il passato in una terrina e incorporatevi la colla di pesce dopo averla sciolta a bagno-maria insieme con il liquore alle fragole.

Rimescolate accuratamente ed infine amalgamatevi la panna montata, mescolando dal basso verso l'alto. Ungete leggermente gli stampini (ideali quelli del crème caramel) con un filo di olio di mandorle, suddividetevi il composto a base di fragole e panna e collocateli in frigorifero per 4 ore.

Frullate i lamponi scongelati a temperatura ambiente insieme con lo zucchero e il gin, unite la panna e versate la preparazione in una salsiera.

Capovolgete ciascun sformatino su un piattino da dessert, versategli sopra un cucchiaio di salsa ai lamponi e presentate in tavola con la rimanente salsa servita a parte.

Non fate attendere gli sformatini appena estratti dal frigorifero perché la temperatura ambiente non è l'ideale. Serviteli subito.

Albicocche e ciliegie gratinate al Grand Marnier

Tempo: 1 ora
Difficoltà: 1
Dosi per 4 persone

1/2 l di latte
4 tuorli
40 g di fecola di patate
230 g di zucchero
1 bicchierino di Apricot Brandy
250 g di ciliegie
350 g di albicocche fresche
1 bicchiere di acqua
un pezzo di cannella
60 g di mandorle

Sbattete i tuorli con 150 g di zucchero fino a renderli gonfi e spumosi, unite, poco alla volta, la fecola di patate e stemperate il tutto con il latte.

Versate il miscuglio in una casseruola, ponetela su fuoco dolce e, sempre rimescolando, lasciate addensare la crema.

Toglietela dal fuoco e profumatela con l'Apricot Brandy, quindi travasatela in una pirofila di porcellana del diametro di 24 cm.

Lavate e asciugate le albicocche, dividetele a metà e privatele del nocciolo.

Risciacquate anche le ciliegie e snocciolatele con l'apposito utensile.

Mettete il restante zucchero in un largo tegame con l'acqua e la cannella e lasciate cuocere fino ad ottenere uno sciroppo che velerà il cucchiaio. Adagiate dentro le albicocche e le ciliegie e continuate la cottura per cinque minuti a fuoco vivace.

Sgocciolate i frutti dallo sciroppo e disponete con garbo le albicocche con la parte bombata verso l'alto, alternate alle ciliegie, sulla crema pronta nella pirofila.

Fate ridurre lo sciroppo, privato della cannella, a metà del volume. Distribuite sulla frutta le scagliette di mandorle e irrorate il dolce con lo sciroppo ristretto.

Passate la pirofila sotto il grill acceso per qualche minuto e servite subito.

È un dolce facile da preparare e di piacevole effetto.

Ananas ripieno a sorpresa

Tempo: 40' + il tempo
  di riposo in frigorifero
Difficoltà: 1
Dosi per 4 persone

1 bell'ananas fresco
2 kiwi
150 g di lamponi freschi
1 cestino di fragole
1 cestino di mirtilli
4 cucchiai di zucchero a velo
2 bicchierini di rum

Tagliate la calotta superiore dell'ananas e tenetela a parte.

Con l'aiuto di un coltellino ben affilato, asportate con cura la polpa interna e scolatela attraverso un setaccio raccogliendo il succo in una terrina.

Ritagliate a pezzetti la polpa dell'ananas dopo aver tolto la parte centrale e uniteli al succo.

Aggiungete anche i kiwi privati della buccia e ridotti a cubetti, le fragole mondate e tagliate a quarti, i mirtilli risciacquati e i lamponi privati del picciolo.

Spolverizzate la preparazione con lo zucchero a velo e irroratela con un bicchierino di rum.

Rimescolate con molta delicatezza, coprite il recipiente. Spruzzate la parte interna dell'ananas con il rimanente liquore quindi sistemate tutto in frigorifero.

Trascorsa mezz'ora tirate fuori l'ananas, riempitelo con la macedonia pronta, rimettetegli la calotta superiore dopo aver ben lucidato le foglie, quindi appoggiatelo in una coppa colma di ghiaccio tritato.

Servite subito in tavola.

Se vorrete raggiungere un effetto molto elegante, potrete unire al ghiaccio tritato una cucchiaiata o due di sciroppo di granatina ottenendo un bel colore rosa intenso e foderare in precedenza la coppa destinata al ghiaccio con belle foglie verdi che sporgano di qualche centimetro dal bordo del recipiente.

Ananas tonificante

Tempo: 30' + il tempo
  di riposo in frigorifero
Difficoltà: 0
Dosi per 4 persone

1 ananas di circa 1 kg
2 cucchiai di zucchero
1 bicchierino di cognac

Tagliate l'ananas a fette di 1 cm circa di spessore.

Togliete la buccia con garbo, pulite tutte le fette, mettetele in un piatto un po' fondo e spolverizzatele con lo zucchero e il cognac.

Si preparano 4-5 ore prima di servire.

Sono adatte per un pranzo impegnativo, soprattutto se ricco di calorie.

L'ananas fa bene, lo zucchero e il cognac sono energetici e favoriscono l'assimilazione dei cibi.

Charlotte alle ciliegie

Tempo: 2 ore + il tempo di raffreddamento
Difficoltà: 3
Dosi per 10 persone

800 g di ciliegie mature
30 g di gelatina di ribes
32 savoiardi
800 g di ricotta
1 bicchierino di Cherry Brandy
5 cucchiai di zucchero di canna
1 pezzetto di cannella
2 chiodi di garofano
4 cucchiai di vino bianco dolce
la scorza di mezzo limone
4 cucchiaini di gelatina istantanea per dolci
1 bicchiere di acqua

Lavate le ciliegie dopo averle liberate dal picciolo, snocciolatele e ponetele in una casseruola insieme con lo zucchero di canna, la cannella, i chiodi di garofano, la scorza del limone tagliata a striscioline, il vino bianco dolce e circa 1 bicchiere d'acqua.

Fate cuocere a calore moderato fin quando il liquido sarà quasi del tutto assorbito e rimarrà solo uno sciroppo denso. Spegnete e lasciate raffreddare avendo cura di togliere la cannella e i chiodi di garofano.

Versate quattro cucchiaiate dello sciroppo in una casseruolina insieme con la gelatina di ribes, mezzo bicchierino di liquore, rimescolate e fate riscaldare fin quando la gelatina si scioglierà.

Travasatela in uno stampo da ''charlotte'', mischiatevi due cucchiai di ciliegie cotte e lasciate raffreddare in freezer fin quando il composto si sarà solidificato: questa sarà la cupolina del dolce.

Foderate coi savoiardi ponendoli diritti, uno accanto all'altro, la parete interna dello stampo leggermente unto (badando che la parte convessa di ogni biscotto sia rivolta verso l'esterno).

Frullate poi a lungo le ciliegie rimaste con la ricotta e il rimanente liquore, aggiunti poco per volta.

Fate sciogliere la polvere di gelatina in due dita di acqua, sempre mescolando con il cucchiaio a fuoco basso, quindi incorporatela poco alla volta nel composto di ricotta e ciliegie e frullate quest'ultimo un'altra volta.

Versate un terzo di questa crema rosata nello stampo livellandola bene e allineatevi sopra uno strato di biscotti. Proseguite allo stesso modo con un altro terzo di crema e un altro strato di biscotti; infine completate con la rimanente crema. Tagliate le punte eccedenti dei biscotti per livellare il bordo, ricoprite lo stampo con un foglio di pellicola e collocatelo in frigorifero per almeno 3 ore.

Al momento di servire la charlotte in tavola, immergete lo stampo in acqua bollente pochi secondi, asciugatelo, eliminate la pellicola e sformate il dolce su un piatto di servizio.

Servite subito.

Volendo guarnire in modo elegante questo dolce abbastanza elaborato, adatto come dessert per un menu importante, potrete calcolare almeno 300 g in più di ciliegie, due cucchiai di zucchero e vino più abbondante da aggiungere alla preparazione iniziale. Così potrete formare una bella bordura di ciliegie con il loro sciroppo tutt'intorno alla charlotte.

Banane al cioccolato e noci

Tempo: 30' + il tempo
di riposo in frigorifero
Difficoltà: 2
Dosi per 6 persone

___

6 belle banane non troppo mature
400 g di cioccolato fondente
60 g di zucchero a velo
1 bicchierino di maraschino

Per la guarnizione:

12 gherigli di noce
1 cucchiaio di zucchero
cristallizzato
qualche goccia di brandy

Sbucciate le banane, sistematele in un piatto leggermente fondo, spolverizzatele con lo zucchero a velo, irroratele con il maraschino. Copritele con un foglio di pellicola e collocate il recipiente in frigorifero per 1 ora.

Spezzettate il cioccolato fondente e fatelo sciogliere a bagno-maria in una casseruola.

Estraete le banane dal frigorifero, asciugatele con carta da cucina, quindi immergetele ad una ad una, nel cioccolato fondente sciolto, rivoltandole in maniera da ricoprirle uniformemente.

Disponetele su un foglio di carta oleata ben disteso sul tavolo e lasciate che la ricopertura di cioccolato si indurisca. Se vi sembra che la copertura sia poco consistente potrete ripetere l'operazione una seconda volta.

Staccate le banane dalla carta con l'aiuto di una piccola spatola, allineatele su un piatto da portata, mescolate insieme il trito di noci, lo zucchero cristallizzato, qualche goccia di brandy e guarnite.

Il dolce sarà più ricco accompagnato da una coppa di panna montata.

Mont-Blanc

Tempo: 3 ore
Difficoltà: 2
Dosi per 4-6 persone

1 kg di castagne
250 g di zucchero a velo
1 bustina di vanillina
1 bicchierino di latte
2 cucchiai di rum
2 cucchiai di cacao in polvere
200 g di panna montata

Lessate le castagne in acqua leggermente salata per un'ora.

Sbucciatele e togliete loro completamente la pellicina.

Passatele al passaverdure e ponete in una casseruola inossidabile.

Unite lo zucchero, la vanillina, il cacao, il latte, ponete la casseruola a fuoco dolce e lavorate bene l'impasto.

Non appena questo comincerà a staccarsi dalle pareti, togliete dal fuoco, fate raffreddare e unite il rum.

Passate nuovamente al passaverdure direttamente sul piatto di portata in modo che i vermicelli di castagne formino una bella montagnola a forma di cono. Infine ricoprite con la panna montata.

È un dolce che dà molto lavoro, ma premia con la sua bontà. La qualità delle castagne è importante per la buona riuscita.

Se avete poco tempo potrete anche utilizzare le castagne secche (considerate metà peso) messe a bagno la sera prima.

Oppure, dopo aver passato le castagne la prima volta, potete non mettere il latte, ma solo lo zucchero e il rum, amalgamando bene, e ripassare al passaverdure senza rimetterle al fuoco.

Fichi trionfali

Tempo: 50' + il tempo di riposo in frigorifero
Difficoltà: 2
Dosi per 4 persone

8 grossi fichi fioroni maturi ma sodi
50 g di zucchero
30 g di farina
1 stecca di vaniglia
2 tuorli
250 g di latte

Per guarnire:

150 g di panna
1 cucchiaiata di pistacchi
1 cucchiaiata di zucchero a velo
1 cucchiaiata di cacao dolce

Fate scaldare a fuoco medio il latte con la vaniglia.

Intanto in una casseruola sbattete con una frusta i due tuorli insieme con lo zucchero. Quando saranno bianchi e spumosi aggiungete a pioggia la farina evitando i grumi. Diluite, sempre mescolando, con il latte intiepidito e ponete il tutto a fuoco medio. Fate ispessire la crema senza mai smettere di rimescolare. Occorreranno circa 10'.

Togliete la casseruola dal fuoco e fate raffreddare.

Sbucciate i fichi molto delicatamente per non rovinarli e, con un cucchiaino sottile, svuotateli di quasi tutta la polpa con molta delicatezza. Raccogliete la polpa in una terrina, mescolatela alla crema alla vaniglia e riempite con questo composto i fichi precedentemente svuotati.

Disponeteli su un piatto, copriteli con pellicola e metteteli in frigorifero.

Al momento di servire montate la panna, unitevi lo zucchero a velo, mettetela in una tasca da pasticceria e sprizzatela incappucciando i fichi.

Con l'aiuto di un colino spolverizzate la panna montata con il cacao e finite di decorare con i pistacchi sbucciati.

Addio diete ipocaloriche, in compenso la dolcezza non mancherà.

Pere con crema alla vaniglia e mandorle

Tempo: 40' + il riposo in frigorifero
Difficoltà: 1
Dosi per 4 persone

4 belle pere (Williams)
il succo di un limone
200 g di zucchero a velo
1 bustina di zucchero vanigliato
4 tuorli d'uovo
1 cucchiaio di amido di mais
1/2 l di latte
60 g di farina di mandorle
1 cucchiaio di rum

Per la guarnizione:
4 cucchiai di zucchero
1 cucchiaio di acqua
60 g di mandorle tagliate a filetti

Pelate le pere con delicatezza lasciando intatto il picciuolo e spruzzatele con il succo di limone. Ponetele in una casseruola in cui stiano
diritte le une accanto alle altre e ricopritele completamente con acqua fredda. Appoggiate sopra un foglio di alluminio e portatele a lenta
ebollizione a fuoco basso, lasciandole cuocere per un quarto d'ora.
Estraetele, tuffatele in una tazzina piena di acqua ghiacciata e lasciatele raffreddare.

Nel frattempo fate bollire il latte insieme con lo zucchero a velo
e lo zucchero vanigliato.

In una ciotola mischiate con una frusta elastica l'amido di mais
con la farina di mandorle e i tuorli d'uovo. Versate su questo composto il latte bollente zuccherato, mettete a fuoco molto moderato
e, sempre rimescolando, portate all'inizio di ebollizione. Togliete dal
fornello, aromatizzate con il liquore e lasciate raffreddare.

In una coppa di cristallo versate tre quarti della crema preparata,
ponete le pere le une accanto alle altre e ricopritele con la rimanente
crema. Passate il recipiente in frigorifero per due ore.

Al momento di servire in tavola il dolce, preparate un caramello
con lo zucchero inumidito di acqua, poi con un cucchiaio fatene scivolare un poco sulla sommità di ciascuna pera. Fate leggermente to-
stare i filetti di mandorle sulla placca del forno (160°) e poi spargeteli
subito sul caramello ancora tiepido. Servite ben freddo.

È un dolce non costoso, ma di grande effetto e squisito sapore,
adatto appunto per un pranzo di un certo tono.

Dolce di pere alla crema di zabaione

Tempo: 1 ora + 3 ore
  di raffreddamento in frigorifero
Difficoltà: 2
Dosi per 6 persone

---

6 pere Williams
2 bicchieri di vino moscato
4 cucchiai di zucchero
1 stecca di vaniglia
20 savoiardi

Per la crema allo zabaione:

3 tuorli d'uovo
4 cucchiai colmi di zucchero
6 cucchiai di marsala
250 g di mascarpone
1 cucchiaio di acquavite di pere Williams
4 fogli di colla di pesce
3 cucchiaiate di acqua tiepida

Spezzettate i fogli di colla di pesce e poneteli in una ciotola ricoprendoli con due dita di acqua fredda.

Nel frattempo pelate le pere, tagliatele a metà e poi a fettine per il lungo, eliminando il torsolo e i semi.

Versate il vino moscato e lo zucchero in una casseruola, unitevi la stecca di vaniglia tagliata nel senso della lunghezza e portate a lenta ebollizione. Rimescolate bene con il cucchiaio finché lo zucchero non sarà completamente sciolto, poi immergetevi le fettine di pere e lasciatele cuocere adagio per una ventina di minuti sollevandole con una paletta (non con il cucchiaio) per evitare di romperle.

Scolatele con delicatezza dallo sciroppo e deponetele in un piatto. Aggiungete subito allo sciroppo rimasto mezzo bicchiere di acqua tiepida e rimescolate per diluirlo.

Preparate quindi lo zabaione nel seguente modo: sbattete i tuorli con lo zucchero in una casseruola con la frusta elastica, fino a quando otterrete una spuma di color chiaro. Aggiungete il marsala e continuate a sbattere a bagno-maria finché la crema apparirà ben gonfia, facendo attenzione che non impazzisca.

Toglietela dal fornello e incorporatevi un cucchiaino di acquavite di pere Williams.

Lasciate raffreddare lo zabaione e, intanto, spruzzate con un poco dello sciroppo di pere i savoiardi e foderate con questi il fondo e le pareti di una pirofila rettangolare.

In una ciotola sbattete il mascarpone con una frusta elastica, amalgamatevi con delicatezza, a cucchiaiate, lo zabaione ed infine unitevi la colla di pesce, in precedenza ben strizzata tra le mani e fatta poi sciogliere con tre cucchiaiate di acqua in una casseruolina a fuoco basso.

Rimescolate più volte per ben amalgamare gli ingredienti tra loro, mettete qualche cucchiaiata sul fondo del recipiente rivestito di savoiardi, fate uno strato di fettine di pere, ricopritele nuovamente con una parte di crema, sistematevi sopra le rimanenti fettine di pere ed infine versatevi sopra la crema rimasta.

Passate in frigorifero fino al momento di servire in tavola.

Potrete decorare a piacere questo squisito semifreddo con ciliegine candite rosse, tagliate a metà e abbinate a qualche pezzetto di angelica, tagliato a forma di fogliettine.

Se non avete a disposizione l'angelica, andrà bene anche qualche foglietta di menta.

Macedonia di frutta esotica al profumo delicato

Tempo: 40' + il tempo di riposo in frigorifero
Difficoltà: 1
Dosi per 4 persone

2 *kiwi di media misura*
4 *frutti della passione*
1 *papaia*
1 *scatola di pesche sciroppate*
8 *lychees*
8 *alchechengi*
4 *fette di ananas in scatola*
8 *gherigli di noce*
2 *cucchiai di zucchero a velo*
8 *palline di gelato alla vaniglia*

Pelate i kiwi, quindi tagliateli a pezzetti non troppo piccoli e poneteli in una terrina. Aggiungete le pesche sciroppate (scolate dal liquido di conservazione), ridotte anch'esse a pezzetti, i lychees privati della buccia, gli alchechengi mondati, la papaia sbucciata e tagliata a dadini, l'ananas a pezzetti e i gherigli di noce sminuzzati grossolanamente.

Irrorate la frutta con mezzo bicchiere del succo di conservazione delle pesche, spolverizzatela con lo zucchero a velo ed infine unite la polpa dei frutti della passione.

Rimescolate più volte la preparazione, poi coprite il recipiente con un foglio di carta trasparente e sistematelo in frigorifero per 1 ora.

Al momento di servire, estraete la macedonia dal frigorifero, mettetela nelle coppette e collocate su ognuna di essa due palline di gelato alla vaniglia.

Cannoli alla siciliana

Tempo: 2 ore
Difficoltà: 2
Dosi per 12 cannoli

Per la pasta:
150 g di farina
1 noce di strutto
un pizzico di sale
1/2 cucchiaino di zucchero
vino bianco o marsala
olio per friggere

Per la crema:
500 g di ricotta
250 g di zucchero in polvere
acqua distillata di fiori d'arancio
cioccolato fondente
pistacchi o canditi
zucchero vanigliato

I cannoli siciliani constano di un involucro fatto con pasta speciale fritta che viene chiamato "scorza" e di un ripieno di crema a base di ricotta.

Si preparano anzitutto le scorze. Queste richiedono, per la loro confezione dei cannelli di latta di lunghezza circa 20 cm e del diametro di 2 cm.

Mettete sulla spianatoia la farina a fontana, lo strutto, il sale e lo zucchero. Impastate questi ingredienti allungando con un poco di vino, ma tenendo presente che la pasta deve risultare piuttosto dura. Raccogliete la pasta a forma di palla e lasciatela riposare, coperta con una salvietta, per circa un'ora.

Stendete poi una sfoglia piuttosto sottile (2-3 mm) e ricavatene dodici quadrati di circa 10 cm di lato. Appoggiate il cannello di latta lungo la diagonale del quadrato di pasta e avvolgetevi intorno le due punte del quadrato. Pigiate un poco col dito per chiudere il cannolo. In una padella di ferro per fritti scaldate abbondante olio e quando sarà fumante immergetevi uno o due cannoli con la pasta attorcigliata. Rivoltateli senza romperli. Saranno pronti quando la pasta avrà assunto un colore biondo piuttosto scuro.

Estraeteli delicatamente dalla padella e ricominciate a friggere gli altri nello stesso modo.

Sfilateli ancora tiepidi dai cannelli e lasciate raffreddare completamente su carta assorbente.

Passate alla preparazione della crema. Mettete in una terrina la ricotta e lo zucchero in polvere. Date qualche rimescolata e poi passate attraverso un setaccio, due o tre cucchiaiate di ricotta per volta. La crema delicatissima che ricaverete potrà essere aromatizzata con l'acqua distillata d'arancio.

Aggiungete dadini di cioccolato fondente, pistacchi tritati o canditi tritati, come più vi piace.

Farcite le scorze con questa crema aiutandovi con una tasca da pasticceria a bocchetta rotonda e liscia; passate sulle bocche del cannolo la lama di un coltello per pareggiare la crema e chiudete con un pezzetto di candito.

Disponete i cannoli riempiti su un piatto di portata e spolverizzateli abbondantemente con lo zucchero vanigliato.

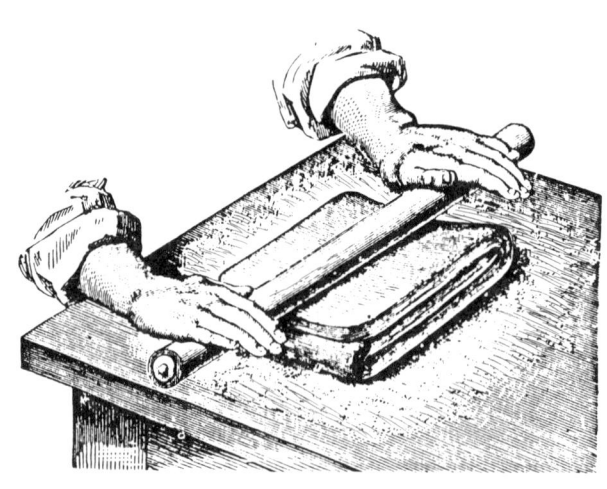

GENNAIO
1
AUGURI

Panettone farcito

1 kg di panettone - zabaione di 2 uova - 300 g di panna montata - 300 g di frutta sciroppata mista - 1 bicchiere di liquore dolce.
Per guarnire: 200 g di panna montata - canditi.

Tagliate alla base del panettone un disco spesso 2 cm. Con molta delicatezza, per non intaccare la crosta, svuotate completamente il panettone. Mettete in una terrina la mollica sbriciolata tolta al dolce.

Preparate uno zabaione denso con due uova e fatelo raffreddare.

Aggiungete nella terrina con le briciole di panettone la panna, la frutta sciroppata tagliata a dadini e qualche cucchiaiata del liquore dolce. Mescolate bene e unite metà zabaione. Con un pennello inumidite di liquore tutto l'interno del panettone e la base. Su quest'ultima distendete lo zabaione rimasto.

Introducete nel guscio di panettone il ripieno e richiudete con la base. Posatelo su un piatto, avvolgetelo in carta trasparente e lasciate in frigorifero fino al giorno seguente. Servitelo decorato di panna montata e canditi.

Torta farcita del Buon Anno

Per la pasta margherita: 8 uova - 100 g di zucchero a velo - 100 g di farina - 180 g di fecola di patate - 150 g di burro - un pizzico di sale - la scorza grattugiata di un limone - 6 cucchiai di acqua - 1 bicchiere di alchermes.
Per la crema frangipane: 150 g di farina di mandorle - 150 g di zucchero - 1 uovo + 1 tuorlo - 75 g di burro - 1 bicchierino e 1/2 di rum.
Occorrente per la glassa e per guarnire.

Con le dosi indicate preparate una pasta margherita (cfr. ricetta pag. 22). Riscaldate il forno a 200°, fate cuocere per 30' e lasciate raffreddare.

Preparate ora la crema frangipane seguendo la ricetta di pag. 26.

Dividete la pasta margherita in due strati e bagnateli con un po' di alchermes. Farcite con la crema frangipane e ricostituite la torta.

Preparate una glassa con zucchero a velo, rum e acqua e tenetene a parte 2 cucchiaiate abbondanti. Con una spatolina coprite la superficie e il bordo della torta di glassa bianca. Fate aderire al bordo le mandorle tritate.

Aggiungete del cacao alla glassa rimanente, riempite una siringa e decorate con scritte augurali di "Buon Anno".

Bavarese al pompelmo rosa

Tempo: 1 ora + almeno 3 ore
  in frigorifero
Difficoltà: 1
Dosi per 4-5 persone

2 pompelmi rosa
il succo di 3 mandaranci
350 g di panna montata
1 bicchierino di alchermes
4 fogli di colla di pesce
170 g di zucchero a velo
1 bustina di vanillina
4 tuorli
1/4 di l di latte

Spezzettate i fogli di colla di pesce, poneteli in una ciotolina, ricopriteli con due dita di acqua fredda e lasciateli riposare per 30'.

Sbattete i tuorli con lo zucchero fino a renderli spumosi, poi versatevi sopra il latte, che avrete fatto bollire, dopo averlo frullato insieme con gli spicchi di pompelmo rosa liberati dalla pellicina e dai semi e profumato con la vanillina.

Mescolate in continuazione, quindi passate nuovamente nel frullatore il composto unendovi anche il succo dei mandaranci filtrato attraverso un passino.

Travasate in una casseruola e fate cuocere a fuoco basso sempre rimescolando con il cucchiaio di legno fin quando quest'ultimo risulterà velato. Togliete la crema dal fornello e versatevi dentro la colla di pesce, ben mescolata e strizzata tra le mani. Continuate a rimescolare finché si sarà del tutto sciolta.

Passate la crema al setaccio di crine, raccoglietela in una terrina (posta in una bacinella più grande piena di ghiaccio) e continuate a rimescolare facendola raffreddare. Unitevi il liquore e amalgamate bene il tutto.

Quando la crema sarà ben fredda, incorporatevi a cucchiaiate, con leggerezza, la panna montata sollevandola delicatamente dal basso verso l'alto.

Inumidite con qualche goccia di alchermes l'interno di uno stampo per bavarese e rovesciatevi dentro, delicatamente, la preparazione. Battete lo stampo più volte sull'asse del tavolo ricoperta da due salviette ripiegate, per evitare eventuali bolle d'aria.

Collocate la bavarese in frigorifero per almeno 3 ore.

Al momento di servire capovolgete lo stampo su un piatto rotondo di servizio e passatevi sopra il fon acceso per qualche minuto per riscaldarlo: in questo modo il dolce si sformerà molto più facilmente.

Potrete decorare questa squisita bavarese con mezze fettine sottili di arancia, alternate a spicchi di pompelmo rosa pelati al vivo e a fettine di banana.

Dolce gelato di noci

Tempo: 1 ora
+ il tempo di riposo in frigorifero
Difficoltà: 1
Dosi per 6 persone

170 g di burro
130 g di zucchero a velo
125 g di cioccolato fondente
80 g di gherigli di noce tritati
+ 6 gherigli interi
1 bicchiere di latte
2 tuorli d'uovo
150 g di savoiardi
5 cucchiai d'acqua
3 cucchiai di Kirsch
o liquore all'amaretto

Lavorate energicamente con un cucchiaio di legno il burro e lo zucchero. Quando il composto sarà ben soffice, unite le noci tritate.

In un altro recipiente sbattete per almeno un quarto d'ora i tuorli, poi unite un bicchiere di latte caldo.

Mettete uova e latte in un tegamino su fuoco minimo e mescolate fin tanto che si addensino senza mai bollire. Fate raffreddare la crema e poi unitela al composto burro-zucchero e noci.

Prendete uno stampo, rotondo e liscio, bagnatelo con acqua fredda, mettete sul fondo metà savoiardi inumiditi con il liquore mischiato a tre cucchiai d'acqua.

Versatevi sopra la crema preparata, finite di riempire lo stampo con altri biscotti sempre inumiditi con liquore e acqua. Coprite con un piatto rotondo e ponete in freezer fino all'indomani.

Per sformare tenete per qualche minuto lo stampo in acqua appena tiepida, capovolgetelo su un piatto rotondo di portata.

Tagliate a pezzetti il cioccolato fondente, mettetelo in un tegamino, unite due cucchiai d'acqua e fate sciogliere sul fuoco. Quando

sarà ben sciolto versatelo delicatamente sul dolce e stendetel_
tandovi con la lama di un coltello.

Decorate con i gherigli tenuti a parte divisi a metà e mettete in
frigorifero fino al momento di servire.

Charlotte gelata a sorpresa

Tempo: 40' + il tempo di riposo in freezer
Difficoltà: 1
Dosi per 8 persone

30 savoiardi
1 bicchiere di maraschino
800 g di gelato alla crema
400 g di frutti di bosco surgelati
una grossa noce di burro
1 bicchierino di gin
una presa di cannella
5 cucchiai di zucchero

Per la guarnizione:

100 g di panna montata
10 grosse fragole

Ponete i frutti di bosco in una casseruola, unite lo zucchero, una
presa di cannella, il burro e lasciateli cuocere per 10' a fuoco vivace.

Irrorateli con il gin, lasciate che il liquore evapori completamente
ed infine continuate la cottura della preparazione per altri 5' a calore moderato. Lasciate raffreddare completamente.

Inzuppate ora leggermente i savoiardi con il maraschino e foderate con questi ultimi il fondo e le pareti di uno stampo da "charlotte"
inumidito di acqua fredda.

Versate dentro uno strato di gelato alla crema (leggermente ammorbidito a temperatura ambiente), poi ricoprite quest'ultimo con
un po' di frutti di bosco raffreddati. Continuate così fino ad esaurimento degli ingredienti avendo cura di terminare con il gelato alla
crema.

Coprite il dolce con un foglio di pellicola e sistematelo in freezer
per 3 ore.

Sformate la charlotte su un piatto di portata 30' prima di presentarla in tavola, guarnite la superficie e il bordo del piatto con ciuffetti di panna montata alternati a grosse fragole.

Potrete preparare il dolce anche il giorno prima, conservandolo
nel freezer, ma tiratelo fuori un'ora prima di servirlo.

Charlotte di pere e amaretti

Tempo: 50' + 4 ore di riposo in frigorifero
Difficoltà: 1
Dosi per 6 persone

1,2 kg di pere mature
2 cucchiai di fecola
60 g di burro
6 amaretti morbidi
2 bicchierini di liquore all'amaretto
400 g di savoiardi
1/2 bicchiere di latte
100 g di zucchero
2 cucchiai di marmellata di pesche
1 bustina di zucchero vanigliato

Pelate le pere, privatele del torsolo e dei semi, quindi tagliatele a fettine sottili e ponete queste ultime in una casseruola.

Aggiungete il burro a pezzetti, un bicchierino di liquore e lasciatele cuocere fino a quando risulteranno morbide.

Incorporatevi allora la fecola sciolta in mezzo bicchiere di latte, lo zucchero e continuate la cottura, a calore moderato, fino a quando le pere si saranno spappolate e il composto risulterà omogeneo.

Togliete il recipiente dal fuoco, amalgamatevi la marmellata e gli amaretti sbriciolati finemente.

Spruzzate ora i savoiardi con il liquore all'amaretto, poi rivestite con questi ultimi l'interno di uno stampo da charlotte di 22 cm di diametro, leggermente unto con poco olio di mandorle.

Versate dentro metà porzione di pere cotte, fate uno strato con altri savoiardi spruzzati di liquore e terminate con il rimanente composto a base di pere e amaretti.

Passate il recipiente in frigorifero per 4 ore prima di sformare il dolce su un piatto rotondo di servizio.

Spolverizzate la superficie della charlotte con lo zucchero vanigliato.

Questo dolce non è complicato da preparare e garantisce il successo per la sua delicatezza di sapori.

Crêpes ripiene di gelato ai lamponi

Tempo: 1 ora + il tempo
di riposo della pastella
Difficoltà: 2
Dosi per 4 persone

Per 8 crêpes:
1 uovo + 1 tuorlo
1 bicchiere e mezzo di latte
100 g di farina
1 cucchiaio di zucchero
2 cucchiaini di burro fuso

Per il ripieno:
400 g di gelato ai lamponi
1 bicchierino di Kirsch
1 cestino di lamponi freschi
2 cucchiai di gelatina di lamponi
2 cucchiai di acqua

Per la guarnizione:
foglioline di menta fresca
100 g di panna montata

Preparate le crêpes secondo la ricetta base di pag. 23.

Lavorate ora il gelato insieme con il liquore, poi aggiungete i lamponi (tenetene a parte 8 per la decorazione) precedentemente mondati.

Suddividete il gelato nelle crespelle pronte (raffreddate) e arrotolatele su loro stesse formando un grosso involtino.

Disponete due crêpes su ogni singolo piattino da dolce, ricoprite la superficie con un po' di gelatina di lamponi disciolta con l'acqua, collocate al centro due lamponi, guarnitele con ciuffetti di panna montata e con una fogliolina di menta. Servite subito.

Coppe di gelato e marrons glacés

Tempo: 20'
Difficoltà: 1
Dosi per 8 persone

---

400 g di gelato alla crema
400 g di gelato alla stracciatella
1 bicchierino di rum
20 marrons glacés
250 g di panna montata
*   leggermente zuccherata*
80 g di cioccolato fondente a scagliette
16 violette candite

Incorporate velocemente il rum al gelato alla crema, unite anche i marrons glacés spezzettati e rimescolate accuratamente.

Distribuite un primo strato di gelato alla stracciatella in ogni singola coppetta di cristallo, ricoprite quest'ultimo con un po' di panna montata, distribuite sopra un cucchiaio di scagliette di cioccolato e terminate con un altro strato di gelato alla crema misto ai marrons glacés.

Continuate così fino ad esaurimento degli ingredienti avendo cura di terminare con la panna montata spruzzata da una sacchetta da pasticceria munita di bocchetta seghettata.

Decorate la superficie di ogni coppetta di gelato con due violette candite e presentatele subito in tavola.

Le violette candite completano con un tocco di eleganza queste coppette che saranno indubbiamente apprezzate dai vostri ospiti.

Gran coppa ai frutti di bosco

Tempo: 30'
* + il tempo di riposo in frigorifero*
Difficoltà: 1
Dosi per 8 persone

900 g di frutti di bosco misti
5 cucchiai di lamponi passati al setaccio
600 g di gelato alla vaniglia
2 cucchiai di zucchero semolato
350 g di panna montata
2 bicchierini di rum
3 cucchiai di zucchero a velo
20 ciliegie rosse candite

Mondate accuratamente i frutti di bosco avendo cura di non sciuparli, poneteli in una terrina, spolverizzateli con lo zucchero a velo e bagnateli con il rum.

Coprite il recipiente con un foglio di pellicola e sistematelo in frigorifero per due ore.

Trascorso tale periodo di tempo, estraete i frutti dal frigorifero, travasateli in una grande coppa di cristallo, quindi ricopriteli con il gelato alla vaniglia disponendolo a montagnola a palline usando l'apposito attrezzo.

Mescolate a parte la panna montata insieme con la purea di lamponi, versatela in una sacchetta da pasticceria e decorate il gelato a vostro gusto.

Cospargete la superficie del dolce con le ciliegine rosse candite tritate grossolanamente e presentatelo subito in tavola.

Riesce ad essere di effetto molto decorativo questa coppa, rapida da preparare.

242

Semifreddo di ananas al maraschino

Tempo: 40' + il tempo di riposo in freezer
Difficoltà: 1
Dosi per 6 persone

---

250 g di ricotta
150 g di zucchero a velo
1 bustina di vanillina
1 uovo + 2 tuorli
7 fette di ananas
300 g di panna montata
1 cucchiaio di maraschino
150 g di savoiardi
8 ciliegine rosse candite

Per lo stampo da semifreddo:

5 fette di ananas
3 ciliegine candite

Per la guarnizione:

120 g di panna montata
7 ciliegine rosse candite

Sbattete in una terrina la ricotta (passata al setaccio) insieme con lo zucchero a velo e la vanillina, fino a montarla, rendendola spumosa.

Aggiungetevi l'uovo intero, i tuorli e, sempre rimescolando, incorporatevi le fette di ananas ben scolate dal liquido di conservazione e tagliate a dadini, le ciliegine rosse a pezzettini, i savoiardi spruzzati di maraschino e sbriciolati.

Continuate a sbattere con una piccola frusta elastica ed infine unite la panna montata.

Ponete sul fondo di uno stampo da semifreddo largo 20 cm e alto 8 cm una rotella di ananas e collocate le rimanenti sulle pareti interne del recipiente.

Sistemate al centro di ogni rotella di ananas mezza ciliegina rossa candita con la parte concava verso l'interno, poi riempite il contenitore con il composto preparato precedentemente.

Coprite il dolce con un foglio di pellicola e riponetelo in freezer per 2 ore.

Sformate il semifreddo su un piatto rotondo di portata, guarnite la superficie con ciuffetti di panna montata alternati a mezze ciliegine candite, quindi presentatelo subito in tavola.

È un dolce sostanzioso che si presenta anche in modo decorativo. Potrebbe essere adatto per il periodo delle feste natalizie.

Semifreddo allo zabaione e cioccolato

Tempo: 1 ora + 3 ore di riposo in freezer
Difficoltà: 1
Dosi per 6 persone

---

6 uova
7 cucchiai colmi di zucchero
1 bicchiere di vino moscato
500 g di panna montata
100 g di scorza d'arancia candita
100 g di cacao

Per la guarnizione:

filetti di scorza d'arancia candita
ciliegine candite

Sbattete in una casseruola i tuorli con lo zucchero fino a renderli gonfi e spumosi, unite lentamente il vino moscato, fate cuocere a bagno-maria, continuando a sbattere con una piccola frusta elastica, fino a quando lo zabaione risulterà montato e addensato. Toglietelo allora dal fuoco e fatelo raffreddare.

Incorporatevi il cacao e la panna montata.

Versate il composto preparato in uno stampo da budino scanalato, unto con olio di mandorle, copritelo con un foglio di pellicola e riponetelo in freezer per 3 ore.

Ritagliate, nel frattempo, dalla scorza d'arancia candita dei filetti lunghi quanto le scanalature dello stampo.

Sformate il semifreddo su un piatto di servizio rotondo, inserite in ogni scanalatura un filetto di scorza d'arancia candita e guarnite la superficie con le ciliegine candite.

Servite subito in tavola.

Se vorrete personalizzare ancora di più questo ricco semifreddo, potrete servire a parte in salsiera della salsa di cioccolato calda profumata al Grand Marnier.

Sorbetto al limone

Tempo: 45' + congelamento
Difficoltà: 0
Dosi per 8 persone

---

10 limoni
300 g di zucchero semolato
250 g di acqua
1 albume

Lavate i limoni, spremeteli e tagliate la scorza di quattro limoni a listarelle.

Portate a bollore lo zucchero con un bicchiere d'acqua, metà del succo di limone e le scorze tagliate.

Lasciate cuocere per 5 minuti, filtrate e fate raffreddare.

Unite il succo filtrato rimasto e versate nella gelatiera, seguendo le istruzioni del fabbricante. Negli ultimi 5 minuti aggiungete l'albume montato a neve.

Il sorbetto di limone, oltre che un magnifico dissetante, è molto usato nei pranzi importanti come intervallo fra le portate di pesce e quelle di carne.

Sorbetto alla menta

Tempo: 1 ora + congelamento
Difficoltà: 0
Dosi per 6 persone

---

1 manciata di foglie di menta
300 g di zucchero
750 g di acqua

Fate bollire l'acqua e poi versatela subito sulle foglie di menta già mondate, lavate e asciugate. Coprite con un coperchio e lasciate in infusione fino a completo raffreddamento.

Filtrate l'infuso ottenuto, aggiungete lo zucchero e ponete sul fuoco basso portando ad ebollizione. Lasciate cuocere per 10', copritelo e lasciate raffreddare.

Versatelo in una vaschetta di metallo che avete precedentemente posta in freezer per almeno un'ora. Rimettete nel freezer ricordandovi di mescolare ogni 20-30' circa per quattro o cinque volte finché si sarà rassodato.

Il sorbetto sarà molto più semplice da preparare se avete a disposizione una gelatiera.

Presentate il sorbetto in bicchieri che avrete messo in precedenza a raffreddare nel frigorifero.

Con lo stesso sistema potete preparare il sorbetto al basilico. Entrambi sono molto graditi per fare un fresco intermezzo durante un pranzo importante.

9

QUATTRO CHIACCHIERE
CON LE AMICHE

L'occasione può essere data dalla vicina di casa, che viene a interrompere le faccende domestiche, dall'amica, che passa per caso, dalla mamma del compagno di scuola di vostro figlio che riaccompagnandolo dalla lezione di nuoto vi ha risparmiato un trasferimento in auto.

Offrite, e offritevi, una pausa rilassante, magari davanti alla classica tazza di tè, accompagnata dai pasticcini adatti. Possono essere di farina mescolata a farina di mais, a fecola di patate, a noci tritate, al profumo di cannella, cioccolata o limone.

Si tratta di dolcini ideali per essere gustati in compagnia, adatti anche a occasioni speciali come un Battesimo o una Prima Comunione, un brindisi per un anniversario, un invito dopo-cena.

Potete conservarli anche per diversi giorni in scatole di latta a chiusura ermetica, foderate con carta pergamena o di alluminio. Avrete la gioia di offrire qualcosa di speciale, preparato con le vostre mani, senza ricorrere all'acquisto di perfetta, ma anonima e costosa pasticceria industriale.

Biscotti di albicocche e mandorle

Tempo: 1 ora
Difficoltà: 1
Dosi per 12 biscotti circa

———

80 g di farina
80 g di fecola di patate
3 uova
3 cucchiai di latte
180 g di zucchero
2 bustine di vanillina

1 cucchiaio di lievito in polvere
1 bicchierino di Apricot Brandy
1 scatola di albicocche sciroppate
2 cucchiai di zucchero di canna
un pizzico di cannella

Per la guarnizione:

100 g di mandorle a scagliette
200 g di panna montata

Sbattete in una terrina i tuorli insieme con lo zucchero e la vanillina fino ad ottenere un miscuglio gonfio e spumoso. Incorporatevi il liquore, il latte, la farina setacciata insieme con la fecola di patate e il lievito, quindi continuate a sbattere con una frusta elastica i vari ingredienti. Infine amalgamatevi gli albumi montati a neve fermissima.

Versate il composto in una teglia ampia imburrata e lasciate cuocere la preparazione in forno caldo (280°) per 15'.

Estraete il recipiente dal forno, lasciate raffreddare questo grande biscotto, poi con uno stampino rotondo dai bordi taglienti del diametro di 6 cm ritagliate tanti dischetti e allineateli su un vassoio rotondo.

Fate caramellare lo zucchero di canna in una padella su fuoco dolce, adagiate dentro le mezze albicocche sciroppate, unite (se occorre) 2 cucchiai del liquido di conservazione della frutta, un pizzico di cannella e continuate la cottura per cinque minuti a calore piuttosto vivace.

Collocate ogni mezza albicocca raffreddata con la parte convessa rivolta verso l'alto sopra ogni biscotto, guarnitelo con una bordura di panna montata intorno alle albicocche e terminate con le scagliette di mandorle.

Biscotti all'anice

Tempo: 65'
  + il tempo di riposo della pasta
Difficoltà: 1
Dosi per 40-50 biscotti

300 g di farina
180 g di zucchero a velo
2 uova
2 cucchiai di liquore all'anice
1 cucchiaino di semi di anice
100 g di burro
un pizzico di sale
qualche goccia di colorante rosa
qualche goccia di colorante verde

Ponete la farina setacciata sul tavolo, fate un incavo al centro e rompete dentro le uova. Unite anche lo zucchero, il liquore all'anice, i semi di anice, il burro ammorbidito a temperatura ambiente e tagliato a pezzetti e un pizzico di sale.

Impastate bene i vari ingredienti fino ad ottenere un composto omogeneo.

Raccoglietelo a palla, sistematelo in una terrina, copritelo con un tovagliolo e lasciatelo riposare per 2 ore.

Trascorso tale periodo di tempo, rimettete nuovamente la pasta sul tavolo, dividetela in due parti e colorate la prima con il colorante verde e la rimanente con quello rosa.

Lavorate separatamente i due pezzi di pasta in modo che si colorino in maniera uniforme.

Stendete ora la pasta color rosa in una sfoglia alta mezzo centimetro e ritagliate da quest'ultima tanti dischetti.

Ripetete le medesime operazioni anche per l'altro pezzo di pasta. Allineate i biscotti su una placca rivestita da un foglio di carta di alluminio imburrata e fateli cuocere in forno caldo (180°) per circa 20 minuti.

Biscottini al profumo di cannella

Tempo: 45'
Difficoltà: 1
Dosi per 20-30 biscottini

170 g di farina
90 g di zucchero di canna
2 cucchiai di miele chiaro
50 g di uvetta
1 bicchierino di rum
120 g di burro
60 g di mandorle
1 cucchiaio e mezzo di polvere di cannella
1 uovo + 1 tuorlo
1 cucchiaino di bicarbonato di sodio
100 g di cioccolato fondente
Per lucidare i biscottini:
1 albume leggermente sbattuto
un pizzichino di sale

Mettete a bagno l'uvetta nel rum per circa un'ora.

Sbattete il burro con una frusta elastica in una terrina fino a montarlo. Aggiungete lo zucchero di canna ed il miele e continuate a sbattere per alcuni minuti.

Unite anche l'uovo, già sbattuto a parte in una scodella, e l'uvetta scolata e tritata.

Aggiungete al composto già preparato la farina setacciata insieme al bicarbonato di sodio e alla polvere di cannella. Unite anche le mandorle tritate e le scagliette di cioccolato fondente.

Rimescolate più volte assicurando all'impasto una giusta consistenza, poi distendetelo con il matterello su un piano unto di olio di mandorle e ricavatene tanti dischetti mediante un tagliapasta di 4 cm di diametro.

Accomodate questi dischetti su un foglio di alluminio unto di burro appoggiato su una placca da forno: spennellateli ad uno ad uno con una pennellessa intinta nell'albume leggermente battuto con un pizzichino di sale.

Fate cuocere in forno preriscaldato (180°) per 15': controllate se la pasta risulta soda al tatto, poi estraete i biscottini e lasciateli raffreddare su una rastrelliera.

Questi biscottini risultano deliziosi e molto nutrienti e sono indicati anche per una festicciola di bambini.

Biscottini al ginepro

Tempo: 1 ora + 12 ore di riposo della pasta
Difficoltà: 1
Dosi per 30 o più biscottini

280 g di farina
100 g di zucchero
1 uovo
160 g di burro
1/2 cucchiaino di polvere di ginepro
1 bicchierino di grappa al ginepro
1/2 cucchiaino di lievito per dolci
un pizzico di scorza di limone grattugiata
2 cucchiai di mandorle
un pizzico di sale

Setacciate la farina sulla spianatoia, unite la polvere di ginepro, poi disponetela a fontana. Ponete al centro lo zucchero, l'uovo intero, la grappa, il lievito, il burro a pezzetti, la scorza di limone grattugiata e un pizzico di sale. Impastate velocemente i vari ingredienti in modo da ottenere un composto ben amalgamato.

Formate una palla, avvolgetela in un foglio di pellicola e lasciate riposare l'impasto per 12 ore in un luogo fresco.

Trascorso tale periodo di tempo, lavorate la pasta per qualche minuto, poi tiratela in una sfoglia spessa circa 3 mm.

Ritagliate da quest'ultima tante losanghe e allineatele su una placca imburrata e infarinata leggermente.

Sistemate su ogni biscotto una mandorla premendola sulla superficie. Fate cuocere i dolcetti in forno preriscaldato (180°) per 15'.

Appena i biscotti risulteranno di un bel colore dorato estraeteli dal forno, lasciateli raffreddare, poi staccateli con l'aiuto di una spatola e depositateli su un vassoio di portata.

Biscottini ai fichi secchi e mandorle

Tempo: 50'
Difficoltà: 1
Dosi per 20 biscottini

180 g di zucchero
1 cucchiaio di miele
220 g di farina
200 g di burro
60 g di fichi secchi
40 g di mandorle
4 uova
qualche goccia di essenza di mandorle

Per la guarnizione:
1 cucchiaio di granella di mandorle
1 cucchiaio di miele

Sbattete energicamente il burro ammorbidito a temperatura ambiente in una terrina fino ad ottenere un composto soffice.

Aggiungete lo zucchero, il miele, le uova (uno alla volta) ed infine la farina setacciata fatta scendere a pioggia.

A parte tritate finemente i fichi secchi (che avrete cura di scegliere morbidi) e le mandorle leggermente tostate nel forno, poi aggiungeteli al composto con essenza di mandorle, continuando a rimescolare con un cucchiaio di legno finché siano ben amalgamati.

Ungete e infarinate leggermente una ventina di stampini a bordi svasati alti 1 cm e 1/2, riempiteli per i tre quarti con l'impasto preparato e allineateli su una placca.

Passate quest'ultima in forno preriscaldato (180°) per 20'.

Estraete i biscotti dal forno appena appariranno gonfi e dorati, sformateli su una gratella da pasticceria e lasciateli raffreddare.

Spalmate leggermente la superficie di ogni biscotto con un velo di miele e cospargeteli con un po' di granella di mandorle.

Biscottini ai pinoli

Tempo: 1 ora
Difficoltà: 1
Dosi per 30-40 biscottini

120 g di farina di mais
120 g di farina bianca
1 uovo
un pizzico di sale
120 g di zucchero
120 g di burro
la scorza grattugiata di mezza arancia
1 tazzina di latte
100 g di pinoli
1 cucchiaio di zucchero vanigliato

Mescolate in una terrina i due tipi di farina insieme a un pizzico di sale.

Unite l'uovo, il burro ammorbidito a temperatura ambiente e tagliato a piccoli pezzetti, lo zucchero, la scorza grattugiata d'arancia, quindi impastate accuratamente i vari ingredienti aggiungendo il latte fino ad ottenere un composto omogeneo e compatto. Incorporatevi allora i pinoli.

Dividete l'impasto in tante piccole palline rotonde, grosse poco più di una noce, e sistematele su una placca imburrata. Passate le palline in forno preriscaldato (200°) per circa 30'.

Estraete i biscotti dal forno, spolverizzateli con lo zucchero vanigliato, lasciateli raffreddare, poi staccateli, ad uno ad uno, con l'aiuto di una piccola spatola.

Collocateli a montagnola su un piatto di servizio per presentarli in tavola.

Se vi piace potete infilzare su ogni pallina due o tre pinoli prima di cuocerle.

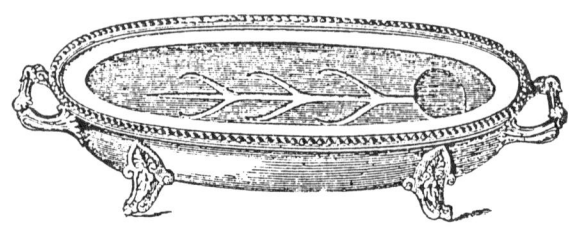

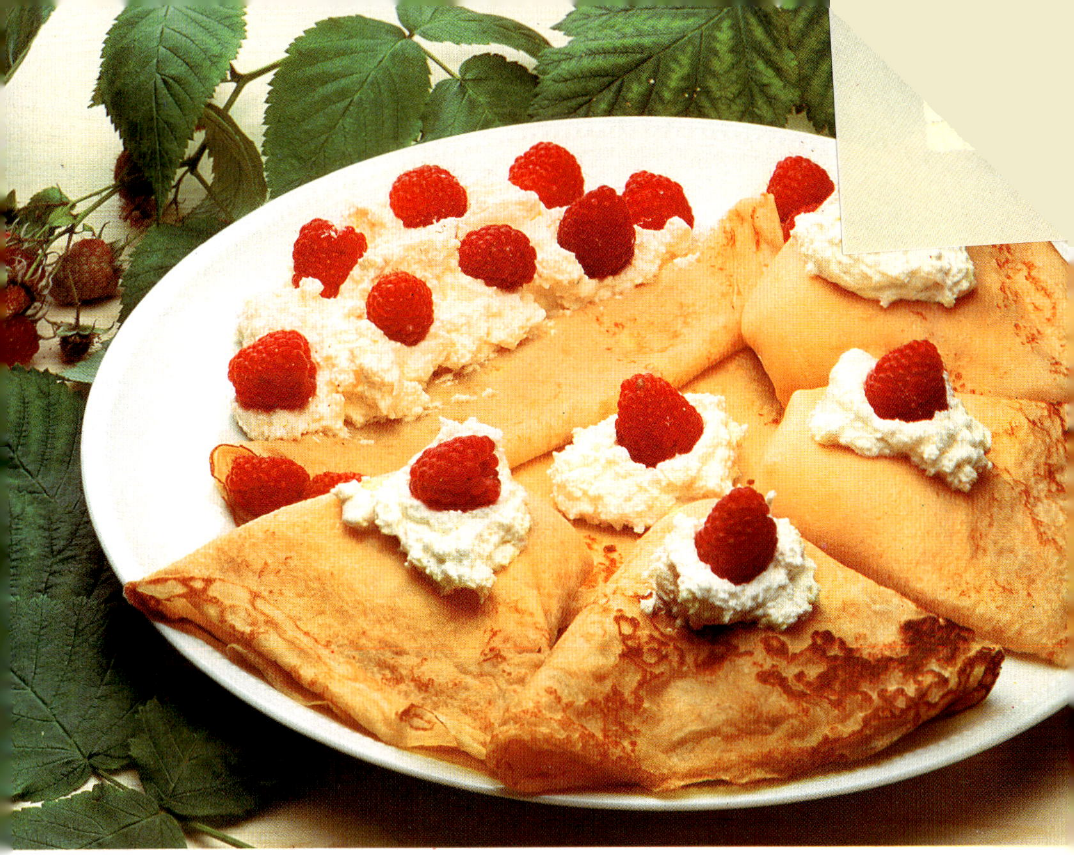

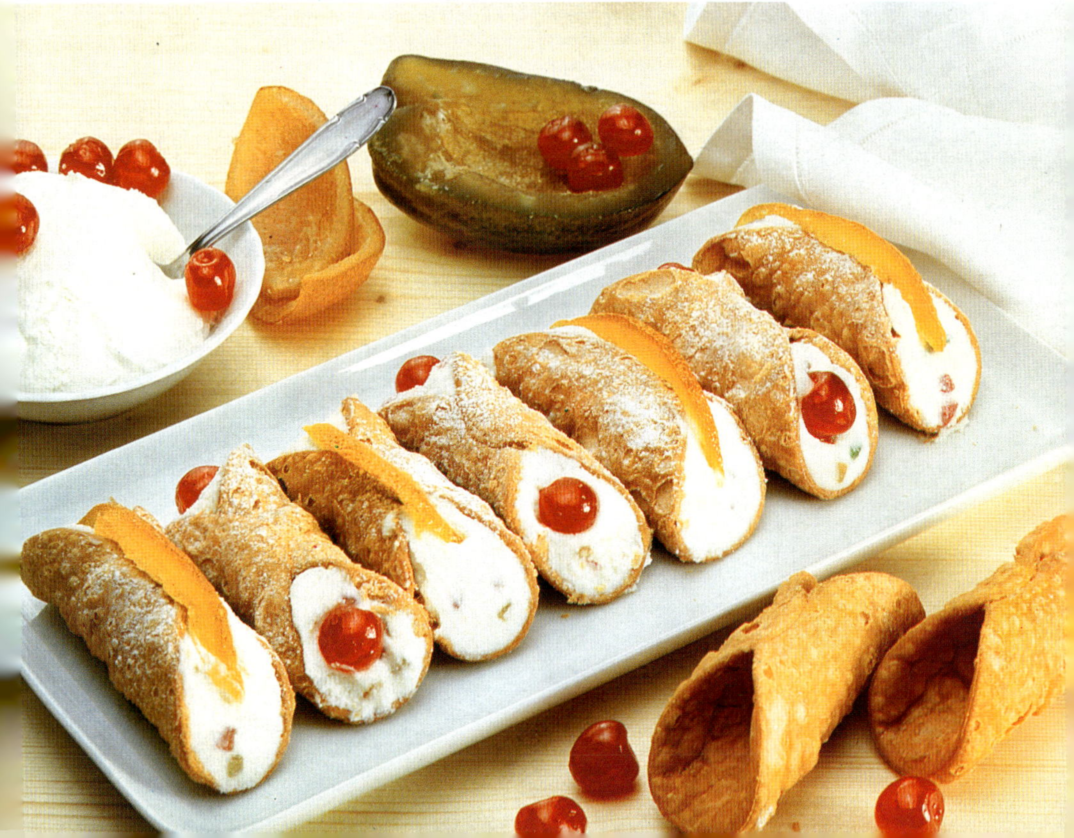

Crêpes dolci

100 g di farina - 1 uovo + 1 tuorlo - 2 cucchiai di burro fuso - 1 cucchiaino di zucchero - 1 pizzico di sale - 2 dl di latte - 1 cucchiaio di cognac o rum.
Per farcire e guarnire: *marmellata di lamponi, panna montata, un contenitore di lamponi.*

Preparate le crêpes dolci seguendo la ricetta riportata a pag. 23. Spalmate le crêpes con la marmellata, ripiegatele in due, decoratele con la panna montata e i lamponi.

Cannoli alla siciliana

Per la pasta: *150 g di farina - 1 noce di strutto - un pizzico di sale - 1/2 cucchiaino di zucchero - vino bianco o marsala - olio per friggere.*
Per la farcia: *500 g di ricotta - 250 g di zucchero in polvere - acqua distillata di fiori d'arancio - cioccolato fondente - pistacchi o canditi - zucchero vanigliato.*

Si preparano anzitutto le scorze e si farciscono come a pag. 235.
Sfilatele ancora tiepide dai cannelli e lasciate raffreddare completamente su carta assorbente.
Per la farcia: mescolate in una terrina la ricotta e lo zucchero, poi passate attraverso un setaccio e aromatizzate la crema con l'acqua distillata d'arancio. Aggiungete dadini di cioccolato fondente, pistacchi o canditi tritati. Farcite le scorze con questa crema aiutandovi con una tasca da pasticceria e chiudete le bocche dei cannoli con una ciliegina candita e spolverizzateli con zucchero vanigliato.

Biscotti al cioccolato e pinoli

Tempo: 1 ora + il tempo
di riposo in frigorifero
Difficoltà: 1
Dosi per 30-40 biscotti
———————
150 g di farina
120 g di fecola
60 g di cacao
180 g di zucchero
2 uova

1 cucchiaio di lievito per dolci
5 cucchiai di latte
120 g di burro
60 g di pinoli
1 cucchiaio di uvetta sultanina
un pizzico di sale

Mescolate la farina insieme con la fecola di patate, il cacao, lo zucchero, il lievito, un pizzico di sale e disponete il ricavato a fontana sulla spianatoia.

Mettete al centro le uova, il burro ammorbidito a temperatura ambiente e tagliato a pezzetti, il latte, i pinoli e l'uvetta ammollata ben scolata e strizzata.

Impastate i vari ingredienti fino ad ottenere un composto omogeneo, raccoglietelo a palla e avvolgetelo in un foglio di pellicola.

Riponetelo poi in frigorifero per 30'.

Trascorso tale periodo di tempo, estraete l'impasto dal frigorifero e stendetelo in una sfoglia dello spessore di 5 mm.

Ricavate da quest'ultima, con la rotella per dolci, dei quadrati di 4 cm di lato che metterete sulla placca del forno imburrata.

Lasciate cuocere i biscotti in forno preriscaldato (180°) per 20'. Staccateli dalla placca appena saranno raffreddati.

Sono biscotti adatti anche ai bambini, per merende e merendine.

Biscottini con uvetta del convento

Tempo: 50'
Difficoltà: 1
Dosi per 30 biscottini circa
———————
250 g di farina
200 g di burro
200 g di zucchero di canna

80 g di uvetta sultanina
1 bicchierino di maraschino
3 uova
un pizzico di sale
1 cucchiaio di scorza d'arancia
candita
1 bustina di vanillina

Ponete l'uvetta in una scodella, irroratela con il maraschino e lasciatela ammorbidire per 30'.

In una terrina lavorate a lungo il burro, ammorbidito a temperatura ambiente e tagliato a pezzetti, insieme con lo zucchero. Incorporate le uova, uno alla volta, poi la farina setacciata con un pizzico di sale fatta scendere a pioggia.

Rimescolate accuratamente con un cucchiaio di legno, quindi mischiatevi la vanillina, la scorza candita tritata ed infine l'uvetta sultanina ben scolata, strizzata e tritata.

Ungete col burro una placca da forno e infarinatela leggermente.

Lasciate cadere il composto preparato, con l'aiuto di un cucchiaio, sulla placca formando dei mucchietti grossi come una noce, ben distanziati l'uno dall'altro.

Lasciate riposare i biscotti fino a quando si saranno appiattiti. Introducete allora la placca in forno preriscaldato (180°) per circa 15'.

Appena i dolcetti risulteranno cotti, estraeteli dal forno, staccateli ancora caldi con una spatola e fateli raffreddare su una gratella da pasticceria.

Disponeteli poi su un vassoio di portata.

Biscotti rossi

Tempo: 50' + tempo di riposo della pasta
Difficoltà: 1
Dosi per 40-50 biscotti circa

300 g di farina
150 g di zucchero
150 g di burro
2 uova + 1 tuorlo
la scorza grattugiata di una arancia
2 cucchiai di ciliegine rosse candite
1 cucchiaio di alchermes
1 bustina di vanillina
un pizzico di sale

Ponete la farina setacciata a fontana sul tavolo, unite un pizzico di sale, lo zucchero, le uova, il burro tagliato a piccoli pezzetti, la scorza d'arancia, l'alchermes, la vanillina e le ciliegine candite tritate.

Lavorate tutto fino ad ottenere una pasta omogenea e soda, raccoglietela a palla e accomodate quest'ultima in una terrina infarinata. Ricopritela con un tovagliolo e lasciatela riposare in luogo fresco per 2 ore.

Trascorso tale periodo di tempo, togliete la pasta dalla ciotola, stendetela, con l'aiuto di un matterello, in una sfoglia alta circa 1 cm e ritagliate da quest'ultima tanti dischetti rotondi.

Disponete i biscotti su una placca rettangolare ricoperta da un foglio di carta da forno e passateli in forno già caldo (180°) fino a quando la superficie risulterà dorata.

Estraete i biscotti dal forno, fateli raffreddare, quindi staccateli con una piccola spatola.

Potrete conservarli anche per due settimane in una scatola di latta.

Frollini al cedro

Tempo: 1 ora
Difficoltà: 1
Dosi per 40-50 frollini

300 g di farina
1 cucchiaio di lievito per dolci
200 g di zucchero
2 uova
60 g di cedro candito
150 g di burro fuso
un pizzico di zenzero grattugiato
4 cucchiai di succo d'arancia

Mescolate la farina insieme con il lievito. Disponetela a fontana sulla spianatoia e mettete al centro lo zucchero, il burro fuso, le uova, il succo d'arancia, un pizzico di zenzero grattugiato e i pezzettini di cedro candito.

Lavorate bene gli ingredienti fino ad ottenere un impasto sodo e omogeneo. Stendete ora con un matterello la pasta in una sfoglia spessa 5 mm e ricavate da quest'ultima, con l'aiuto di uno stampino rotondo, tanti biscotti.

Sistemateli su una placca ricoperta con un foglio di carta da forno, ben distanziati l'uno dall'altro e fateli cuocere in forno già caldo (180°) per 20'.

Lasciate raffreddare i biscotti, poi staccateli con l'aiuto di una piccola spatola e collocateli su un vassoio.

Piccoli dolcetti casalinghi

Tempo: 1 ora
Difficoltà: 1
Dosi per 6 persone

80 g di burro
180 g di zucchero
3 uova
130 g di nocciole
80 g di cioccolato fondente
120 g di farina
1 bicchierino di rum
1 bicchierino di latte
un pizzico di sale

Ponete lo zucchero in una terrina, unite il burro in precedenza fatto sciogliere a bagno-maria e continuate a sbattere con una piccola frusta elastica fino a quando otterrete un composto soffice e spumoso.

Unite allora, uno alla volta, le uova, incorporate la farina fatta scendere a pioggia, poi le nocciole pelate e tritate, il latte, il rum, un pizzico di sale e il cioccolato fondente grattugiato. Rimescolate accuratamente fino a quando il composto risulterà ben amalgamato.

Imburrate e infarinate una teglia rettangolare, versate dentro il miscuglio preparato e passate il recipiente in forno preriscaldato (180°) per 30'. Estraete la teglia dal forno, lasciate raffreddare il dolce, poi tagliatelo a piccoli quadri e disponeteli su un vassoio di portata.

Tartellette alle fragole

Tempo: 45' + tempo per
scongelare la pasta
Difficoltà: 1
Dosi per 6 tartellette

300 g di pasta sfoglia surgelata
350 g di fragole mondate
2 cucchiai di maraschino
zucchero a velo per spolverizzarle

Per la crema:
2 tuorli d'uovo
4 cucchiai di zucchero
1 cucchiaio di farina
1/4 di l di latte abbondante
1 bustina di vanillina

Stendete con il matterello la pasta sfoglia scongelata e foderate le formine: rifilate la pasta eccedente con le forbici. Ritagliate dei tondini di carta oleata in modo da foderare l'interno di ciascuna tartelletta e riempitelo con un po' di fagioli secchi.

Fate scaldare il forno a 180° per 5', introducetevi le tartellette e fatele cuocere per 25'.

Togliete la carta e i fagioli e continuate la cottura per altri 5' affinché il fondo della pasta si solidifichi bene.

Fate poi raffreddare le tartellette dopo averle capovolte con delicatezza su una rastrelliera.

Nel frattempo preparate la crema: sbattete i tuorli con lo zucchero fino a renderli spumosi, mischiatevi la farina, poi versatevi sopra "a filetto" il latte, che avrete fatto riscaldare in una piccola casseruola insieme con la vanillina.

Rimescolate di continuo con il cucchiaio di legno, travasate nuovamente il tutto nel recipiente usato per il latte e, sempre rimescolando, fate addensare la crema.

Spegnete il fornello e lasciatela raffreddare, quindi suddividetela nelle tartellette cotte.

Disponete sopra la crema le fragole (spruzzate appena di maraschino) e spolverizzatele di zucchero a velo.

Tartellette alla crema di mandorle e caffè

Tempo: 1 ora + 2 ore
  di riposo della pasta frolla
Difficoltà: 1
Dosi per 12 tartellette

———

Per la pasta frolla:
150 g di farina
75 g di burro
50 g di zucchero
un pizzichino di sale

Per la farcia:
60 g di burro
2 cucchiai di zucchero
1 uovo
60 g di mandorle
2 amaretti sbriciolati
1 cucchiaio di caffè solubile
1 cucchiaio e mezzo
  di amido di mais
2 cucchiai di liquore all'amaretto
3 gocce di essenza di mandorle

Preparate la pasta frolla: impastate rapidamente e lavorate con le mani sul piano di lavoro finché la pasta risulti liscia e omogenea. Avvolgetela poi, dopo averla modellata a palla, in un foglio di pellicola e lasciatela riposare per 2 ore in frigorifero.

Trascorso questo tempo, stendete la pasta con il matterello, foderate le formine di 4 cm di diametro e rifilate la pasta con le forbici.

Punzecchiate il fondo di pasta con una forchetta per evitare che durante la cottura possa gonfiarsi.

Nel frattempo preparate la farcia: lavorate il burro montandolo insieme con lo zucchero. Unite un uovo, sbattete energicamente e aggiungete man mano l'amido di mais, le mandorle pelate e tritate, gli amaretti sbriciolati, il caffè solubile, il liquore e le gocce di essenza di mandorle.

Amalgamate il tutto ripetutamente, poi suddividete il composto all'interno delle formine foderate di pasta frolla e fate cuocere in forno preriscaldato (170°) per 30'.

Controllate che la pasta sia ben cotta prima di sformarle con delicatezza.

Lasciatele ben raffreddare prima di servirle.

Plum-cake rivestito di cioccolato

Tempo: 2 ore e 20'
Difficoltà: 1
Dosi per 8 persone

_____

2 uova
80 g di burro
200 g di zucchero
160 g di gherigli di noce
2 cucchiai di cacao in polvere
1 bicchierino di brandy
370 g di farina
1 bustina di lievito per dolci
160 g di miele
un pizzichino di sale
1 bustina di vanillina

Per la glassa al cioccolato:

1 albume montato a neve
130 g di cioccolato fondente
120 g di zucchero a velo

Per la guarnizione:

180 g di panna montata
4 gherigli di noce spalmati di miele

Lavorate in una terrina il burro con lo zucchero finché avrete ottenuto un composto ben gonfio e chiaro. Unite, uno alla volta, le uova, poi il cacao in polvere, la farina setacciata con il lievito, la vanillina, il miele, un pizzichino di sale, le noci tritate.

Rimescolate a lungo, incorporate il brandy e poi versate la preparazione in uno stampo da plum-cake unto di burro e cosparso di pangrattato.

Fate cuocere il dolce in forno preriscaldato (170°) per un'ora e 15' verificando se la pasta al centro è ben cotta (mediante un ferro da calza, che dovrà uscire dalla pasta ben asciutto), lasciatelo intiepidire nel recipiente, dopo averlo tolto dal forno.

Preparate intanto la glassa per ricoprirlo: montate a neve ferma l'albume unendo a poco a poco lo zucchero a velo. Fate sciogliere a bagno-maria il cioccolato fondente con lo zucchero rimasto, quindi incorporatelo adagio all'albume a neve, facendolo scendere ''a filetto". Sollevate più volte la miscela dal basso verso l'alto e lasciatela raffreddare.

Sformate il plum-cake su un piatto rettangolare e ricopritelo con la glassa di cioccolato preparata, aiutandovi con una larga spatola inumidita o una pennellessa.

Guarnite il dolce con una bordura di panna montata e gherigli di noce spennellateli di miele.

Preparate il plum-cake uno o due giorni prima e ultimate la presentazione al momento di servire.

Plum-cake al cocco

Tempo: 1 ora e 20'
Difficoltà: 1
Dosi per 6 persone

280 g di farina
130 g di burro
100 g di zucchero
50 g di cedro candito
un pizzico di zenzero
3 tuorli + 1 uovo
120 g di noce di cocco grattugiata
1 bicchierino di rum
1 bustina di lievito per dolci
la scorza di mezzo limone grattugiata

Lavorate a lungo il burro in una terrina fino a quando otterrete una crema ben montata.

Incorporatevi allora lo zucchero, l'uovo intero, i tuorli e la farina, setacciata insieme con il lievito, fatta scendere a pioggia. Aggiungete il rum, il cedro tagliato a pezzetti, un pizzico di zenzero, la noce di cocco grattugiata e la scorza di limone anch'essa grattugiata.

Rimescolate accuratamente i vari ingredienti e, se l'impasto dovesse risultare troppo consistente, diluitelo con un po' di latte.

Imburrate e infarinate uno stampo da plum-cake, versate dentro il composto preparato, poi passate in forno preriscaldato (180°) per 45 minuti.

Estraete il plum-cake dal forno, lasciatelo raffreddare prima di sformarlo.

È un dolce che si può preparare anche con uno o due giorni di anticipo.

In questo caso è utile avvolgerlo bene in carta d'alluminio e conservarlo in luogo fresco e asciutto. Si taglia a fette solo al momento di servire.

Torta mandorlata

Tempo: 1 ora e 20'
Difficoltà: 1
Dosi per 6 persone

100 g di fecola di patate
80 g di mandorle pelate e tritate
80 g di nocciole pelate e tritate
160 g di zucchero
8 albumi
qualche goccia di essenza di mandorle
1 bustina di vanillina
un pizzico di sale

Per la crema:

150 g di burro
80 g di zucchero
2 tuorli
80 g di mandorle pralinate

Per la guarnizione:

150 g di panna montata
nocciole pralinate

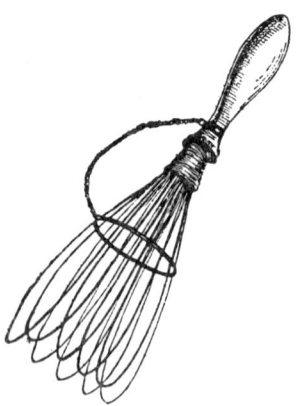

Ponete la fecola di patate in una terrina, aggiungetevi le mandorle e le nocciole tritate finemente, la vanillina, l'essenza di mandorle, lo zucchero, rimescolate ripetutamente, poi incorporatevi gli albumi montati a neve fermissima insieme con un pizzichino di sale.

Imburrate e infarinate due tortiere della stessa misura di diametro, suddividetevi l'impasto preparato in precedenza e lasciate cuocere le due torte in forno preriscaldato (180°) per 30'.

Preparate nel frattempo la crema: lavorate il burro in una terrina con un cucchiaio di legno fino a quando risulterà soffice e montato, unitevi lo zucchero, i tuorli, le mandorle pralinate tritate finemente e rimescolate con una piccola frusta elastica fino a quando la crema apparirà ben legata.

Estraete le torte dal forno, fatele raffreddare, sformatele, quindi sovrapponetele spalmando tra loro la crema pronta.

Guarnite la superficie con ciuffetti di panna montata alternati a nocciole pralinate.

Mattonella di biscotti alla crema di cioccolato

Tempo: 1 ora + 1 ora di riposo
  in frigorifero
Difficoltà: 1
Dosi per 6 persone

40 *biscotti secchi*
250 *g di cioccolato fondente*
100 *g di burro*
1 *tazzina di caffè ristretto*
1 *bicchierino di liquore al caffè*
2 *tuorli*
250 *g di panna montata*
4 *cucchiai di zucchero a velo*

Per lo sciroppo:

1 *tazzina di caffè ristretto*
1/2 *bicchiere di latte*
1 *cucchiaio di zucchero a velo*

Per la guarnizione:

100 *g di panna montata*
chicchi di caffè
80 *g di cioccolato bianco*

Spezzettate il cioccolato fondente e fatelo sciogliere a bagno-maria insieme con il caffè ristretto e il liquore al caffè.

Toglietelo dal fuoco, ma non dal bagno-maria, quindi incorporatevi il burro (ammorbidito a temperatura ambiente) tagliato a pezzetti sbattendo energicamente con una piccola frusta elastica.

Dovrete ottenere una crema soffice alla quale incorporerete i tuorli d'uovo uno alla volta e lo zucchero a velo.

Lasciate raffreddare il miscuglio, poi amalgamatevi la panna montata.

Sistemate la preparazione in frigorifero per 1 ora.

Nel frattempo unite il caffè ristretto con il latte e addolcitelo con lo zucchero a velo. Immergetevi uno alla volta 10 biscotti, poi disponeteli su un piatto di portata.

Spalmatevi sopra un quarto della crema preparata in precedenza, ricoprite quest'ultima con altri 10 biscotti imbevuti e continuate così fino ad esaurimento degli ingredienti, avendo cura di terminare con la crema al cioccolato.

Decorate la superficie del dolce con il cioccolato bianco grattugiato, poi guarnite il bordo con ciuffetti di panna montata e collocate sulla sommità di ciascuno di essi un chicco di caffè.

Morbidezza di cioccolato

Tempo: circa 2 ore
(da prepararsi due o tre giorni prima!)
Difficoltà: 1
Dosi per 8-10 persone

---

250 g di cioccolato fondente
250 g di burro
250 g di zucchero semolato
1 tazzina abbondante di caffè forte
1 cucchiaio di brandy
4 uova
3 cucchiai rasi di farina
un pizzichino di sale

Per la guarnizione:

150 g di cioccolato bianco
50 g di burro
4 cucchiai di panna liquida

Spezzettate il cioccolato fondente, mettetelo in una casseruola con il caffè, lo zucchero e il liquore. Rimescolate di continuo con una spatola di legno a fuoco dolce fino a quando il composto diventerà liscio ed omogeneo.

Togliete allora il recipiente dal fornello e lasciate riposare per 5', poi unite alla salsa di cioccolato il burro tagliato a pezzettini, un pezzetto per volta e rimescolando ripetutamente per farlo assorbire prima di aggiungerne un altro. Mescolate di continuo, poi incorporate al tutto le uova sbattute a parte in una scodella con la forchetta e un pizzichino di sale, ed infine completate con l'aggiunta della farina, facendola scendere a pioggia attraverso le maglie di un colino.

Amalgamate perfettamente gli ingredienti, quindi versate la preparazione dentro una tortiera con bordo di 6 cm e di 26 cm di diametro leggermente imburrata, foderata da un foglio di alluminio ritagliato in proporzioni molto più ampie (in modo da fuoriuscire di 3 cm dal bordo stesso del recipiente) e, a sua volta, unto di burro. Fate cuocere il dolce a bagno-maria sul fornello a calore moderato per 45', poi estraete la tortiera e ponetela in forno preriscaldato (130°) per altri 25'. Lasciate raffreddare la torta nel suo stampo prima a temperatura ambiente e poi, ricoperta di un foglio di alluminio, riponetela in frigorifero per 2 o 3 giorni.

Per la crema di guarnizione: grattugiate il cioccolato bianco, ponetelò in una piccola casseruola insieme con il burro e con la panna. Rimescolate di continuo a fuoco basso. Quando la crema sarà liscia e ben legata, toglietela dal fornello, lasciatela intiepidire e poi spalmatela con una spatola inumidita sulla superficie e sui bordi del dolce. Servite ben freddo appena tolto dal frigorifero e sformato su un piatto rotondo di servizio.

Questo dolce è così concentrato e ricco di calorie che è sufficiente un piccolo pezzo per persona.

Piccole albicocche a sorpresa

Tempo: 1 ora + 12 ore
  di ammollo delle albicocche
Difficoltà: 1
Dosi per 6 persone

500 g di albicocche secche
70 g di pistacchi
70 g di mandorle
4 amaretti
100 g di zucchero
  di canna polverizzato nel mixer
1 albume
1 bustina di vanillina
1 bicchiere d'acqua

Lasciate ammorbidire per una notte intera le albicocche in una terrina coperte di acqua calda. Scolatele e trasferitele in una casseruola insieme a un bicchiere d'acqua, la vanillina e una cucchiaiata di zucchero di canna; fate cuocere adagio fin quando il liquido si restringerà a guisa di denso sciroppo.

Tritate nel mixer i pistacchi pelati, le mandorle, gli amaretti e amalgamate bene il tutto in una ciotola, insieme con l'albume leggermente sbattuto. Mescolate fino ad ottenere un composto omogeneo e ben legato.

Unitevi un cucchiaio di zucchero di canna, rimescolate ancora e poi posate un poco dell'impasto nell'incavo di ciascuna albicocca, che dovrà risultare ben velata dallo sciroppo del liquido di cottura.

Lasciatele raffreddare completamente, poi passatele ad una ad una nel rimanente zucchero di canna polverizzato.

Collocate ogni albicocca dentro a un largo pirottino e sistemate questi ultimi sopra un piatto di servizio rotondo.

Ricche di sapore e molto nutrienti, queste albicocche farcite possono essere servite con successo anche in occasione di una festa familiare come, ad esempio, un battesimo o un anniversario.

Alchechengi al cioccolato bianco-nero

Tempo: 1 ora
Difficoltà: 3
Dosi per 30 frutti circa

30 alchechengi
300 g di cioccolato bianco
2 cucchiai di panna
200 g di cioccolato fondente
2 cucchiai di acqua

Rivoltate all'indietro, lungo il gambo, l'involucro dei frutti formando un ciuffetto.

In due casseruole separate ponete il cioccolato bianco grattugiato insieme con due cucchiaiate di panna e il cioccolato fondente grattugiato con due cucchiaiate di acqua e collocate ognuna di esse dentro a un largo recipiente pieno di acqua calda, su fuoco basso. Rimescolate a turno i due tipi di cioccolato fino a quando si saranno perfettamente sciolti.

Tenendo ogni frutto per il ciuffetto immergeteli, ad uno ad uno, nel cioccolato bianco. Deponeteli quindi su un foglio di carta di alluminio ben distesa su una placca.

Quando saranno ben asciutti esternamente, ripetete la medesima operazione immergendoli però per metà altezza di ciascuno in un altro "bagno" di cioccolato fondente, in modo che risultino rivestiti di cioccolato scuro nella parte bassa e di cioccolato bianco nella parte superiore.

Lasciateli nuovamente asciugare su un foglio di alluminio e, quando il cioccolato sarà ben solidificato, sistemateli con delicatezza nei singoli pirottini da pasticceria.

Datteri farciti alla spuma di cacao

Tempo: 30' + il tempo di riposo in frigorifero
Difficoltà: 1
Dosi per 6-8 persone

450 g di datteri freschi
280 g di mascarpone
160 g di zucchero a velo
2 cucchiai di cacao
1 cucchiaio di rum
2 cucchiai di granella di mandorle
ciliegine rosse candite

Snocciolate i datteri praticando un'incisione per il lungo.

Sbattete in una terrina il mascarpone insieme con lo zucchero a velo, unite il rum, il cacao e la granella di mandorle, quindi continuate a sbattere fino ad ottenere un composto omogeneo.

Farcite con la crema preparata l'interno di ogni dattero snocciolato, poi guarnite la superficie con una listerella di ciliegina rossa candita.

Collocate ogni dattero ripieno in un pirottino di carta e allineateli in un vassoio di servizio.

I datteri freschi sono frutti deliziosi: arricchiti da questa farcia diventano straordinari, ma anche una vera bomba di calorie... Chi non le teme, potrà contare su una presentazione di sicuro successo.

Fragoloni al cioccolato bianco

Tempo: 1 ora
Difficoltà: 2
Dosi per 6 persone

24 grosse fragole
150 g di zucchero
3 cucchiaiate di liquore alla fragola
250 g di cioccolato bianco
1 cucchiaio di olio di mandorle

Versate in una piccola casseruola a pareti piuttosto alte lo zucchero, unite il liquore alla fragola, ponete il recipiente sul fuoco a fiamma dolce e, sempre rimescolando, lasciate imbiondire lo zucchero.

Infilzate una fragola (precedentemente mondata con cura) in un lungo stecchino di legno, immergetela nello zucchero appena cara-mellato in modo che si ricopra in maniera uniforme, poi collocatela su un piano di marmo unto di olio di mandorle. Ripetete la medesi-ma operazione, con molta rapidità, con i rimanenti fragoloni (atten-zione al caramello che non diventi troppo bruno e quindi amaro).

Fate sciogliere il cioccolato bianco a bagno-maria, poi intingete dentro solo la punta caramellata di ogni fragolone (ormai freddo). Allineateli su un piano di legno e lasciate che il cioccolato si rapprenda.

Se dovete far attendere qualche ora i fragoloni così preparati, per evitare che il cioccolato tenuto troppo a temperatura ambiente "sba-vi", sistemateli nella parte alta del frigorifero, ben ricoperti da un foglio di alluminio.

Fichi farciti al cioccolato fondente

Tempo: 35' + 3 ore di riposo
Difficoltà: 1
Dosi per 6 persone

12 fichi secchi
2 bicchieri di rum
3 cucchiai di acqua bollente
16 mandorle dolci
2 mandorle amare
la scorza grattugiata di mezza arancia
2 cucchiai di zucchero di canna
1 cucchiaio di caffè solubile
200 g di cioccolato fondente

Spruzzate i fichi con poca acqua bollente in un grande piatto fon-do e, dopo un'ora, bagnateli con il rum e lasciateli riposare, coperti da un foglio di alluminio, per due ore.

Tritate poi nel mixer, dopo averle pelate, le mandorle dolci e quelle amare insieme con lo zucchero di canna, il caffè solubile, la scorza grattugiata di mezza arancia.

Aggiungete anche il liquore rimasto nel piatto dopo che avrete tra-sferito i fichi in una ciotola.

Mischiate bene il composto ottenuto e farcite con questo median-te un cucchiaino l'interno di ciascun fico, che inciderete nella fascia laterale con un coltellino.

Richiudete pigiando con le dita la fenditura e quindi immergete ogni fico farcito (uno per volta) nel cioccolato caldo che avrete in precedenza grattugiato e fatto fondere in una piccola casseruola a bagno-maria.

Man mano che i fichi saranno bene avviluppati nel cioccolato, depositateli su una gratella e fateli ben asciugare.

Solo allora potrete disporli possibilmente sopra a delle belle foglie di fico, lavate e asciugate, e collocate sul fondo di un piatto di cristallo.

Potrete completare i dolci di fichi con mezza ciliegina candita rossa, inumidita di albume e pressata sulla superficie di ciascuno di essi.

Bonbons di gelato

Tempo: 40' + 2 ore di riposo in freezer
Difficoltà: 3
Dosi per 6 persone

360 g di gelato di crema
130 g di cioccolato fondente
130 g di cioccolato bianco
130 g di cioccolato al latte
Per la decorazione:
4 cucchiai di granella di mandorle
100 g di pistacchi
120 g di marrons glacés
1 cucchiaio di rum

Con l'apposito arnese o con uno scavino rotondo, ricavate dal gelato tante piccole palle: accomodatele su un vassoio (di proporzioni adatte per essere inserito nel freezer) rivestito di un foglio di alluminio e lasciatele congelare per un'ora e mezza.

Cinque minuti prima di estrarle dal congelatore, fate sciogliere in tre casseruoline diverse a fuoco basso le tre qualità di cioccolato, in precedenza ridotte a scagliette. Molto rapidamente immergete alternativamente ogni pallina di gelato bene indurito in uno dei tre tipi di cioccolato liquefatto, sistematele su una reticella e con una pennellessa ricoprite ciascuna con il proprio cioccolato rimanente.

Decorate ogni pallina, a piacere, alternando granella di mandorle a pistacchi tritati e a marrons glacés sminuzzati finemente.

Appena il cioccolato si solidifica, ricollocate con delicatezza i bonbons di gelato in appositi pirottini di carta pieghettata e riponeteli sul vassoio nel freezer per almeno un'altra ora.

Potrete preparare questi bonbons anche con diversi giorni di anticipo avendo l'avvertenza però di toglierli dal congelatore 20 minuti prima di offrirli.

Bonbons alle noci

Tempo: 30'
Difficoltà: 1
Dosi per 6 persone

---

250 g di gherigli di noce
3 cucchiai di liquore alle noci
180 g di zucchero a velo
Per guarnire:
2 bustine di zucchero vanigliato
3 cucchiai di zucchero cristallizzato

Pestate nel mortaio i gherigli di noce, ponete il ricavato in una terrina, unite lo zucchero a velo, il liquore alle noci e rimescolate accuratamente i vari ingredienti in modo da ottenere un impasto omogeneo.

Ricavate ora da quest'ultimo tante piccole palline della grandezza di una ciliegia, rotolatele nello zucchero vanigliato, poi in quello cristallizzato. Disponetele infine su un vassoio e aspettate alcune ore prima di servirle.

Lo zucchero vanigliato ha lo scopo di asciugare un poco l'oleosità dell'impasto a base di noci prima di ripassare le palline nello zucchero cristallizzato.

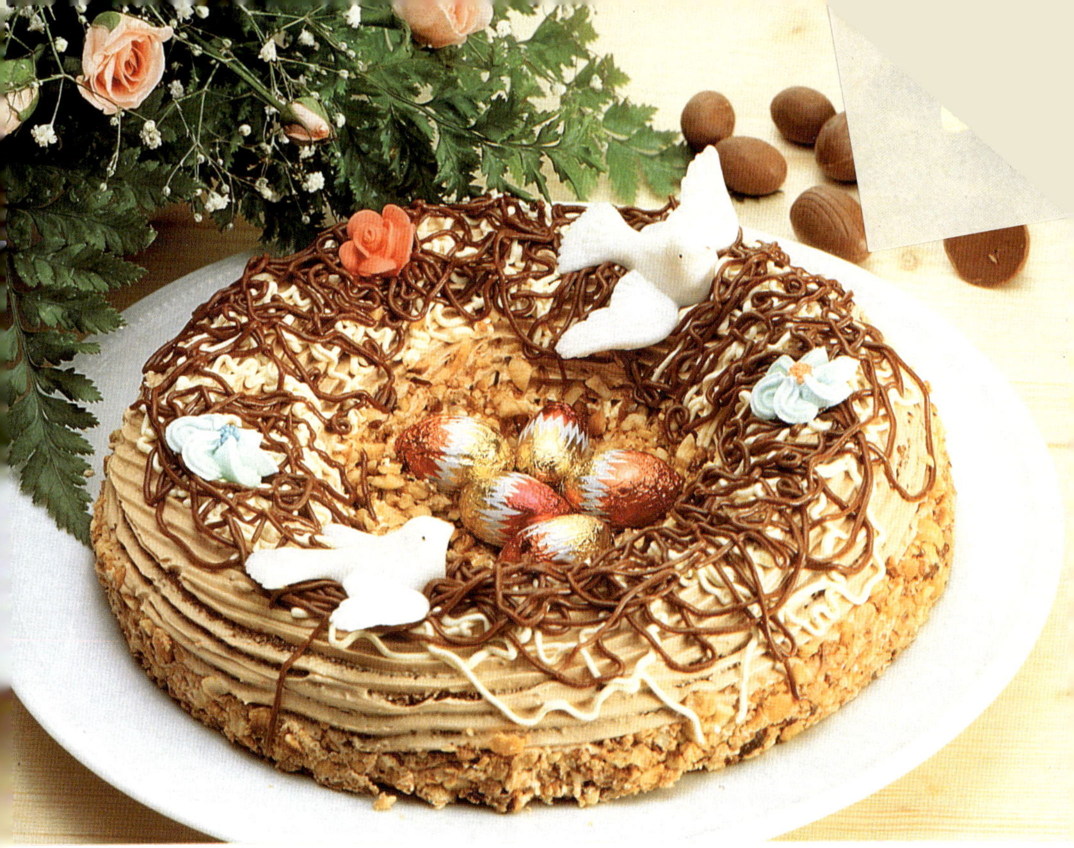

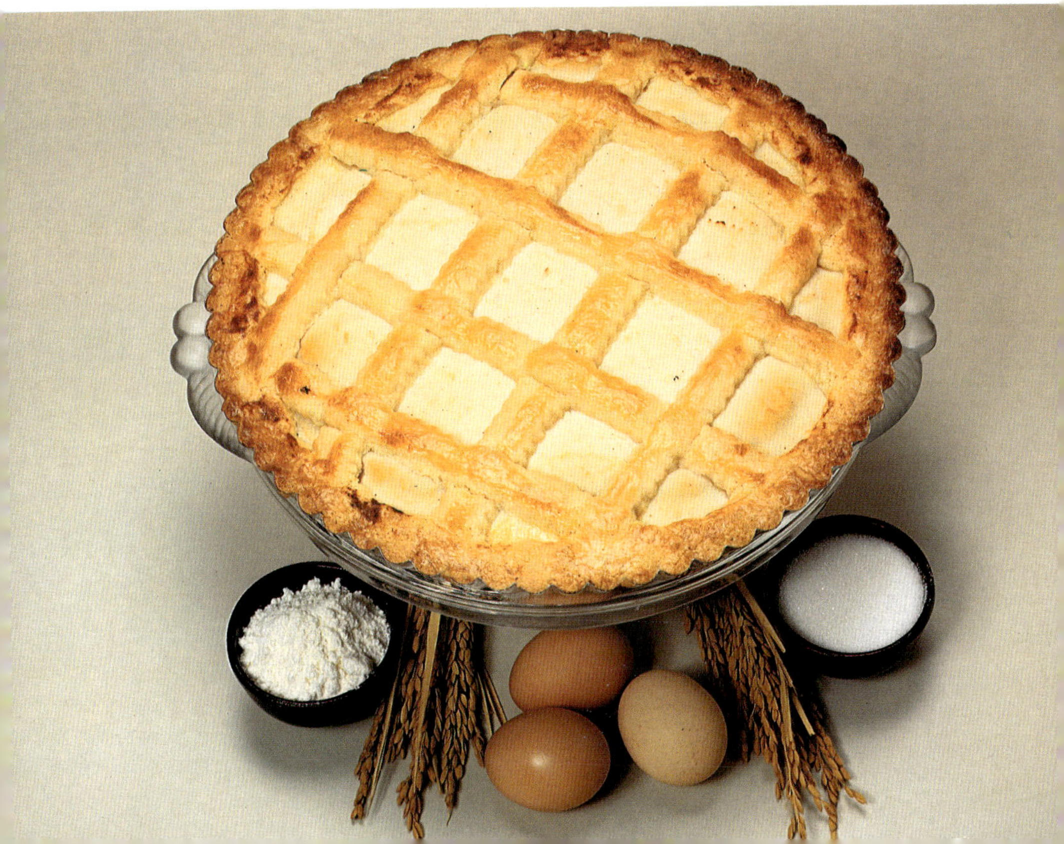

Nido di Pasqua

Per la pasta: *8 uova - 200 g di zucchero a velo - 220 g di fecola di patate - 120 g di burro - la scorza grattugiata di un limone.*
Per la crema: *1/2 l di latte - scorza grattugiata di un limone - 3 tuorli - 80 g di zucchero semolato - 1 cucchiaio colmo di amido di mais - 120 g di cioccolato fondente - 50 g di burro - 3 cucchiai di Kirsch - 3 cucchiai di alchermes.*
Occorrente per la glassa e per guarnire.

Preparate la pasta margherita seguendo le istruzioni della ricetta riportata a pag. 22. Riscaldate il forno a 200° e fate cuocere per 30' in una ampia teglia e lasciate raffreddare.

Per la crema: versate il latte in una casseruola, unite la scorza grattugiata del limone e portate ad ebollizione. Sbattete i tuorli con lo zucchero, unite l'amido di mais e diluite con il latte caldo. Fate addensare la crema a fuoco dolce mescolando continuamente. Aggiungete il cioccolato a pezzetti e il burro e continuate a mescolare.

Ricavate tre dischi dalla pasta margherita. Appoggiate il primo disco sul piatto di portata, bagnatelo col Kirsch e l'alchermes battuti insieme e spalmate la superficie con metà della crema al cioccolato, sovrapponete il secondo disco e ripetete l'operazione. Coprite con il terzo disco e bagnatelo col liquore.

Seguendo le ricette di pag. 31 preparate una glassa bianca e una glassa scura e aiutandovi con una siringa da pasticcere create un intreccio che assomigli a un nido. Decorate con fiori, uccellini di zucchero e con ovetti di cioccolata. Coprite i bordi con granella di nocciole.

Crostata con ricotta

Per la pasta frolla: *300 g di farina bianca - 150 g di burro - 150 g di zucchero semolato - 1 limone - un pizzico di sale - 2 tuorli.*
Per il ripieno: *200 g di ricotta nostrana fresca - 150 g di zucchero a velo - 1 bustina di vanillina.*

Preparate la pasta frolla seguendo la ricetta base a pag. 21.

Mettete in una terrina la ricotta passata al setaccio, unite zucchero e vanillina. Amalgamate bene.

Con il matterello stendete la pasta frolla in una sfoglia dello spessore di circa 1 cm e foderate la tortiera imburrata, conservandone un po' a parte per guarnire la crostata; stendete sopra la ricotta lavorata.

Con la pasta avanzata fate dei salamini e formate una grata sulla superficie. Mettete in forno preriscaldato (180°) e cuocete per 45'.

Dolcetti alle nocciole

Tempo: 30'
Difficoltà: 1
Dosi per 25 dolcetti

125 g di nocciole spellate
1 pizzico di sale
2 albumi
125 g di zucchero a velo

Montate a neve fermissima gli albumi con un pizzico di sale.
Unite con delicatezza e sbattendo sempre dal basso verso l'alto lo zucchero a velo e le nocciole tritate nel mixer.
Mescolate dolcemente per non smontare gli albumi.
Imburrate una teglia da forno e distribuite sulla superficie il composto preso con un cucchiaino da caffè, o con un cucchiaio da frutta se volete dolcetti più grandi.
Mettete in forno preriscaldato (100°) e lasciate cuocere fino a quando appariranno dorati. Spegnete il forno e non estraeteli prima che siano completamente raffreddati.
Buoni!

Dolcetti ''prince''

Tempo: 1 ora e 20'
Difficoltà: 1
Dosi per 20-25 dolcetti

1 pan di Spagna di 200 g circa
100 g di mascarpone
80 g di zucchero fine
2 tuorli
liquore per dolci a piacere q.b.
50 g di crema di latte
150 g di cioccolato fondente

Per guarnire:

150 g di panna montata
100 g di ciliegine candite

Lavorate bene il mascarpone in una terrina unendo un bicchierino di liquore. A parte lavorate i tuorli con lo zucchero, sbattendo bene fino a ricavare una crema soffice.

Incorporate il mascarpone alla crema di uova e amalgamate bene per avere un composto liscio e consistente.

Tagliate in due strati il pan di Spagna.

Bagnate con il liquore la base di pan di Spagna e stendete la crema al mascarpone livellandola bene con una lama.

Bagnate l'altro strato di pan di Spagna e posatelo sopra la crema al mascarpone.

Preparate la crema "prince" per coprire il dolce: tagliuzzate il cioccolato e fatelo fondere in una casseruolina posta a bagno-maria. Unite lentamente la crema di latte e lasciate cuocere fino a ottenere una crema omogenea che verserete sul pan di Spagna.

Fate raffreddare.

Tagliate il pan di Spagna farcito in tanti quadretti di circa 4 cm caduno, decorateli con una rosellina di panna montata e mezza ciliegina candita.

Posate ogni dolcetto in un pirottino di carta bianca.

Piccoli dolci agli amaretti

Tempo: 1 ora
* + tempo di scongelamento della pasta*
Difficoltà: 1
Dosi per 6 persone

250 g di pasta frolla surgelata
120 g di burro
4 cucchiai di zucchero a velo
1 tazzina di caffè ristretto
12 amaretti
1 cucchiaio di miele
2 cucchiai di liquore all'amaretto

Stendete la pasta frolla, scongelata a temperatura ambiente, in una sfoglia non troppo sottile, foderate con quest'ultima degli stampini di metallo del diametro di 3-4 cm in precedenza unti di burro; bucherellate il fondo della pasta con una forchetta.

Collocateli su una placca e passateli in forno preriscaldato (180°) per una ventina di minuti.

Nel frattempo lavorate energicamente il burro in una terrina fino a montarlo a spuma, unite lo zucchero, il miele, il liquore all'amaretto, il caffè ed infine gli amaretti tritati.

Rimescolate accuratamente in modo da ottenere una crema omogenea. Estraete gli stampini dal forno, sformate le basi di pasta frolla su una gratella da pasticceria e lasciatele raffreddare.

Ponete la crema al caffè e amaretto in una sacchetta da pasticceria munita di bocchetta seghettata e farcite l'interno di ogni dolcetto di pasta frolla.

Sistemateli infine su un vassoio rotondo di portata e serviteli.

Se la crema per farcire vi sembrasse non troppo dolce, potrete spolverizzare leggermente la sommità dei dolcetti farciti con un po' di zucchero vanigliato.

Piccoli bignè ovali

Tempo: 45'
Difficoltà: 1
Dosi per circa 20 bignè ovali

50 g di burro
65 g di farina (setacciata due volte)
2 uova
1 dl e 1/2 di acqua

Per la farcia:

150 g di panna montata profumata con vanillina
* e dolcificata molto poco*

Per guarnire:

2 cucchiai e mezzo di zucchero
1 cucchiaio di acqua
2 cucchiai di granella di zucchero

Fate riscaldare il burro e l'acqua in una casseruola di giuste dimensioni, a fuoco basso, fin quando il burro si scioglierà, poi aumentate il calore e portate rapidamente ad ebollizione. Togliete allora dal fornello il recipiente e versate dentro, tutta d'un colpo, la farina.

Rimettete al fuoco e mescolate di continuo molto in fretta con il cucchiaio di legno fino a quando il composto diventerà soffice e ben legato e si staccherà dalle pareti della pentola.

Quando l'impasto preparato diventerà tiepido, amalgamatevi, ad uno ad uno, le uova mescolando con cura finché saranno completamente assorbite.

Travasate la pasta in una tasca da pasticcere munita di bocchetta liscia di 1,5 cm e, premendola, fate fuoriuscire delle strisce di pasta lunghe 2,5 cm sulla placca imburrata, a una certa distanza le une dalle altre perché durante la cottura aumenteranno di volume.

Fate subito cuocere i bigné nella parte alta del forno, preriscaldato a 220°, per un quarto d'ora abbondante, poi incideteli con la punta di un coltellino per far uscire il vapore e lasciateli raffreddare su una griglia.

Con un paio di forbici praticate un piccolo taglio ai bigné freddi e, con una tasca da pasticcere, farciteli con la panna montata.

Mischiate lo zucchero e un cucchiaio scarso di acqua in una casseruolina e preparate un caramello dorato e non troppo denso.

Rapidamente, con una piccola pennellessa, spennellate un poco di caramello sulla superficie dei bigné.

Cospargete le parti superiori di ogni bigné (dal cui centro dovrà sporgere un pochino di panna) con poca granella di zucchero, che rimarrà aderente allo zucchero caramellato.

Se preferite evitare la guarnizione di zucchero caramellato, potrete sostituirlo con due cucchiaiate di gelatina di arancia diluita in un padellino con qualche goccia di Grand Marnier e un cucchiaio di acqua, a fuoco basso per alcuni minuti.

Palline di crema al caffè

Tempo: 50' + il tempo
  necessario per il raffreddamento
Difficoltà: 1
Dosi per 10 persone

450 g di zucchero di canna
3 cucchiaiate colme di caffè solubile
70 g di burro
2 cucchiai di panna
1 cucchiaio di brandy
1 bustina di vanillina

Fate ammorbidire il burro a temperatura ambiente e tagliatelo a pezzetti.

In una casseruola dal fondo spesso, mischiate lo zucchero di canna e il caffè solubile, aggiungete il burro, rimescolate con il cucchiaio di legno, poi unite il brandy e la vanillina.

Incorporate la panna e continuate a mescolare il composto a fuoco basso fin quando esso risulterà ben amalgamato e prenderà una giusta consistenza: se si rivelasse alla fine troppo morbido occorrerà aggiungere ancora un po' di zucchero di canna, se invece diventasse troppo sodo potrete diluirlo con un pochino di latte.

Ancora caldo rovesciate il composto un po' alla volta su un piano di marmo appena unto di olio di mandorle, tagliate l'impasto a pezzetti regolari e date a questi ultimi la forma di piccole sfere di uguali proporzioni.

Lasciatele raffreddare a temperatura ambiente: in questo modo esse si rassoderanno al punto giusto.

Ponete le palline nei singoli pirottini e disponetele su un piatto di servizio rotondo, preferibilmente di argento o di cristallo.

Queste palline, facili a prepararsi, sono deliziose e molto indicate per piccoli ricevimenti.

Palline dorate alla vaniglia

Tempo: 1 ora
Difficoltà: 1
Dosi per 30 palline circa

120 g di farina
180 g di acqua
80 g di burro
un pizzico di sale
1 stecca di vaniglia
3 uova
zucchero vanigliato

Ponete l'acqua in una casseruola, unite il burro, la stecca di vaniglia, un pizzico di sale e portate il liquido ad ebollizione.

Togliete il recipiente dal fuoco, eliminate la stecca di vaniglia, quindi versate dentro, in un colpo solo e rimescolando energicamente, la farina.

Continuate la cottura su fuoco dolce fino a quando otterrete una pasta che si staccherà dalle pareti della casseruola.

Spegnete il fuoco e aggiungete le uova uno alla volta, sempre mescolando.

Travasate l'impasto preparato in un sacchetto da pasticceria munito di bocchetta liscia del diametro di 1 cm e, premendo leggermente, fate fuoriuscire tante piccole palline sulla placca imburrata.

Lasciate cuocere in forno preriscaldato (180°) per 20'.

Trascorso tale periodo di tempo estraete il recipiente dal forno, cospargete le palline dorate con lo zucchero vanigliato, fatele raffreddare, poi staccatele con l'aiuto di una piccola spatola e disponetele su un piatto di portata.

Questo è anche un modo per preparare i bignè; basterà versare sulla placca del forno palline di pasta un po' più grandi e, una volta cotte e raffreddate, farcirle con la crema preferita per mezzo di una siringa da pasticcere.

Palline festose

Tempo: 40'
Difficoltà: 1
Dosi per 20 palline circa

100 g di mascarpone
50 g di burro
100 g di zucchero a velo
1 tuorlo
60 g di cacao
130 g di biscotti secchi
1 bicchierino di maraschino
3 bustine di granella colorata

Sbattete in una terrina il mascarpone, il burro, lo zucchero a velo e il tuorlo.

Lavorate per un quarto d'ora e quindi unite il cacao, il maraschino e i biscotti sbriciolati finemente.

Mescolate fino ad ottenere un impasto piuttosto consistente.

Formate delle palline che farete ruzzolare, ad una ad una, nella granella colorata.

Disponetele nei pirottini e conservatele in frigorifero fino al momento di servirle.

Quando formerete le palline sarà meglio che bagniate sovente le mani in acqua e ghiaccio per evitare che il loro calore ammorbidisca troppo la crema di burro e mascarpone.

Pastine di sfoglia a sorpresa

Tempo: 45' + il tempo
di scongelamento della pasta
Difficoltà: 1
Dosi per 12 paste circa

---

250 g di pasta sfoglia surgelata
20 g di burro
80 g di uvetta sultanina
2 cucchiaiate di rum
30 g di zucchero di canna
4 cucchiai di confettura di arance amare
30 g di pinoli
1/2 cucchiaino di noce moscata

Per la guarnizione:

1 tuorlo sbattuto con un cucchiaino di latte
2 cucchiai colmi di zucchero di canna

Stendete con il matterello sul piano di lavoro leggermente infarinato la pasta scongelata allo spessore di 3 mm e ritagliate, con un tagliapasta di 6 cm di diametro, 12 dischi.

Fate scaldare bene il forno a 220°. Nel frattempo fate fondere il burro in una piccola casseruola a fuoco basso: aggiungete l'uvetta con il rum in cui l'avrete ammollata, lo zucchero, la confettura di arance, la noce moscata grattugiata, i pinoli sminuzzati.

Rimescolate con cura per qualche minuto, poi spegnete e lasciate intiepidire il miscuglio.

Collocate un poco di questo composto al centro di ciascun disco di pasta sfoglia, inumidite i bordi di pasta con il latte e pizzicateli insieme pigiandoli bene per racchiudere il ripieno a fagottino.

Rivoltateli ora sulla spianatoia infarinata e appiattiteli bene, ad uno ad uno, con il matterello in modo da ottenere nuovamente dei dischi.

Disponete le pastine su una placca imburrata e leggermente infarinata: fate una leggera incisione con tre tagli a distanza di 1 cm l'uno dall'altro e spennellate la superficie della pasta con il tuorlo d'uovo sbattuto con il latte.

Spolverizzateli con un pochino di zucchero di canna e fate cuocere nella parte alta del forno per circa 20'. Allora estraete le pastine dal forno e lasciatele raffreddare su una griglia.

Queste squisite e non difficili pastine di sfoglia ripiene possono conservarsi per una settimana, ma non oltre in un'ampia scatola di latta a chiusura ermetica.

Piccole pastine ai canditi

Tempo: 1 ora + tempo
* di scongelamento della pasta*
Difficoltà: 1
Dosi per 20 pastine

---

200 g di pasta frolla surgelata
4 cucchiai di confettura di arance
2 cucchiai di Grand Marnier
3 cucchiai di canditi d'arancia
2 cucchiai di zucchero a velo

Stendete la pasta frolla (già scongelata a temperatura ambiente) in una sfoglia piuttosto sottile.

Ricavate ora da quest'ultima con uno stampino rotondo del diametro di 5 cm tanti dischetti, poi servendovi di un altro stampino rotondo del diametro di 2 cm, ritagliate via il centro dei dischi preparati in precedenza. I ritagli di pasta avanzati possono essere reimpastati e nuovamente tagliati per aumentare il numero dei dolcetti.

Allineate le formine di pasta frolla sulla placca imburrata e lasciatele cuocere in forno preriscaldato (180°) per 20'.

Estraete il recipiente dal forno e fate raffreddare.

Nel frattempo diluite la confettura d'arance con il Grand Marnier.

Spalmate ora uno strato sottile di confettura sui dischetti interi, copriteli con quelli forati, disponete al centro un po' di canditi tagliati a piccoli pezzetti, spolverizzateli con lo zucchero a velo e disponete i biscotti su un vassoio di servizio.

Rotolini alle mandorle

Tempo: 1 ora + il tempo di riposo della pasta
Difficoltà: 1
Dosi per 30 e più rotolini

---

150 g di mandorle
100 g di zucchero
280 g di farina
220 g di burro
qualche goccia di essenza di mandorle

Ponete nel mixer elettrico le mandorle pelate e tostate e lo zucchero e frullate i due ingredienti fino a ridurli in polvere.

Versate la farina in una terrina, unite il burro ammorbidito a temperatura ambiente e tagliato a pezzetti, qualche goccia di essenza di mandorle e impastate velocemente il composto unendo anche la polvere di mandorle e zucchero.

Lavorate il miscuglio con i palmi delle mani fino ad ottenere un panetto. Avvolgetelo in un foglio di pellicola e sistematelo in frigorifero per 30'.

Trascorso tale periodo di tempo, estraete la pasta dal frigorifero, privatela della carta e dividetela in 4 parti.

Ricavate da ogni pezzo un rotolo dello spessore di circa 1 cm e tagliatelo in bastoncini lunghi 5 cm.

Allineate i bastoncini sulla placca del forno ricoperta da un foglio di carta di alluminio imburrato e lasciate cuocere i biscotti in forno già caldo (180°) per 15'.

Servite in tavola i dolcetti freddi sistemati in un vassoio.

Una variante: tuffate uno per uno i biscottini in cioccolato fondente fuso a bagno-maria bagnandoli solo per metà della loro lunghezza.

Mandorlini della badessa

Tempo: 1 ora e 15'
Difficoltà: 2
Dosi per 6-8 persone

150 g di farina di grano duro
250 g di zucchero
250 g di mandorle
4 albumi
la scorza grattugiata di 1/2 limone
1 bicchierino di marsala
1 bustina di vanillina
un pizzichino di sale

Montate gli albumi in un recipiente di metallo unendo un pizzichino di sale. Appena inizieranno a gonfiare, continuate a lavorarli molto energicamente dopo aver trasferito il contenitore in un altro più grande contenente già acqua molto calda, su fuoco medio. Aggiungete man mano lo zucchero e sbattete il composto fino a renderlo omogeneo e lucido.

Allora scostatelo leggermente dal fornello ed incorporatevi, poco alla volta, le mandorle pelate e tritate. Rimescolate energicamente ancora per due minuti a fuoco basso, poi incorporate al tutto, fuori dal fornello, la farina setacciata, la vanillina, la scorza di limone grattugiata, il marsala e rimescolate ripetutamente con il cucchiaio di legno in modo da ottenere un impasto compatto e non schiumoso.

Ungete ora due placche e infarinatele leggermente, poi con un cucchiaio fatevi cadere, a giusta distanza uno dall'altro, tanti mucchietti del composto.

Fate cuocere in forno preriscaldato a calore molto dolce (130°) controllando la colorazione: non appena i dolcetti appariranno ben dorati, estraete le placche dal forno e lasciateli raffreddare.

Sollevateli poi, ad uno ad uno, con una spatola flessibile.

Potrete conservarli in una scatola di latta a chiusura ermetica in luogo asciutto per circa una settimana.

Sono dolcetti deliziosi e assai nutrienti: adatti per uno "sporgimento" dopo cena con accompagnamento di un bicchierino di ottimo Vin Santo.

Tartufi di cioccolato all'amaretto

Tempo: 40'
+ 2 ore di riposo nel freezer
Difficoltà: 1
Dosi per 20 tartufi

5 cucchiai di cacao amaro
4 cucchiai di zucchero a velo
160 g di mascarpone
5 amaretti secchi
2 cucchiai di liquore all'amaretto
Per guarnire:
7 amaretti secchi

Sbattete il mascarpone con un cucchiaio di legno in una terrina: unitevi il cacao amaro, lo zucchero a velo, gli amaretti secchi ridotti in polvere nel mixer.

Rimescolate ripetutamente unendo anche il liquore all'amaretto, poi sistemate la ciotola nel frigorifero per 15'.

Quando il composto sarà leggermente rassodato prendetene un cucchiaino colmo per volta e formate tante palline fino ad esaurimento dell'impasto.

Pestate grossolanamente i restanti amaretti e fatevi rotolare ad una ad una le palline finché risultino cosparse in modo uniforme.

Deponetele su un piccolo vassoio ricoperto di carta d'alluminio e collocatele nuovamente nel frigorifero per 1 ora.

Al momento di servirle, accomodatele nei singoli pirottini di carta.

È una ricetta facile da tenere presente poiché permette di preparare dei "bonbons" molto graditi a tutti e non troppo costosi.

Piccoli tartufi alle nocciole

Tempo: 40'
Difficoltà: 1
Dosi per 4-6 persone

150 g di nocciole
250 g di cioccolato fondente
150 g di zucchero a velo
2 cucchiai di brandy
2 cucchiai colmi di cacao
1 cucchiaio di caffè solubile

Triturate finemente nel mixer le nocciole già sbucciate e tostate.

Ponete il cioccolato fondente grattugiato in un piccolo tegamino, unite le nocciole tritate, lo zucchero a velo e il brandy.

Collocate il recipiente su fuoco dolce e, sempre rimescolando, lasciate sciogliere il cioccolato.

Togliete il tegamino dal fuoco e lasciate intiepidire l'impasto.

Formate con quest'ultimo tante piccole palline e passatele velocemente nel cacao misto alla polvere di caffè.

Sistemate ogni tartufo in un pirottino di carta colorata e disponete su un vassoio di servizio.

Il mortaio sarebbe lo strumento ideale per preparare queste deliziose golosità, ma non è così facile da trovare nelle case d'oggi. Perciò potrete provvedere allo stesso scopo utilizzando il mixer elettrico.

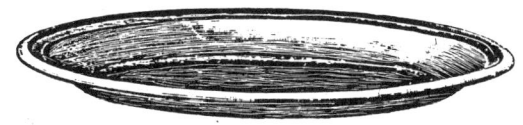

Caramelle al cioccolato

Tempo: 30'
Difficoltà: 2
Dosi per 50 caramelle

200 g di zucchero di canna
200 g di burro
180 g di miele
180 g di cioccolato fondente
3 cucchiai di panna
2 cucchiai di olio di mandorle

Ponete lo zucchero di canna in una casseruola, unite il burro tagliato a pezzetti, il miele, il cioccolato fondente grattugiato e la panna.

Sistemate il recipiente su fuoco moderato e, sempre rimescolando, lasciate cuocere il miscuglio per 10-15'.

Ungete con l'olio di mandorle una lastra di marmo, versate sopra il composto preparato e, prima che si solidifichi, incidetene la superficie con un coltello formando tanti quadretti regolari di due centimetri e mezzo di lato.

Appena le caramelle si saranno completamente raffreddate, staccatele ad una ad una e avvolgetele in foglietti di cellofan colorato.

Caramelle di sesamo

Tempo: 30' + il tempo
   necessario al raffreddamento
Difficoltà: 1
Dosi per 30 caramelle

250 g di semi di sesamo
70 g di zucchero di canna
250 g di miele
1 cucchiaino di olio di mandorle

Ponete i semi di sesamo in una padella dal fondo antiaderente e fate scaldare a fuoco basso per 5 minuti rimescolando spesso con una paletta di legno.

Quando i semi avranno assunto una leggera colorazione dorata, toglieteli dalla padella e travasateli poi in una casseruola di giuste dimensioni e mischiatevi insieme lo zucchero e il miele. Fate cuocere mescolando insieme.

Ungete di olio di mandorle una placca da forno e, quando il miscuglio sarà ben amalgamato e sufficientemente sodo, versatevelo sopra ancora caldo livellandolo bene con una spatola di metallo inumidita.

Con un coltello segnate l'intera superficie in tanti quadretti di formato uguale. Quando la preparazione diventerà completamente fredda e ben cristallizzata, rompete con un coltello (battendo leggermente con un martellino nella parte superiore del manico) lungo i segni fatti in precedenza.

In questo modo otterrete tante caramelle che potrete avvolgere ad una ad una in foglietti di cellofan trasparente.

10

CONSIGLI PER I DOLCI DEL BUON NATALE, BUON ANNO, CARNEVALE, PASQUA

Alberello del Buon Natale

Tempo: 1 ora e 10'
  + tempo di scongelamento della pasta
Difficoltà: 1
Dosi per 6-8 persone

1 confezione di pasta frolla surgelata
4 tuorli + 3 albumi
120 g di zucchero
50 g di fecola
1/2 l di latte
1 bicchierino di Grand Marnier
1 cucchiaio di zucchero a velo
60 g di scorzette d'arancia candite

Per guarnire:
confettini colorati
candeline colorate

Stendete la pasta frolla scongelata a temperatura ambiente in una sfoglia non troppo sottile e con questa foderate l'interno di uno stampo di alluminio a forma di albero di Natale precedentemente unto di burro e spolverizzato di farina.

Punzecchiate il fondo con una forchetta, ricoprite la pasta con un foglio di carta da forno e distribuitevi sopra abbondanti fagioli secchi.

Passate il recipiente in forno preriscaldato (180°) per 30'.

Estraete lo stampo dal forno e lasciate raffreddare eliminando fagioli e carta.

Nel frattempo preparate la crema: sbattete i tuorli con lo zucchero fino a renderli gonfi e spumosi, aggiungete la fecola, rimescolate accuratamente, poi stemperate il tutto con il latte tiepido.

Versate la miscela in una casseruola, ponetela su fuoco basso e, sempre mescolando, lasciate addensare la crema.

Togliete allora dal fuoco, incorporatevi il liquore, le scorzette d'arancia tagliate a dadini e fatela raffreddare rimescolandola sovente.

Versate nello stampo la crema preparata alla quale avrete aggiunto un terzo degli albumi montati a neve con lo zucchero, poi ricoprite quest'ultima con l'albume rimasto (a cui avrete incorporato lo zucchero a velo), servendovi di una sacchetta da pasticceria munita di bocchetta seghettata e passate il dolce per pochi minuti sotto il grill acceso per meringarlo.

Decorate "l'albero di Natale" con confettini colorati e collocate su ogni punta una candelina colorata.

Presentate in tavola il dolce con le candeline accese.

Per eseguire questo dolce davvero natalizio che piacerà a grandi e piccini, occorre avere a disposizione il particolare stampo. Non sarà difficile trovarlo presso negozi di articoli casalinghi molto bene attrezzati o presso i grandi magazzini durante il mese di dicembre.

Stella della notte di Natale

Tempo: 1 ora e 30'
Difficoltà: 1
Dosi per 6 persone

5 uova
220 g di zucchero
200 g di fecola
la scorza di mezzo limone grattugiata
un pizzico di sale
1 bicchierino di maraschino
250 g di ananas sciroppato
250 g di gelato alla vaniglia
300 g di panna montata dolcificata
Per la guarnizione:
12 ciliegine rosse candite
280 g di cioccolato bianco

Sbattete i tuorli d'uovo insieme con lo zucchero fino a renderli gonfi e spumosi.

Aggiungete la fecola, la scorza del limone grattugiata, un pizzico di sale ed infine 4 albumi montati a neve fermissima.

Versate l'impasto in uno stampo a forma di stella, in precedenza unto di burro e cosparso di farina, e passate quest'ultimo in forno preriscaldato (150°) per 40'.

Frullate le fette di ananas insieme con il liquore, ponete il ricavato in una terrina e amalgamatevi la panna montata.

Sformate il dolce appena sarà raffreddato, dividetelo in tre strati e spruzzate ognuno di essi con il maraschino mischiato a mezzo bicchiere di acqua tiepida.

Spalmate un primo strato di torta con la crema all'ananas, adagiate sopra un altro strato di torta e ricopritelo con il gelato. Sistemate l'ultimo strato e distribuite sopra la rimanente crema avendo cura di ricoprire anche i bordi della stella.

Coprite la superficie della stella con il cioccolato bianco ridotto a riccioli e guarnite con le ciliegine rosse. Al centro di ogni stella mettete poi una candelina accesa.

Una vera stella di Natale, un invito ad assaggiarla nella calda intimità familiare: l'applauso è garantito.

Panettone farcito

Tempo: 40' + il tempo
di riposo in frigorifero
Difficoltà: 2
Dosi per 10 persone

1 kg di panettone
zabaione di 2 uova
300 g di panna montata
300 g di frutta sciroppata mista
(ananas - pesche - albicocche)
1 bicchiere di liquore dolce
a piacere

Per guarnire:

200 g di panna montata
canditi

Tagliate alla base del panettone un disco spesso due centimetri. Con molta delicatezza, per non intaccare la crosta, svuotate completamente il panettone. Mettete in una terrina la mollica sbriciolata tolta al dolce.

Preparate uno zabaione denso con due uova (vedi ricetta a pag. 27) e fatelo raffreddare completamente.

Aggiungete nella terrina con le briciole di panettone la panna, la

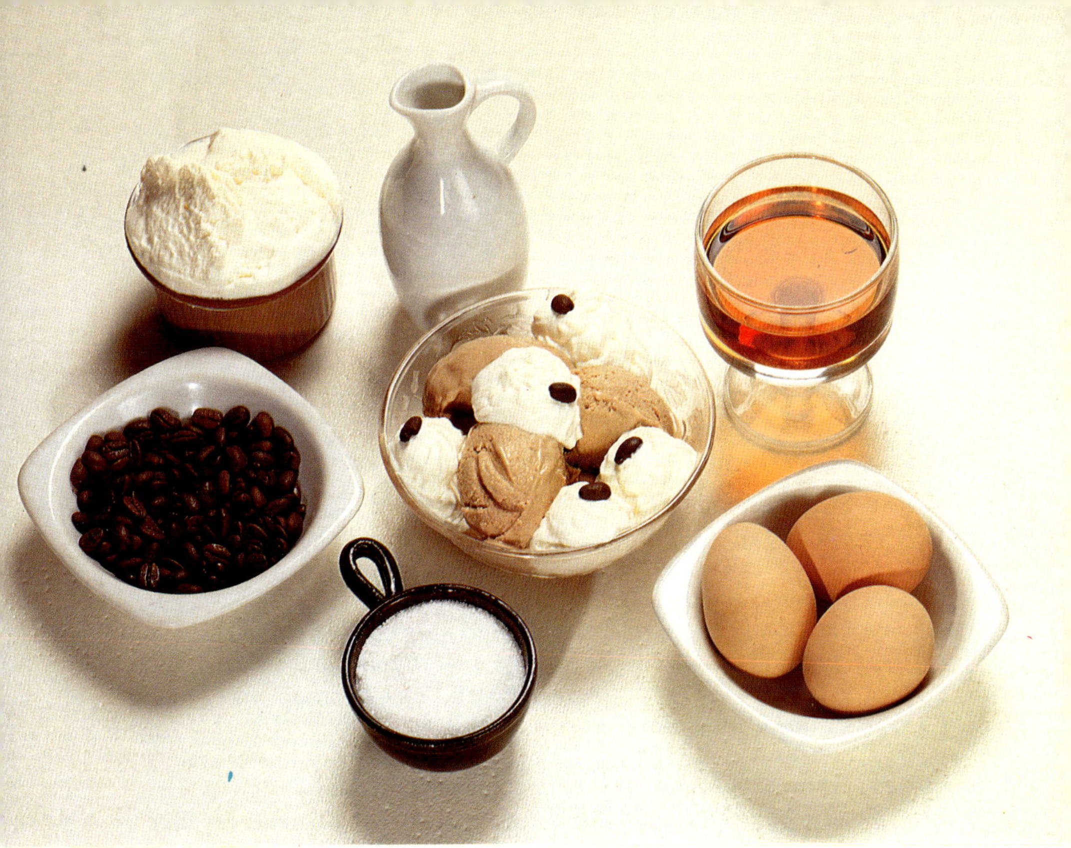

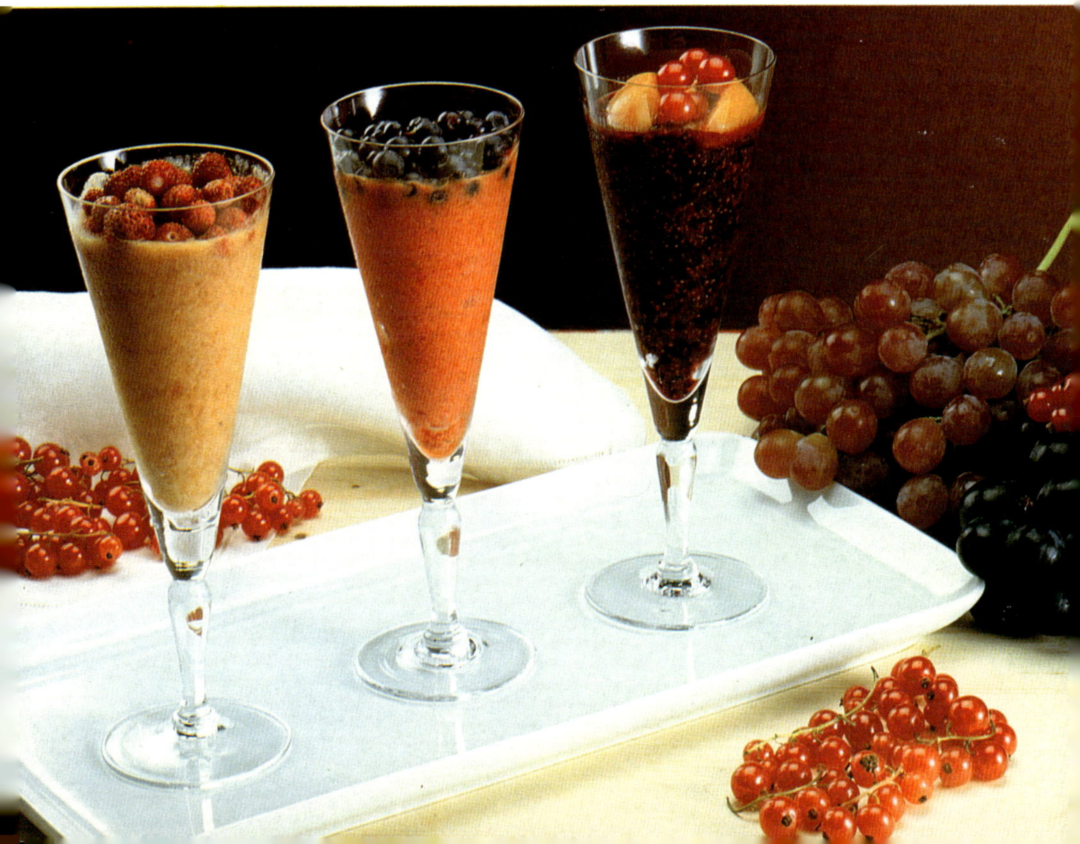

Gelato al caffè

350 g di latte - 4 tazzine di caffè ristretto - 4 cucchiai di zucchero - 1 cucchiaino di rum - 2 albumi d'uovo.

Scaldate senza far bollire il latte con il caffè, lo zucchero ed il rum.

Lasciate raffreddare e versate in una vaschetta d'alluminio che metterete per un'ora nel freezer. Montate gli albumi a neve ed uniteli al composto rassodato nel freezer e poi sbriciolato.

Frullate il tutto e rimettete il composto nella vaschetta e questa nuovamente nel freezer per un paio d'ore o fino al momento in cui vorrete fare una gradita sorpresa ai vostri cari, offrendo qualcosa di fresco nella calda estate.

Sostituendo al rum della vodka e al caffè il succo di tre limoni, e poi procedendo nello stesso modo, otterrete un favoloso "gelato moscovita", che potrete servire nelle coppette alternato al gelato al caffè.

Sorbetti di frutta

1/2 kg di frutta passata (uva, lamponi, melone) - 300 g di zucchero - 1 bicchiere di acqua.

Passate al frullatore la frutta scelta, lavata e senza noccioli.

Preparate con lo zucchero e l'acqua lo sciroppo facendolo bollire per 10' e lasciate raffreddare.

Mescolate accuratamente lo sciroppo con il passato di frutta e versateli in una vaschetta di metallo che avete precedentemente posto in freezer.

Rimettete nel freezer ricordandovi di mescolare ogni 20-30' circa per quattro o cinque volte finché si sarà rassodato oppure servitevi della apposita gelatiera.

Presentate il sorbetto in bicchieri che avrete messo a raffreddare nel frigorifero.

frutta sciroppata tagliata a dadini e qualche cucchiaiata del liquore dolce scelto. Mescolate bene e unite metà zabaione.

Con un pennello inumidite di liquore tutto l'interno del panettone e la base (parte interna). Su quest'ultima distendete lo zabaione rimasto.

Introducete nel guscio di panettone il ripieno e richiudete con la base.

Posatelo su un piatto, avvolgetelo in carta trasparente e lasciate in frigorifero fino al giorno seguente.

Servitelo decorato di panna montata e canditi.

È bene preparare il panettone farcito il giorno prima perché essendo ben freddo al momento del taglio la fetta rimarrà intera.

Cupola di pandoro a sorpresa

Tempo: 1 ora + il tempo di riposo in frigorifero
Difficoltà: 1
Dosi per 8-10 persone

1 pandoro
1 bicchiere di Apricot Brandy
1/2 bicchiere di acqua
6 cucchiai di marmellata di albicocche

Per la crema:

1/2 l di latte
60 g di fecola di patate
3 tuorli
2 cucchiai di canditi d'arancia
250 g di panna montata
1 bicchierino di Grand Marnier
120 g di zucchero

Per guarnire:

100 g di panna montata

Sbattete i tuorli d'uovo con lo zucchero fino a renderli gonfi e ben spumosi. Aggiungetevi la fecola di patate e continuate a sbattere ancora per qualche minuto, poi stemperate il tutto con il latte fatto scaldare in precedenza.

Versate la miscela in una casseruola e, sempre rimescolando, lasciate addensare la crema su fuoco dolce.

Aromatizzatela con il Grand Marnier e, appena risulterà fredda, incorporatevi i canditi d'arancia tagliati a dadini e la panna montata.

Tagliate la calotta al pandoro, spruzzatela con l'Apricot Brandy diluito con l'acqua e appoggiatela sul fondo di uno stampo da charlotte inumidito di acqua; tagliate il pandoro a fette abbastanza sottili, spruzzatele con la miscela di Apricot Brandy e foderate le pareti dello stampo accostandole bene.

Fate un primo strato con un po' di crema, ricopritelo con altre fette di pandoro inzuppate di liquore, distribuite sopra un po' di marmellata di albicocche e continuate così fino ad esaurimento degli ingredienti avendo cura di terminare con le fette di pandoro.

Coprite il recipiente con un foglio di pellicola e riponetelo in frigorifero per 3 ore.

Capovolgete il dolce su un piatto di portata rotondo e presentatelo in tavola dopo aver decorato il bordo con ciuffetti di panna montata.

Semifreddo natalizio

Tempo: 50' + il tempo di riposo in freezer
Difficoltà: 2
Dosi per 4 persone

3 fette di panettone private della crosta
1 bicchierino di liquore all'amaretto
1 bicchierino di acqua
5 tuorli
650 g di panna montata
350 g di crema di marroni alla vaniglia
180 g di zucchero
1 bicchiere di rum
100 g di acqua
100 g di panna montata

Ponete lo zucchero in una casseruola con 100 g di acqua, quindi fate cuocere lo sciroppo, su fuoco dolce, fino a quando lo zucchero sarà perfettamente sciolto, poi lasciatelo raffreddare.

Sbattete i tuorli in una casseruola, incorporatevi, poco alla volta, lo sciroppo di zucchero, portate il recipiente sul fuoco a bagno-maria e, sempre sbattendo con una piccola frusta elastica, lasciate gonfiare la crema.

Toglietela allora dal fuoco, incorporatevi la crema di marroni alla vaniglia e il rum.

Aggiungete anche le fette sbriciolate del panettone (dopo aver tolto la crosta) in precedenza bagnate con il liquore all'amaretto misto all'acqua ed infine completate la preparazione con l'aggiunta della panna montata.

Mescolate sollevando la massa dal basso verso l'alto per non smontare la panna.

Ungete uno stampo da plum-cake piuttosto grande con l'olio di mandorle, versate dentro il composto, livellatelo bene con l'aiuto di una spatola inumidita, copritelo con un foglio di pellicola e sistematelo nel freezer per 5 ore.

Per servirlo capovolgete lo stampo su un piatto di portata rettangolare e guarnite la superficie del semifreddo con la panna montata.

Torta farcita del Buon Anno

Tempo: 2 ore e 30'
Difficoltà: 2
Dosi per 8-10 persone

Per la pasta margherita:

8 uova
100 g di zucchero a velo
100 g di farina
180 g di fecola di patate
150 g di burro
un pizzico di sale
la scorza grattugiata di un limone
6 cucchiai di acqua
1 bicchiere di alchermes

Per la crema frangipane:

150 g di farina di mandorle
150 g di zucchero
1 uovo + 1 tuorlo
75 g di burro
1 bicchierino e 1/2 di rum

Per la glassa:

300 g di zucchero a velo
5 cucchiai di acqua
2 cucchiai di rum
1 cucchiaio di cioccolata
  in polvere

Per guarnire:

fiori di zucchero
ciliegie candite
mandorle tritate q.b.

Con le dosi indicate preparate una pasta margherita seguendo il procedimento della ricetta a pag. 22. Riscaldate il forno a 200° e fate cuocere per 30' in una teglia di diametro 30 cm circa e lasciate raffreddare.

Con la farina di mandorle, lo zucchero, le uova, il burro e il rum preparate la crema frangipane seguendo la ricetta di pag. 26.

Dividete la pasta margherita in due strati e bagnateli con un po' di alchermes. Farcite con la crema frangipane e ricostituite il dolce.

Preparate con zucchero a velo, rum e acqua la glassa e tenetene a parte 2 cucchiaiate abbondanti. Con una spatolina coprite la superficie e il bordo della torta di glassa bianca. Fate aderire al bordo le mandorle tritate.

Preparate con la glassa rimanente e il cioccolato una glassa scura. Riempite una siringa e decorate la superficie della torta con scritte augurali di "Buon Anno". Decorate a piacere con ciliegie candite e fiori di zucchero.

Chiacchiere o bugie

Tempo: 1 ora + 30' di riposo della pasta
Difficoltà: 1
Dosi per 6-8 persone

---

240 g di farina
20 g di burro fuso
50 g di zucchero
2 uova
1/2 bicchiere di acquavite
un pizzico di sale
olio per friggere
zucchero a velo

Mettete sulla spianatoia la farina a fontana, al centro ponete il burro fuso, le uova, il sale, lo zucchero e l'acquavite.

Impastate a lungo lavorando bene l'impasto.

Quando sarà omogeneo raccoglietelo a palla, avvolgetelo in un canovaccio leggermente infarinato e lasciatelo riposare mezz'ora in frigorifero.

Passato questo tempo stendete con il matterello o con la macchina per la pasta ricavando delle larghe strisce.

Da queste, con una rotella a smerli, tagliate tante strisce più piccole e di forme diverse (rettangoli, quadrati, rombi, gale).

Mettete al fuoco una padella di ferro con abbondante olio e quando questo sarà bollente immergetevi poco per volta le bugie.

Fatele dorare dalle due parti; scolatele con la paletta forata e posatele su un foglio di carta assorbente.

Cospargetele ancora calde con zucchero a velo.

L'olio bollente le renderà più leggere e gustose, non grasse. L'acquavite serve a farle gonfiare.

Lo zucchero a velo se messo quando le chiacchiere sono calde aderisce perfettamente alla pasta.

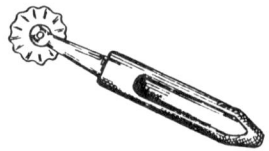

Tortelli dolci di ricotta e uvetta

Tempo: 50' + il tempo di riposo
   dell'impasto
Difficoltà: 1
Dosi per 6 persone

350 g di ricotta
180 g di farina
3 uova
4 cucchiai di zucchero

la scorza grattugiata
   di un'arancia
60 g di uvetta sultanina
un pizzico di sale
un pizzico di bicarbonato
   di sodio
1 cucchiaio di Grand Marnier
abbondante olio per friggere
zucchero a velo q.b.

Lavorate energicamente la ricotta in una terrina, dopo averla passata al setaccio.

Unitevi le uova, lo zucchero, la scorza d'arancia grattugiata, un pizzico di sale e di bicarbonato, il Grand Marnier, l'uvetta sultanina rinvenuta in acqua tiepida, ben scolata e strizzata, ed infine incorporatevi la farina setacciata.

Rimescolate accuratamente e lasciate riposare l'impasto per un'ora.

Mettete sul fuoco una padella di ferro con abbondante olio e non appena sarà bollente tuffate, a cucchiaiate, il composto preparato precedentemente. Appena i tortelli risulteranno gonfi e dorati, estraeteli con una paletta forata e depositateli su un foglio di carta assorbente.

Cospargeteli con abbondante zucchero a velo e serviteli caldi.

Facili da preparare e di invitante aspetto, questi tortelli dolci non tradiscono l'aspettativa dei golosi.

Mezzelune fritte

Tempo: 1 ora
Difficoltà: 1
Dosi per 6 persone

350 g di farina
130 g di burro
4 tuorli + 1 uovo
4 cucchiai di zucchero
1 bicchierino di latte

1 cucchiaio raso di lievito
   per dolci
1 vasetto di marmellata di
   albicocche
2 cucchiai di pinoli
olio per friggere
zucchero vanigliato
1 pizzichino
   di sale

Lavorate in una terrina il burro ammorbidito a temperatura ambiente insieme con lo zucchero fino ad ottenere una crema spumosa.

Aggiungetevi 4 tuorli e 1 uovo intero e continuate a mescolare fino a quando otterrete un composto soffice.

Setacciate la farina insieme con il lievito e un pizzichino di sale sulla spianatoia, aggiungete al centro la crema di uova preparata precedentemente, il latte e impastate il tutto rapidamente.

Raccogliete il ricavato a palla e lasciatelo riposare per una decina di minuti.

Stendete la pasta in una sfoglia dello spessore di 3 mm e ricavate con uno stampino rotondo dentellato del diametro di 8 cm tanti dischetti.

Ponete al centro di ogni dischetto mezzo cucchiaino di marmellata e qualche pinolo, inumidite il bordo con un pochino di acqua e ripiegate la pasta a forma di "mezzaluna".

Fate scaldare abbondante olio in una padella, tuffate dentro i dolcetti e lasciateli dorare da ambo le parti.

Estraeteli con una paletta forata e depositateli su un foglio di carta assorbente.

Spolverizzateli con abbondante zucchero vanigliato e servite subito. Deliziosi questi dolcetti di Carnevale!

Krapfen alle pesche

Tempo: 2 ore + il tempo di riposo della pasta
Difficoltà: 2
Dosi per 40 krapfen

100 g di burro
400 g di farina
150 g di zucchero
50 g di lievito di birra
4 uova
un pizzico di sale
marmellata di pesche
abbondante strutto per friggere

Posate in una piccola terrina 100 g di farina, incorporatevi il lievito sbriciolato e sciolto in circa mezzo bicchiere di acqua tiepida, quindi lavorate per qualche minuto gli ingredienti in modo da ottenere un impasto consistente e omogeneo.

Coprite il recipiente con una salvietta e sistematelo in luogo tiepido fino a quando il miscuglio apparirà raddoppiato di volume. Ci vorrà circa mezz'ora.

Mettete ora sulla spianatoia la rimanente farina, unite 100 g di zucchero, un pizzico di sale, mescolate tutto, fate un incavo al centro e rompetevi dentro le uova. Aggiungete il burro fuso e la pasta lievitata preparata precedentemente. Impastate energicamente, sbattendo spesso la pasta sul tavolo, ricavatene una palla e sistematela in una terrina infarinata. Ricopritela con una salvietta e lasciatela lievitare per un paio d'ore in luogo tiepido.

Quando l'impasto avrà raddoppiato il suo volume, lavoratelo ancora per qualche minuto, poi dividetelo in tante porzioni grosse come uova. Appiattite ogni pallottola con il palmo della mano, disponetele su un canovaccio infarinato, ricopritele con un altro canovaccio e lasciatele riposare per 1 ora.

Ponete al fuoco un recipiente a bordi alti con abbondante strutto, fatelo ben scaldare, poi immergete dentro solo due o tre pallottole per volta perché durante la cottura si gonfiano.

Togliete i krapfen e posateli su un foglio di carta assorbente.

Farcite l'interno di ognuno di essi con un po' di marmellata di pesche sprizzata da una siringa per pasticceria, spolverizzateli con il rimanente zucchero e serviteli caldi.

Frittelle di riso e uvetta

Tempo: 1 ora e 15'
Difficoltà: 1
Dosi per 6 persone

250 g di riso
1 litro di latte
la scorza di un limone grattugiata
3 cucchiai colmi di zucchero
1 uovo intero + 1 tuorlo
1 cucchiaino di lievito per dolci
una presa di polvere di cannella
100 g di uvetta sultanina
poca farina
abbondante olio per friggere
2 cucchiai di zucchero a velo
1 bustina di vanillina

Fate cuocere il riso nel latte mischiato alla scorza di limone grattugiata fino a quando il liquido si sarà assorbito completamente.

Aggiungete allora, sempre rimescolando, lo zucchero, l'uovo intero, il tuorlo, il lievito, una presa di polvere di cannella, l'uvetta (in precedenza fatta ammorbidire in poca acqua tiepida) ed infine tanta farina quanto basta per rendere l'impasto consistente.

Rimescolate accuratamente con un cucchiaio di legno, poi lasciate intiepidire la preparazione.

Ponete una padella per fritti con abbondante olio sul fuoco, lasciatelo ben scaldare, poi versate dentro, a cucchiaiate, l'impasto preparato.

Lasciate cuocere le frittelle da ambo le parti fino a quando risulteranno dorate, quindi estraetele con una paletta forata e depositatele su un foglio di carta assorbente.

Spolverizzatele con lo zucchero a velo misto alla vanillina, disponetele su un piatto di portata e servite subito in tavola.

Nido di Pasqua

Tempo: 2 ore e 1/2
Difficoltà: 2
Dosi per 8 persone

Per la pasta:
8 uova
200 g di zucchero a velo
220 g di fecola
   di patate
120 g di burro
la scorza grattugiata
   di un limone

Per la crema:
1/2 l di latte
scorza grattugiata
   di un limone
3 tuorli
80 g di zucchero semolato
1 cucchiaio colmo
   di amido di mais
120 g di cioccolato fondente
50 g di burro
3 cucchiai di Kirsch
3 cucchiai di alchermes

Per la glassa:
300 g di zucchero a velo
5 cucchiai di acqua
2 cucchiai di rum
1 cucchiaio di cacao
   in polvere

Per la guarnizione:
granella di nocciole
ovetti di zucchero
ovetti di cioccolato
fiori e uccellini di zucchero

Preparate la pasta margherita seguendo le istruzioni della ricetta riportata a pag. 22.

Riscaldate il forno a 200° e fate cuocere per 30' in una teglia di 28 cm di diametro e lasciate raffreddare.

Per la crema: versate il latte in una casseruola, unite la scorza grattugiata del limone e portate ad ebollizione.

Sbattete i tuorli con lo zucchero per almeno 10', unite l'amido di mais e diluite a poco a poco con il latte caldo.

Fate addensare la crema a fuoco dolce mescolando continuamente. Aggiungete il cioccolato a pezzetti e il burro e continuate a mescolare.

Ricavate tre dischi dalla pasta margherita.

Appoggiate il primo disco sul piatto di portata, bagnatelo col Kirsch e l'alchermes battuti insieme e spalmate la superficie con metà della crema al cioccolato, sovrapponete il secondo disco e ripetete l'operazione. Coprite con il terzo disco e bagnatelo.

Sciogliete lo zucchero a velo con 5 cucchiai di acqua bollente e un cucchiaio di rum. Mettete a parte due cucchiai di questa glassa a cui aggiungerete il cacao in polvere per fare una glassa scura.

Riempite con la glassa bianca una siringa da pasticcere e disegnate dei cerchi concentrici irregolari sulla superficie della torta, creando un intreccio che somigli ad un nido.

Riempite la siringa con la glassa scura e continuate la costruzione del nido. Decorate con fiori e uccellini di zucchero e con ovetti di cioccolata.

Da ultimo fate aderire al bordo della torta un po' di granella di nocciole.

Colomba farcita con crema al mascarpone e rum

Tempo: 40'
Difficoltà: 1
Dosi per 8 persone

1 colomba (da 1 kg)
500 g di mascarpone fresco
6 tuorli + 4 albumi
1 bicchierino di rum
6 cucchiai di zucchero a velo
150 g di cioccolato fondente
1 bicchiere di latte
1 tazzina di caffè ristretto

Per la guarnizione:

150 g di panna montata
ovettini molto piccoli di zucchero colorato

Sbattete in una terrina i tuorli insieme con lo zucchero fino ad ottenere una crema soffice e ben montata.

Incorporatevi, poco alla volta, il mascarpone e il rum, poi aggiungete il cioccolato fondente in precedenza sciolto a bagno-maria ed infine gli albumi montati a neve fermissima.

Rimescolate con molta delicatezza con una piccola frusta elastica sollevando il composto dal basso verso l'alto.

Dividete la colomba in due parti orizzontalmente e spruzzatele con il latte mischiato al caffè.

Spalmate sulla base la crema preparata, poi ricomponete la colomba e sistematela su un vassoio di portata.

Guarnite la colomba farcita con ciuffettini di panna montata e al centro di ognuno ponete un ovettino colorato.

Semifreddo al cioccolato bianco e croccante

Tempo: 40' + il tempo di riposo in freezer
Difficoltà: 1
Dosi per 6 persone

400 g di panna montata
1 dl e 1/2 di acqua
250 g di zucchero
6 tuorli
150 g di croccante tritato
200 g di cioccolato bianco

Per la guarnizione:

2 cucchiai di granella di cioccolato
ovetti di cioccolato bianco e al latte

Ponete l'acqua in una casseruola, unite lo zucchero, portate ad ebollizione e lasciate cuocere lo sciroppo per 5', poi toglietelo dal fuoco.

Sbattete i tuorli in una casseruola a bagno-maria, versate sopra lo sciroppo ancora caldo a "filetto" continuando a sbattere energicamente fino a quando otterrete una crema densa e gonfia. Incorporatevi allora il cioccolato bianco grattugiato e, appena si sarà sciolto, estraete il recipiente dal bagno-maria.

Travasate la crema preparata in una terrina e, rimescolandola di tanto in tanto, fatela raffreddare.

Aggiungetevi il croccante tritato grossolanamente e amalgamatevi la panna montata.

Versate la crema in uno stampo da budino inumidito e sistemate in freezer per due ore e mezza ricoperto da un foglio di pellicola.

Sformate il dolce su un piatto rotondo di servizio, guarnite la superficie con la granella di cioccolato e ornate con piccolissimi ovetti di cioccolato bianco e al latte.

Potrete preparare questo delizioso dolce con l'anticipo anche di un giorno conservandolo in freezer, ma togliendolo almeno 3 ore prima di servirlo lasciandolo riposare in frigorifero.

Decoratelo solo al momento di servirlo in tavola.

11

ANTICHE RICETTE DEI CONVENTI

Per chi ama seguire le tracce di tradizioni antiche, di sapori semplici e sperimentati le spesse mura dei conventi hanno grande fascino.

La genuinità delle frugali torte monastiche è rimasta fedelmente custodita attraverso ricette scritte talvolta ancora con il pennino su fogli di vecchi quaderni. Si tratta di una cucina povera, ma ricca di autenticità e sapore, che evoca enormi cucine con il soffitto a volta, lunghi tavoli di legno, pentoloni di rame, mazzi di erbe aromatiche, vasetti di miele, marmellate di aspetto casalingo, colorate trasparenze di liquorini, piccoli dolci di pasta di mandorle...

Pandolce di avena ai canditi d'arancia

Tempo: 50'
Difficoltà: 1
Dosi per 4-5 persone

140 g di farina d'avena
130 g di burro
130 g di zucchero
3 uova
1 bustina di vanillina
2 cucchiaini di lievito per dolci
2 cucchiai di rum
un pizzichino di sale

Per la guarnizione:
3 cucchiai di miele liquido
100 g di scorzette d'arancia candite

Mischiate in una terrina la farina d'avena (che passerete attraverso un setaccio) insieme con il lievito in polvere, la vanillina e lo zucchero.

Unite il burro precedentemente fuso, un uovo intero, due tuorli e rimescolate.

Aggiungete il rum e rimescolate ancora.

In ultimo incorporate al composto i due albumi rimasti montati a neve fermissima con un pizzico di sale

Versate la preparazione in uno stampo da plum-cake imburrato e spolverizzato di farina e passate in forno preriscaldato a 180°.

Lasciate cuocere per 25', quindi estraete il dolce e lasciatelo raffreddare.

Quando il dolce sarà freddo, travasatelo con delicatezza in un piatto adatto: cospargetelo di miele con una pennellessa e ricopritelo uniformemente di sottili scorzette d'arancia candite.

Panfrutto al cioccolato e noci

Tempo: 2 ore circa
Difficoltà: 1
Dosi per 8-10 persone

4 cucchiai di miele
3 cucchiai di polvere
di cioccolato dolce
3 cucchiai di cacao
180 g di farina
160 g di amido di mais
2 dl di panna liquida

1 bicchierino di rum
1/2 cucchiaio di bicarbonato
di sodio
1 cucchiaino di lievito per dolci
70 g di uvetta sultanina
100 g di noci sgusciate
100 g di prugne
40 g di zucchero di canna
3 uova
30 g di burro fuso
un pizzichino di sale

Mettete a bagno nel rum l'uvetta e nell'acqua tiepida le prugne per 20'.

Stemperate in una casseruola i due tipi di polvere di cioccolato con la panna e il miele e fate scaldare a fuoco basso rimescolando con il cucchiaio per 10'; unite poi anche il burro fuso, rimescolate per qualche minuto ancora e poi spegnete il fornello.

A parte setacciate le due farine insieme con il bicarbonato di sodio ed il lievito per dolci in una larga terrina insieme con lo zucchero.

Aggiungete poco per volta la miscela preparata di miele, panna e cioccolato, rimescolando energicamente per ben amalgamare il tutto. Completate con l'aggiunta dell'uvetta, del rum, delle noci sminuzzate e delle prugne ammollate e tritate. Mescolate ancora molto energicamente amalgamando anche le uova precedentemente sbattute.

Ungete di burro e spolverizzate con poca farina uno stampo da plum-cake abbastanza grande, e versatevi dentro l'impasto che dovrà essere di consistenza morbida.

Livellate la superficie del dolce lasciando due dita di spazio dall'orlo del recipiente e fate cuocere in forno preriscaldato (160°) per 1 ora e 20'.

Passate poi un coltello lungo il bordo interno del "panfrutto", sformate il dolce e lasciatelo raffreddare su una griglia.

Attendete almeno 3 giorni prima di gustarlo.

Quando il panfrutto sarà raffreddato, potrete avvolgerlo in un foglio di alluminio e conservarlo nella parte bassa del frigorifero; tiratelo fuori due ore prima di servirlo tagliato a fette.

Torta di castagne e noci

Tempo: 1 ora e 30'
Difficoltà: 1
Dosi per 4 persone

500 g di castagne
150 g di gherigli di noce
4 uova
150 g di zucchero semolato
4 cucchiai di miele denso
100 g di burro morbido

4 cucchiai di cacao
1 bustina di zucchero vanigliato
un pizzichino di sale

Per cuocere le castagne:

mezzo pugnetto di sale grosso
un pizzico di semi di finocchio

Per la guarnizione:

60 g di marrons glacés sbriciolati
100 g di panna montata

Dopo aver inciso le castagne ad una ad una con un coltellino, mettetele in una casseruola, copritele di acqua fredda, aggiungete un poco di sale grosso, un pizzico generoso di semi di finocchio e fatele cuocere per un'ora.

Controllate che siano sufficientemente tenere, poi sbucciatele eliminando anche la pellicina interna e passatele nello schiacciapatate. Raccogliete la purea di castagne in una terrina ed amalgamatevi il burro morbido e lo zucchero vanigliato sbattendo il tutto con la frusta elastica in modo da ottenere un composto cremoso.

A parte, in una terrina, sbattete i tuorli d'uovo insieme con lo zucchero semolato fino a renderli spumosi, quindi versate dentro al recipiente il composto di castagne e burro, rimescolate ripetutamente unendo anche i gherigli di noce tritati finemente nel mixer, il miele, il cacao. Dopo aver ben amalgamato gli ingredienti, aggiungete in ultimo gli albumi, montati a parte a neve fermissima insieme con un pizzichino di sale.

Travasate la preparazione dentro allo stampo rotondo a cerniera di 24 cm di diametro, in precedenza imburrato e spolverizzato di farina.

Fate cuocere in forno preriscaldato (180°) per 40', quindi estraete la torta dal forno, lasciatela raffreddare a temperatura ambiente e poi trasferitela in un piatto rotondo di servizio.

Spalmate la superficie del dolce con la panna montata, poi cospargetela con le briciole di marrons glacés.

Ecco una vera "bomba" di calorie, ma anche di sapori squisiti... Vale la pena di fare pòrzioni un po' ridotte per dare a qualche amico in più il piacere di assaggiare questa caratteristica antica specialità dei conventi.

Torta di datteri e mandorle

Tempo: 50'
Difficoltà: 1
Dosi per 4-5 persone

250 g di datteri
200 g di mandorle pelate
120 g di zucchero
80 g di cacao in polvere
1 tuorlo + 3 albumi
1 bustina di vanillina
1 bicchierino di brandy
un pizzichino di sale
1 bustina di zucchero vanigliato

Snocciolate i datteri, tagliateli a fettine minute. Poneteli il un mixer insieme alle mandorle e riducete il tutto in un composto finemente tritato. Mettete il trito in una terrina, mischiatevi lo zucchero e un tuorlo d'uovo.

Profumate con la vanillina, aggiungete il cacao in polvere, rimescolate ripetutamente e unite il brandy.

Lavorate ancora ed incorporate con delicatezza gli albumi montati a neve fermissima insieme con un pizzichino di sale.

Con una frusta elastica sollevate la massa dal basso verso l'alto, poi versatela in una tortiera, a cerniera in precedenza bene imburrata e leggermente infarinata.

Fate cuocere il composto per 40' in forno preriscaldato a 180°.

Estraete la torta, sformatela su una gratella da pasticceria e, quando sarà fredda, travasatela in un piatto rotondo e spolverizzatela di zucchero vanigliato.

Budino dell'ospitalità

Tempo: 1 ora e 30'
Difficoltà: 1
Dosi per 6 persone

3 uova
130 g di zucchero semolato
3 dl di panna liquida
1 cucchiaino di essenza di vaniglia
  (o una bustina di vanillina)
130 g di farina
1 bustina di lievito per dolci
2 cucchiai di liquore all'amaretto
un pizzichino di sale

Per la guarnizione:
1 bustina di zucchero vanigliato
18 mandorle pelate
8 ciliegine rosse candite

Versate la panna in una piccola casseruola, ponetela a fuoco moderato e portatela a lenta ebollizione: mescolatela con il cucchiaio di legno e lasciatela sobbollire, dopo aver abbassato il fuoco, per altri 10', quindi togliete il recipiente dal fornello.

Mettete in una terrina lo zucchero e i tuorli d'uovo: sbatteteli fino a renderli chiari e spumosi, poi unitevi poco alla volta la panna bollita rimescolando con cura. Unite anche la vanillina e il liquore all'amaretto e continuate a sbattere ancora per 5'.

Mischiate la farina con il lievito e fatela scendere da un colino nel composto preparato mescolando continuamente.

Infine montate a neve fermissima gli albumi con un pizzichino di sale e amalgamateli con leggerezza con una spatola aggiungendoli poco alla volta e sollevando la spatola dal basso verso l'alto.

Versate la preparazione in uno stampo di pirex scannellato a pareti alte unto di burro e infarinato e fate cuocere in forno preriscaldato (180°) per circa 40'.

Estraete poi il recipiente e, ancora caldo, spolverizzate la superficie del budino con lo zucchero vanigliato facendolo scendere a pioggia da un colino.

Guarnite con le mandorle messe a forma di fiore e ponete al centro di ognuno una ciliegina candita.

Servite il budino caldo nello stampo di cottura.

Su questo tema potrete fare alcune elaborazioni personali. Potrete aggiungere 3 cucchiai di cioccolato in polvere alla miscela di base oppure 80 g di cioccolato fondente grattugiato o, ancora, due cucchiaiate di zucchero caramellato diluito con un pochino d'acqua; oppure potrete unire due banane passate nel frullatore con mezzo bicchiere di latte. A voi la scelta.

Dolce di biscotti e nocciole

Tempo: 45' + 5 ore di riposo in frigorifero
Difficoltà: 1
Dosi per 4-5 persone

3 uova
130 g di zucchero
130 g di nocciole
130 g di burro
40 gallette
1 tazza di caffelatte zuccherato
1 busta di vanillina
1 bicchierino di rum
un pizzichino di sale

Sbattete i tuorli d'uovo con lo zucchero in una terrina fino a renderli spumosi.

Tostate intanto le nocciole in forno a calore medio per un quarto d'ora: poi eliminate la pellicina.

Pestatele nel mortaio (meglio che nel mixer, se possibile).

Lavorate il burro, già ammorbidito a temperatura ambiente fino a renderlo cremoso. Unitevi i tuorli sbattuti e le nocciole pestate e rimescolate ripetutamente amalgamando bene il tutto.

Aggiungete anche il rum, rimescolate ancora ed infine incorporate delicatamente gli albumi montati a neve fermissima.

Bagnate ora i biscotti, rapidamente, ad uno ad uno nel caffelatte zuccherato e profumato con la vanillina, quindi foderate una teglia quadrata di 20 cm di lato.

Spalmate sul fondo di biscotti uno strato di crema, fate un altro strato di biscotti, poi ancora uno di crema e terminate con i biscotti.

Ricoprite con un foglio di alluminio, ponete un peso sullo stampo e sistemate il dolce nel frigorifero per 5 ore.

Per sformare il dolce passate tutto in giro, all'interno dello stampo, la lama di un coltello immersa precedentemente in acqua calda e appoggiate il fondo su una salvietta bagnata in acqua bollente e strizzata.

Torrone al cioccolato
alla moda umbra

Tempo: 1 ora
Difficoltà: 1
Dosi per 6 persone

800 g di nocciole
70 g di pistacchi sgusciati
260 g di zucchero
280 g di miele
200 g di cioccolato fondente
2 albumi
1 bustina di vanillina
olio di mandorle
acqua q.b.

Sgusciate le nocciole e fatele scaldare in forno molto caldo (200°) per una decina di minuti, poi soffregatele tra le mani per eliminare la pellicina.

Ponete 30 g di zucchero in una casseruola, ricopritelo con altrettanta acqua e fate sobbollire per cinque minuti, quindi aggiungete il cioccolato fondente grattugiato e rimescolate fin quando sarà completamente sciolto.

A parte fate scaldare il miele fino a lenta ebollizione.

Sbattete intanto gli albumi dentro ad una ciotola immersa in un'altra più grande piena di acqua calda e montateli a neve.

In un'altra casseruola fate ora dolcemente caramellare lo zucchero restante, inumidito con tre cucchiaiate di acqua.

Amalgamate poi gli albumi, il miele, lo zucchero caramellato e la vanillina in un'unica casseruola, aggiungete le nocciole e i pistacchi e continuate a rimescolare a calore basso fin quando il tutto è ben legato.

Versate allora il composto caldo su una placca rettangolare, leggermente unta di olio di mandorle e livellatelo con una larga spatola allo spessore di circa 2 cm.

Quando l'impasto sarà diventato tiepido, tagliatelo a pezzi e fate raffreddare completamente.

Se volete conservarli avvolgete i pezzi di torrone in fogli di alluminio, imitando la confezione delle caramelle e riponeteli in un'ampia scatola a chiusura ermetica.

Frittelle di riso integrale alle pesche

Tempo: 1 ora e 30'
+ 30' di ammollo per il riso
Difficoltà: 1
Dosi per 4-6 persone

---

150 g di riso integrale
la scorza grattugiata
* di mezzo limone*
3 dl di latte
150 g di farina
100 di zucchero
6 mezze pesche sciroppate
3 cucchiai di liquore
* all'amaretto*
4 grossi amaretti morbidi
3 uova
un pizzico di sale
abbondante olio per friggere
2 bustine di zucchero
* vanigliato*

Mettete il riso a bagno, in acqua tiepida, per mezz'ora.

Scolatelo, versatelo in una casseruola, ricopritelo di acqua fredda, aggiungete un pizzico di sale, la scorza del limone grattugiata e lasciatelo cuocere per 30'.

Unite allora il latte bollente e continuate la cottura per altri 15'.

Togliete il recipiente dal fuoco e fate raffreddare la preparazione. Mescolate in una terrina la farina insieme con lo zucchero, gli amaretti sbriciolati finemente, le pesche ben scolate dal liquido di conservazione e tritate, il liquore all'amaretto, i tuorli d'uovo ed infine gli albumi montati a neve fermissima.

Incorporatevi anche il riso che avrete lasciato raffreddare e rimescolate accuratamente i vari ingredienti.

Formate con il composto ottenuto delle frittelle e friggetele in abbondante olio bollente.

Estraetele con una paletta forata, depositatele su un foglio di carta assorbente, disponetele su un piatto di portata, cospargetele con lo zucchero vanigliato e presentatele subito in tavola.

Sono dolcetti nutrienti di sapore aromatico e piacevole.

Potrete anche conservarli per 2 giorni in frigorifero in una scatola di plastica a chiusura ermetica e poi farli scaldare in forno preriscaldato a 180° sistemati in una pirofila e ricoperti con un foglio di alluminio.

Il beneamato

Tempo: 50' + il tempo
di raffreddamento in frigorifero
Difficoltà: 1
Dosi per 4-5 persone

2 uova + 1 tuorlo
120 g di zucchero in polvere
120 g di burro
130 g di cioccolato fondente
100 g di amaretti
50 g di mandorle leggermente tostate
1 bicchierino di Kirsch
20 savoiardi

Per lo sciroppo:

1 dl di acqua
3 cucchiai di zucchero
1 cucchiaio di Kirsch

Battete i tuorli con lo zucchero in una terrina fino a renderli chiari e ben montati; aggiungete il burro ammorbidito a temperatura ambiente e continuate a sbattere con una frusta elastica in modo da ottenere un composto spumoso.

Grattugiate il cioccolato e fatelo fondere a bagno-maria, in una ciotola insieme a due cucchiaiate di acqua. Mescolatelo bene ed amalgamatelo al composto preparato. Sbattete ancora per alcuni minuti.

A parte montate a neve fermissima i due albumi, poi incorporateli con leggerezza alla crema di burro e cioccolato. Rimuovete dal basso verso l'alto la frusta elastica, quindi mischiate alla massa gli amaretti (sbriciolati finemente e spruzzati in precedenza con il liquore) e le mandorle tritate.

Nel frattempo mischiate a freddo in una scodella l'acqua, lo zucchero ed una cucchiaiata di Kirsch: bagnate leggermente con questo liquido i savoiardi ad uno ad uno, dopo aver tagliato via le parti arrotondate di ogni biscotto e foderate il fondo e le pareti di uno stampo da plum-cake, ricoperto da un foglio di alluminio eccedente di qualche centimetro dall'orlo per poterlo estrarre poi con facilità.

Versatevi dentro la crema di cioccolato, amaretti e mandorle, mischiandovi i pezzetti sbriciolati avanzati dai savoiardi, battete lo stampo due o tre volte su una salvietta inumidita e ripiegata.

In questo modo la crema potrà espandersi in ogni angolino senza lasciare spazi vuoti.

Ricoprite la superficie del dolce con i rimanenti biscotti solo dopo due ore di riposo in frigorifero in maniera che la farcia abbia potuto rassodarsi, ma lasciate ancora riposare il dolce in frigorifero per diverse ore prima di servirlo, capovolto su un piatto rettangolare.

Al momento di servirlo in tavola potrete guarnirlo a piacere con ciuffetti di panna fitti fitti, intercalati da piccoli canditi.

È questo un dolce ricco e squisito, adatto per qualche occasione importante.

Si può preparare anche un giorno o due prima.

La mattonella dolce della priora

Tempo: 50' + il tempo di raffreddamento
Difficoltà: 1
Dosi per 6 persone

280 g di biscotti secchi
120 g di burro
200 g di cioccolato bianco
80 g di gherigli di noce
100 g di zucchero a velo
1 tazza scarsa di latte
1 bicchierino di brandy
2 cucchiaini di caffè solubile
3 uova

Per decorare:
100 g di panna montata

Spezzettate il cioccolato bianco e ponetelo in una piccola casseruola: bagnatelo con due dita di latte e lasciatelo fondere a fuoco basso rimescolando con un cucchiaio.

Sbattete a parte lo zucchero ed il burro ammorbidito a temperatura ambiente, unitevi poi i tuorli d'uovo uno ad uno e aggiungete il cioccolato bianco fuso.

Continuate a sbattere energicamente con una frusta elastica per alcuni minuti. A parte, in un'altra ciotola, battete gli albumi a neve fermissima e amalgamateli poi con delicatezza al composto.

Scaldate in un casseruolino il latte, mischiatevi il caffè solubile ed il brandy, rimescolate e versate in una fondina: immergete per qualche attimo i biscotti in questo liquido caldo e disponeteli in una pirofila rettangolare di porcellana, formando uno strato sul fondo.

Ricoprite in modo uniforme con una generosa spalmata di crema al cioccolato e cospargetela con un po' di gherigli di noce tritati. Rifate alla stessa maniera altri due strati in modo che l'ultimo sia di crema e nuovamente cospargete con le noci tritate.

Ricoprite con un foglio di pellicola e ritirate il dolce in frigorifero fino al giorno seguente.

Togliete la pellicola e solo allora formate tutt'in giro alla coltre di crema raffreddata una decorazione con panna montata sprizzata da una sacchetta da pasticceria munita di bocchetta a forma di stella.

12
DOLCI DIETETICI

Può sembrare un controsenso parlare di "dolci dietetici", eppure esistono piccoli accorgimenti per ridurre il più possibile l'apporto di calorie. Imparate ad utilizzare alcuni tipi di frutta che contengono meno zucchero (per esempio le mele "verdi", i pompelmi, i frutti di bosco), certi condimenti privi di grasso (come lo yogurt magro e il latte scremato), miele o dolcificanti dietetici in sostituzione dello zucchero, il succo degli agrumi al posto dei liquori.

Che gioia non dover rinunciare a qualche cucchiaio di crema o a una fetta di torta! Può diventare un gioco divertente e soprattutto utile riuscire a ridurre le calorie per ogni porzione di dolce.

Non dimenticate però di tenerne conto nella dieta giornaliera e, soprattutto, sono vietati i bis!

Torta allo yogurt magro

Tempo: 1 ora
Difficoltà: 0
Dosi per 6 persone

3 uova
1 yogurt magro alla banana da 125 g
1 misurino di zucchero
3 misurini di farina
1/2 misurino di olio di semi
1/2 bustina di lievito per dolci

* Per misurino si intende la confezione vuota dello yogurt.

Sbattete bene le uova, aggiungete lo yogurt, il misurino di zucchero, i tre di farina, il mezzo misurino di olio e il lievito.

Amalgamate delicatamente il tutto, versate in una teglia imburrata ed infarinata del diametro di 22 cm e fate cuocere in forno preriscaldato (150°) per 30'.

Questa torta ha il pregio di essere molto semplice nella preparazione, di sicura riuscita e digeribilissima.

Meringata di frutta

Tempo: 40'
Difficoltà: 1
Dosi per 4 persone

1 banana
1 pera
2 albicocche
60 g di biscotti secchi
1 cucchiaino di maraschino
2 albumi
30 g di zucchero
40 g di mandorle
un pizzico di sale

Sbucciate la frutta e tagliatela in piccoli pezzi, unite i biscotti ben pestati, il liquore e amalgamate bene.

Versate in una tortiera di pirex di circa 20 cm di diametro, appena imburrata e infarinata.

A parte tritate finemente nel mixer le mandorle sbucciate e unitele con delicatezza agli albumi sbattuti a neve fermissima con un pizzico di sale e lo zucchero.

Distribuite la meringa sul composto e mettete in forno preriscaldato a 180° per 15-20'.

Servite tiepido.

Torta di mele delicata

Tempo: 1 ora e 30'
Difficoltà: 1
Dosi per 4 persone

5 albumi
un pizzico di sale
130 g di zucchero
80 g di farina
80 g di uvetta sultanina
1 bicchiere di olio di semi
2 mele golden delizia
1 bustina di vanillina

Montate gli albumi a neve fermissima con un pizzico di sale in una terrina.

Incorporatevi delicatamente lo zucchero, la farina, la vanillina, l'olio di semi, l'uvetta sultanina già ammorbidita, scolata e strizzata ed infine le mele precedentemente pelate, private del torsolo e dei semi e ridotte a piccoli dadini.

Rimescolate accuratamente i vari ingredienti sollevando il composto dal basso verso l'alto con un cucchiaio di legno in modo da non far smontare gli albumi.

Ungete con pochissimo olio di mandorle una tortiera del diametro di 24 cm, spolverizzatela leggermente di farina, quindi versatevi la preparazione.

Passate il recipiente in forno preriscaldato (180°) per 50' circa.

Lasciate raffreddare la torta su una gratella da pasticceria, poi sformatela su un piatto rotondo di servizio.

Piccole formine dolci di riso

Tempo: 1 ora e 1/2
   + 2 ore di riposo in frigorifero
Difficoltà: 1
Dosi per 4 persone

2 uova
4 dl e 1/2 di latte scremato
150 g di riso (del tipo che non scuoce)
1 stecca di vaniglia
1 cucchiaio di miele
la scorza grattugiata di un limone
un pizzichino di sale
4 fettine sottili di kiwi

Fate lessare al dente il riso nell'acqua bollente, poi scolatelo e fatelo raffreddare.

Nel frattempo avrete portato a lento bollore il latte in una casseruola insieme alla stecca di vaniglia tagliata in due in senso verticale, toglietelo dal fuoco e lasciate in infusione ancora per 15'.

Sbattete le uova intere con un pizzichino di sale in una terrina: versatevi sopra il latte (da cui avrete estratto la vaniglia), rimescolando di continuo. Aggiungete quindi il riso scolato, il miele e la scorza grattugiata del limone.

Rimescolate con cura, poi suddividete il composto in quattro stampini da budino, unti leggermente di olio, collocateli in una teglia a bagno-maria e fate cuocere per 50' in forno preriscaldato (170°).

Quando i dolci di riso saranno cotti, estraeteli dal forno, lasciateli raffreddare a temperatura ambiente, poi lasciateli riposare in frigorifero, coperti per almeno due ore.

Infine sformateli su piattini singoli e guarnitene la superficie con una fettina di kiwi.

Se vi pare che il riso sia poco dolce, potrete aggiungere al composto, prima di cuocerlo in forno, alcune gocce di adulcorante dietetico.

Spuma leggera di fragole

Tempo: 40' + 2 ore di riposo in frigorifero
Difficoltà: 1
Dosi per 4 persone

500 g di fragole
2 cucchiai di miele
la scorza grattugiata di un limone
100 g di ricotta
2 fogli di colla di pesce
1 dl di succo di pompelmo rosa

Spezzettate i fogli di colla di pesce, poneteli in una ciotolina e ricopriteli con due dita di acqua per 15'.

Fate poi scaldare in una piccola casseruola il succo spremuto del pompelmo rosa insieme con il miele, scolate i pezzetti di colla di pesce, mescolateli al liquido caldo fin quando si saranno disciolti, poi spegnete il fornello e lasciate raffreddare.

Lavate le fragole in un colino, asciugatele, mondatele (tenetene da parte quattro un po' grosse); passate le altre nel passaverdure a mano (griglia fine), quindi unitele alla ricotta e frullatele nel mixer fin quando otterrete un composto liscio ed omogeneo.

Versatelo in una terrina ed amalgamatevi il liquido con la colla di pesce sciolta e la scorza grattugiata di un limone. Rimescolate ripetutamente, poi suddividete la spuma in quattro coppette e riponetele in frigorifero per almeno due ore.

Al momento di servirle, decorate la superficie di ognuna con le fragole tenute da parte tagliandole a forma di fiore.

È un piccolo dolce facile, di sapore profumato e gradevole, che vi farà dimenticare di essere un dessert a basse calorie...

Secondo la stagione e quel che trovate nel mercato, invece delle fragole potrete fare un frullato di lamponi, more o mirtilli.

Crème caramel "in linea"

Tempo: 1 ora e 20'
Difficoltà: 1
Dosi per 4 persone

4 dl di latte scremato
8 bustine di dolcificante ipocalorico
2 uova
la scorza grattugiata di un limone
1 cucchiaio di zucchero

Versate il latte in una casseruola antiaderente insieme con la scorza grattugiata del limone, dopo aver ben lavato l'agrume.

Fate bollire il latte a fuoco basso fino a ridurne un poco il volume, poi spegnete il fornello, aggiungete il dolcificante e lasciate intiepidire.

Suddividete lo zucchero sul fondo di 4 stampini da budino, spruzzatelo con poche gocce di acqua e fatelo caramellare ponendo gli stampini a fuoco basso sopra una retina.

Badate che il fondo risulti coperto in modo omogeneo, quindi mischiate rapidamente le uova sbattute al latte intiepidito e dolcificato e poi travasate il composto nelle formine.

Fate cuocere la crème caramel in queste ultime a bagno-maria in forno preriscaldato (200°) per un'ora.

A cottura ultimata, estraete le formine e lasciate raffreddare il loro contenuto. Potrete quindi conservarle per alcune ore in frigorifero, sformando il crème caramel su singoli piattini.

Ecco un'edizione a calorie controllate del celebre dessert che tutti conosciamo come proibitivo: il latte scremato, il dolcificante ipocalorico, il numero ridotto delle uova, il minimo apporto di zucchero caramellato renderanno meno minacciosa per la linea questa delicata golosità di fama internazionale.

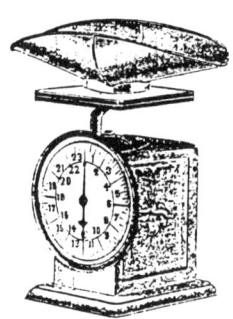

Coppette di yogurt ai frutti esotici

Tempo: 20'
Difficoltà: 1
Dosi per 4 persone

4 vasetti di yogurt magro
3 bustine di dolcificante ipocalorico
1 piccolo ananas
2 kiwi
la scorza grattugiata di un'arancia
1 albume
1 foglio di colla di pesce
4 fragole

Spezzettate la colla di pesce in una scodella, ricopritela di acqua e lasciatela ammorbidire per 30'.

Mondate l'ananas e ritagliatene la polpa a dadini: ponetela col suo succo in una terrina, mischiatela ai kiwi, pelati e tagliati a piccoli cubetti. Unite il dolcificante, rimescolate aggiungendo la scorza grattugiata di un'arancia e lo yogurt. Da ultimo unite la colla di pesce scolata e strizzata e fatta sciogliere in due dita di acqua. Rimescolate accuratamente.

Battete a neve fermissima l'albume e aggiungetelo agli ingredienti preparati continuando a mescolare sollevando il composto dal basso verso l'alto. Suddividetelo nelle quattro coppette e ponete in frigorifero per 4 ore. Al momento di servire, guarnite con una fragola.

Fragole al marsala

Tempo: 1 ora e 10'
Difficoltà: 0
Dosi per 4 persone

400 g di fragole
2 cucchiai di aceto di mele
1 bicchiere scarso di marsala
1 cucchiaino di zucchero di canna

Mondate le fragole, tagliatele in quattro e mettetele a marinare nell'aceto di mele per circa un quarto d'ora.

Scolatele bene, mettetele in una coppa, aggiungete il marsala, in cui avrete sciolto lo zucchero di canna, e servitele fredde dopo averle lasciate in frigorifero per almeno mezz'ora.

Pere al vino bianco

Tempo: 1 ora e 1/2
Difficoltà: 0
Dosi per 4 persone

4 pere
  (ottime le pere martine o quelle ruggine)
4 cucchiaini di zucchero
1 bicchiere d'acqua
1 bicchiere di vino bianco
4 chiodi di garofano
2 pezzetti di cannella in canna

Lavate bene le pere e asciugatele.

Prendete un tegame e mettetevi due cucchiai di zucchero con qualche goccia d'acqua e fate caramellare.

(È semplice, basta lasciare il tegame con lo zucchero su un fuoco minimo fin tanto che lo zucchero si scioglie e diventa dorato).

Unite le pere così come sono (intere e con la buccia), aggiungete il vino e l'acqua. Cospargete sulle pere bagnate il restante zucchero, unite i chiodi di garofano e la cannella.

Coprite il tegame e fate cuocere a fuoco lento per un'ora bagnando ogni tanto le pere con lo sciroppo.

Sono buonissime.

Mele al forno con salsa d'arancia

Tempo: 1 ora
Difficoltà: 1
Dosi per 4 persone

4 belle mele renette di forma simile
1 dl e 1/2 di succo di arancia non zuccherato
4 o 5 gocce di edulcorante dietetico
1 tuorlo d'uovo
un pizzico di polvere di cannella

Per la guarnizione:

alcune fette di arancia sottili
  tagliate a metà e una tagliata a quarti

Pelate le mele, asportate il torsolo, avviluppate ognuna in un quadrato di foglio di alluminio e ponetele in forno preriscaldato (230°) sulla placca.

Fatele cuocere per 45': dieci minuti prima di estrarre le mele dal forno preparate la salsa di guarnizione.

Sbattete per qualche minuto il tuorlo in una piccola casseruola, con una frusta elastica. Unite il succo di arancia filtrato e continuate a sbattere il tutto, a bagno-maria, fin quando la salsa si legherà diventando spumosa e il doppio del volume iniziale.

Aggiungete le gocce di edulcorante.

Appena le mele saranno cotte, liberatele subito dell'involucro di alluminio e disponetele in una coppa poco profonda.

Mettete intorno e al centro di ciascuna mela le mezze fettine d'arancia, versate sopra la salsa e completate con un pizzico di polvere di cannella.

Servite subito in tavola.

Se volete rendere la salsa ancora più leggera e spumosa, potrete incorporarvi un albume montato a neve fermissima.

Sorbetto di pompelmo rosa

Tempo: 15' + 2 ore di riposo in freezer
Difficoltà: 1
Dosi per 4 coppette

4 pompelmi rosa
1 cucchiaio di succo di limone
1 albume
1 dl di acqua
3 gocce di adulcorante dietetico
un pizzichino di sale

Spremete i pompelmi rosa e versate il succo nel contenitore di un mixer; aggiungetevi il succo di limone, l'acqua e l'edulcorante.

Fate frullare il tutto alla massima velocità per 2', poi versate la preparazione in un contenitore per cubetti di ghiaccio e mettetelo nel freezer per 30'.

Estraete il recipiente, versate il contenuto nel mixer e frullatelo ancora. Versate di nuovo il composto nel contenitore e rimettetelo in freezer.

Lasciatelo riposare ancora per 30'.

Infine sbattete a neve fermissima l'albume con un pizzichino di sale. Togliete il sorbetto dal freezer, schiacciatelo in una terrina con una forchetta ed unitevi a poco a poco l'albume montato a neve ferma rimescolando ripetutamente. Travasate la preparazione ancora una volta nello stesso contenitore e lasciate riposare in freezer per un'ora.

Rovesciate poi il sorbetto in una terrina, rompetene i piccoli cristalli rimescolando con una paletta da gelato e suddividetelo in quattro coppette.

Guarnite ognuna di esse con due foglioline di menta fresca e servite subito.

È un dessert gradevole e fresco, di modeste calorie, perciò particolarmente apprezzabile. È importante però seguire bene le fasi di preparazione.

INDICI

INDICE ALFABETICO
DELLE RICETTE

INDICE GENERALE

327